作者简介

1966年11月生，云南省腾冲市人。云南大学教授，南京大学中国现代文学研究中心兼职教授，博士生导师，云南大学中国当代文艺研究所所长，教育部艺术学理论本科教指委委员，『中华文艺复兴论坛』主席，云南省中青年学术技术带头人，『他们』诗派成员，『语言漂移说』艺术哲学理论创始人。在国内外出版学术专著和作品集20部，发表论文和文学作品400余篇，代表作有长诗《明光河》等。

商务印书馆（上海）有限公司 出品
The Commercial Press (Shanghai) Co. Ltd.

语言的艺术

李森 著

创于1897
商务印书馆
The Commercial Press

图书在版编目（CIP）数据

语言的艺术 / 李森著. — 北京：商务印书馆, 2022
ISBN 978 - 7 - 100 - 21330 - 1

Ⅰ. ①语…　Ⅱ. ①李…　Ⅲ. ①语言艺术 — 文集　Ⅳ. ①H019-53

中国版本图书馆CIP数据核字（2022）第105565号

语 言 的 艺 术

李 森 著

商 务 印 书 馆 出 版
（北京王府井大街36号邮政编码100710）
商 务 印 书 馆 发 行
上海雅昌艺术印刷有限公司印刷
ISBN 978 - 7 - 100 - 21330 - 1

2022年8月第1版　　开本 889×1194　1/32
2022年8月第1次印刷　　印张 12½

定价：78.00元

自　序

当一个人在语言虚构的世界里流连忘返，必定已遇到了心仪之人终身陪伴。

贯穿本书的一个方法论基础，即语言漂移说艺术哲学理论。此说将任何门类艺术作品都看成具体艺术语言的存在，除此之外，没有艺术那种东西。E. H. 贡布里希认为没有大写的艺术，只有艺术家，而我认为既没有大写的艺术，也没有统称的艺术家，只有具体的艺术语言。具体的艺术语言构成作品，呈现某种对话的形式；具体的艺术家创造艺术语言，而后隐退到语言外的荒芜之境。作为作品的语言不在形而上的概念范畴，也不在形而下的事物中，而处于“形而中”的地带。我打开“形而中”这个视野，观看艺术语言那个暂住、开显的场域，犹如观看沃野中的万物风标而起。形而中是个“空-蕴”，恰似风云暂住的“空-天”。作品语言在暂住的时刻同时穿越空-蕴，在形而上的幻象和形而下的幻象之间摩擦、显露、涌动和席卷。其实，形而中的空-蕴和作品语言都是一簇簇幻象，但不是恒定不变的幻象，而是生命气息如来如去的能量运行、滚荡和舒卷。

这里须假设一个幻象的“我”和无数个幻象的“我”来凝聚、驱动漂移迁流语言能量。那么，此时的我，可用逻辑语言将万物蕴成概念结绳记事，亦可用艺术语言将万物从概念里解救。语言能量的漂移迁流没有开始，也没有结局，或因幻象的我，正在被反复虚构。

那个一直恪守着“批评即创作”信条的人是谁？就是本书中的我。我在艺术语言的万壑春烟里梦游，在逻辑语言的荒漠里重新生发，与某个惺惺相惜的幻影重逢。

2022年4月18日　燕庐

目录

语言漂移

零度写作

悲智诗心

访谈对话

语言漂移

语言漂移说正义

“语言漂移说”简称“漂移说”。它认为一切艺术语言均处于漂移状态，在漂移中生成诗意或非诗意，在漂移中寂灭或退隐、凝聚或新生；它认为诗性的创造既不来源于本质，也不来源于现象，而源于语言在漂移时刻的诗意生成。

语言漂移说之语言即艺术语言，它包括艺术中的日常语言、书写语言、视觉语言和符号语言等语言范畴。艺术语言既非形而上，也非形而下，而在形而中。“形而中”是艺术语言的滑翔地带，它摩擦着形而上和形而下穿行，形成自为自在的独立时空。我多年前试图阐明的“形而中诗学”作为一种诗学方法，是漂移说语言运动方法的构成部分。

一切艺术（包括狭义的语言艺术和广义的语言艺术），都在语言漂移说的观照范畴之内。

一切艺术都是语言艺术，除此之外，便无艺术。比如行为艺术，它是一种身体表现的艺术，身体在表现的场域（时空）中形成身体语言。身体语言只有在观照的时刻，才能生发为艺术语言。

一切艺术的可阐释性都包含在其语言结构中，而不在语言结构之外。存在着脱离艺术语言的阐释，但那是非艺术阐释。非艺术阐释之大行其道，已经使艺术阐释全面沦落。

概念或观念阐释总是脱离艺术语言的阐释而自成系统，这种阐释或是哲学式的，或是社会学、文化学、人类学的，等等。非艺术阐释或是对艺术的过度阐释，或是语言漂移超越了艺术阐释的某种路径而形成的另外一种阐释。

语言运动的能力或张力，为任何阐释提供了可能性。艺术阐释如果有价值，那就必须为它划定一个界限，这个界限即是贴着艺术语言阐释的界限。

语言漂移说划定艺术阐释和非艺术阐释的界限，是为了证明艺术语言存在的不稳定性，不完全为了证明阐释的无效。然而，艺术阐释的无效性，亦是语言漂移的一种结果。

所谓阐释，当是语言漂移的路径，但不是说艺术需要阐释才能成为艺术。事实上，那些伟大的艺术作品犹如一株芬芳出尘的空谷幽兰，它自身的存在已经达到了自足、直观、圆融的境界，它的存在本身无须阐释，因此，它反对阐释。不过，也正因为如此，它有无限多的可阐释性。但必须指出，那种种阐释，是开放的艺术语言自身被灵魂摩擦、砥砺而激活的诗意再生，不是概念或观念对艺术之美的反映。

语言漂移说的方法不仅是对艺术阐释的观照，也是对艺术创作的观照。

有效的艺术阐释或生成某种概念或观念，但其阐释路径总是贴着艺术语言，这是无须证明的常识；而无效的艺术阐释则必然形成“概念控”或“观念控”的逻辑系统，以“自圆其说”的冠冕堂皇调子反对常识。

有效的艺术阐释滋生诗意，甚至是无限多的诗意，它是诗意创造的种种形式；而无效的艺术阐释只有一个目的，那就是通过逻辑归纳和演绎系统获得知识。“自圆其说”的理论知识，多数是强词夺理的“伪知识”。

可靠而有效的艺术创作不表达、分有概念或观念的内涵。其创作过程或与概念和观念发生碰撞，但最终，它总是以一种回归事物、事态原初直观显现的力量，将概念和观念溶解而化生，恰如大海和盐。

从语言漂移说来观照，艺术理论、批评即创作。没有先验的某种理论和批评的出发点，只有具体的语言凝聚和绽放的路径。有效的艺术理论和批评在表达路径中成就自身，它不利用语言的表达或扩张能力奔向某个目标。作为动词的艺术、诗、美只能在语言自我开显的路径中具体地显现，而不可能呈现整体性的目标。艺术语言只有在被利用时才导向整体性的叙述目标。

没有上帝视觉的本体（整体）性的艺术之美，也没有上帝发声式的艺术法则。按照贡布里希的说法，没有大写的艺术（本体的艺术），只有具体的艺术家和艺术作品。进一步说，没有语言自在、自为、自我生发、蕴成之外的艺术。

在《色-彩语言诸相的漂移》一文中，我论述了“本在事象”最基本的四个漂移路径。即“直陈其事”的漂移、“修辞幻象”的漂移、“纯粹形式”的漂移和“意识形态”的漂移。这四个漂移路径囊括了所有艺术哲学或诗学理论的阐释路径。也就是说，古往今来的所有文艺理论或批评路径，都无出其外。本质主义—非本质主义、主—客二元结构理论、模仿说、反映论、形式—内容二元结构理论、形式主义、表现主义等等，均包含其中。这些理论先制造概念，再形成观念，然后利用逻辑归纳或演绎构建庞大而坚硬的系统，将艺术家和艺术作品关进牢笼。这些宏大的理论，都是语言漂移的种种结果，但语言漂移说将它们视为艺术阐释的无效阐释范畴。

我说的“本在事象”，即是艺术语言或它的结构。何以故？“本在事象”如果是非语言的，那么，我们对其一无所知，它们也不可能进入人类言说或表现的诗意世界。这就是说，人的感知或玄想的存在，是一种语言的存在，而不是实体的存在。人是语言的人，能感知的世界是语言的世界。说白了，人和他们的生活世界，神和他们被创作的世界，自然和它的存在，都是语言的存在。与生命有关的存在，通过语言才能确定。正如海德格尔所说：“语言是存在的家。”除此之外，按照维特根斯坦《逻辑哲学论》第七命题的忠告：“对于不可说的东西我们必须保持沉默。”老子的思想亦处于反对说而又不得不说的两难之间，这当然是早期圣哲对人类的千古忠告。事实上，《理想国》里的柏拉图也处于说与不说的两难之间，但他还是以“假设”的支点和“比喻”

的诗性表达方式说了许多，也虚构了所谓“理念”，为人类打制了一副“理性”胯下的马鞍。柏拉图为了做“哲学王”，为了打制这副理性的马鞍，怀着悲智、悲情之心，将诗人——他的灵魂的一半——自己也是个杰出的诗人，赶出理想国。但从他的全部对话录中即可看到，哲学，“本质上”是利用逻辑表达系统而言说的文学。不能洞明这一点，即是逻辑主义的智障患者。

艺术语言的漂移是具体的，而不是抽象的。一个词，一个句子，一个笔触，一点笔墨，一根线条，一种音声形色，作为语言运动的“表象”或“形式”，它们总是寂静地、平实地、迂回地或疯狂地处于某一个作品结构的“位点”上。而所有“位点”，都是“暂住”的位点，即漂移的位点——既不是“本质”的位点，亦不是“非本质”的位点，而是“暂住”的位点。理解这一点非常重要，因为语言漂移说，既非本质主义的，亦不是非本质主义的。因此，语言漂移说反对一切凝固的、教条的、逻辑主义的或任何主义的语言强暴。

一切艺术语言之为艺术语言的确立，都源于人的感觉、感知能力，然后，将其蕴成文字、旋律、节奏、形色或符号。用佛哲学（非佛教哲学）的看法，即源于“眼、耳、鼻、舌、身、意”这“六根”，通过此“六根”的感觉、感知发端，风春万物般与“色、声、香、味、触、法”这“六尘”的“情识”摩擦、孕育而生发。有效表达的、蕴有纯粹诗意的艺术语言，是一种符号化暂住的、鲜活流荡的“蕴”，即一种自成意味的生命序列。它看似是系统性的，但“实质上”是碎片式的。朵朵桃花看似是一个整体，其实是蓬松一树那相似形—色、彼此陌生的碎片序列。当然，可以假设它是一个整体性序列，并与时序和空间相联系而蕴成之美，但仅仅是感觉、感知的一种假设性的观照。艺术语言的存在序列，犹如一树桃花，见与不见，开与不开，美与不美，都在观照的“此时”那个“位点”上“暂住”而被看见，被描绘。艺术语言的色-彩、笔-墨、笔-触、形-式，永远不能抵达那一树实体的、实相的桃花，因为语言艺术中隐秘的一树桃花，既非具体的一树桃花，也非本质（实相）的桃花。这是语言自身的决定，人或神都不能做此决定。

艺术语言的“暂住”，是语言漂移的“暂住”。是故，“暂住”其实是诗意的“无所住而住”。《金刚经》说：“不应住色生心。不应住声香味触法生心。应无所住而生其心。”说的是，有“缘起”，则“暂住”；无“缘起”，则“无所住”。在语言漂移中的“暂住”，即是“生其心”，生诗意之心。

每一个语词、每一个单纯的符号，都是一个小小的宇宙，一个处于寂灭或生发碰撞时刻的生命之蕴。

我们不能利用艺术语言，我们只能激活它，或拯救它。救救我们的语词吧，因为，它们是我们精神生命、现实生命的细胞。

诗意的语言存在，是心灵结构漂移幻化的某种样式；推而广之，可以观照的心灵结构存在的样式，亦是语言漂移迁流存在的样式。至于那些格式化心灵结构的存在样式，则是语言漂移迁流过程中自我固化的种种死亡格式。

从自我拯救语词开始，自我疗救审美智障，即是审美心灵、诗意心灵的自救。

语言漂移说的提出，是要告别所有诗学理论的。但这不是说，要以一种理论的雄心替代或征服另外的理论——那也是逻辑主义的神经病。如果人们有此看法，那是对此说的误解。因为，语言漂移说“本质上”并不是一种理论，而是一种开放的、处于语言运动自我生成诗意时刻的审美方法，一种素朴纯真的人性观照思-想，一种自我拯救语言—心灵的行动。在它为人之为人的审美自由开掘路径的同时，它就是某种随时处于被激活状态的审美自由。

柏拉图的线喻与漂移说

柏拉图在其对话录之《理想国》第六卷里，对世界的结构进行了设想和划分。他首先把世界划分为“可知的世界”和“可见的世界”两个部分。“可知的世界”由最大的理念“好”（或善）统治着，而“可见的世界”则由最大的可见事物太阳统治。接着，柏拉图使用了一个比喻，用一根线来帮助他言说，以便使语言的表达式更加清晰。这就是哲学史上著名的线喻，或叫四线喻。他说：“假定你面前有一根线，分割成两个不相等的部分，分别代表着可见的东西和可知的东西。然后再把每一个部分按同样比例分割成两段，表示明暗程度的不同。”因此，一条线就变成了四段，每段根据世界结构“明暗”（清晰、可靠）程度的不同，喻指一种存在形态或内涵。图示[1]如下：

“可见世界”的第一段代表各种肖像，即各种事物的影子或影像，那些水面和光滑的物体表面漂浮的东西或类似的东西；第二段代表实际事物，即肖像、影子模仿的东西，比如动植物、人

1 引文和图示见北京大学哲学系外国哲学史教研室编译:《西方哲学原著选读》（上卷），商务印书馆，1981年，第91页。

太阳 ↓↑ 可见世界		好 ↓↑ 可知世界	
肖像	事物	数学对象	理念
猜测	相信	了解	理解
意见		知识	

造物及一切自然物；第三段，即“可知世界”的第一段，是算术、几何学之类的结构，可以统称为数学对象或数学型构；第四段，即“可知世界”的第二段，就是理念或理型，这种理念或理型，是灵魂用辩证的力量才能把握的东西，是真正的本质或万有的本原。

与两个世界、四个线段的比喻内涵或存在相对应的，是“四种心理状态”，或四种主观意识通往存在样式的途径。对应第一线段的是“猜测”，对应第二线段的是“相信”，对应第三线段的是“了解”，对应第四线段的是“理解”。从“猜测”到“理解”，是一个从感性到理性的认知过程。

在柏拉图心目中，“可见世界”的清晰度或可靠性，比起“可知世界”的清晰度与可靠性来，当然是低层级的。这种层级从第一线段，向着第四线段的方向层层向上递增或超越，直到抵达统摄万有的本原。这条线是理性主义及其认识论发育、成长直至永恒的一条射线，也可以说是西方进化论认识论的路径线。

柏拉图的线喻是西方哲学自泰勒斯以来最重要的一个比喻，西方理性主义主流思想史毫无例外地在这条线上流淌——即便分出一些支流，也没有使这一主流溃堤改道。换句话说，直到如今，西方理性主义思想的历史仍然在这个线喻的统摄范围之内。诗是人文之花，诗学是哲学之花。亚里士多德命名的“诗学”，鲍姆嘉通命名的“美学”以及谢林和丹纳命名的“艺术哲学”，都在这个线喻上生发或演绎。就诗学（艺术哲学）而言，柏拉图的模仿说，从“肖像”（影像）一直上升到“理念”（理型），贯彻始终，与其哲学思想一脉相承。这一模仿说的内涵在不同的时代，逐渐丰富，犹如大地上的万物深陷辽阔，成为文艺理论不易逾越的理性表述。它生出了亚里士多德的模仿说，生出古典主义、现实主义、浪漫主义、批判现实主义、再现说、表现说和反映论等。模仿说及其他的次生学说，都属于本质主义的范畴。本质主义艺术的最高标准，即模仿或反映自然世界、生活世界或精神世界的普遍性主题，真、善、美，深刻、崇高、本质、和谐，是模仿说及其次生学说的理性尺度或终极皈依。

柏拉图的模仿说始于肖像（影像），终于理念（理型、主题、本质），完成了一个从低层级到高层级的诗学理路，毫无疑问，柏拉图的模仿说，是西方古今第一诗学。这一诗学的近代高峰是黑格尔和他的同学谢林。谢林的同一哲学（主体与客体同一，精神与自然同一，思想与存在同一）之绝对，黑格尔的绝对精神，都是对柏拉图哲学的注解。黑格尔的“美是理念的感性显现”命题和谢林的“流溢说”，都是柏拉图主义或新柏拉图主义的近代说道。在我看来，黑格尔和谢林，作为柏拉图的学术后人，也只是玩玩语言表达的逻辑游戏罢了。

当然，柏拉图传下来的诗学本质主义的“本质”内涵“意蕴”，并非是“理念”在文本、作品中的简单注解。柏拉图诗学本质主义的发展路径是多渠道的。比如，神学诗学是一个路径。神秘主义和浪漫主义的诗意精神就具有神学意味，神学是其终极关怀和最高表现。诗学本质主义导向神学诗学的一途，终究要将“理念”（本质）人格化为神（比如上帝），至少其诗意流向也是导向某种普遍的、绝对的、理型的诗性精神。正如圣托马斯·阿奎那在其《论万物》第五十五章《身体与死亡》中用比喻论述的：“某物本体之所有，是它永远之所有，不能分离。例如圆形是圆圈本体之所有，然而铜铁不是圆圈本体之所有。故此，圆形是圆圈的本体，不是铜铁的本体。为此理由，能有铜铁而非圆圈，不能有圆圈而非圆形。”[1]圣托马斯·阿奎那要论证的是，灭亡只是物质与理性的分离，而非真正的灭亡，他要证明那个神话的最大的理念即人格的神不死，也就是上帝（比如圆形）不死。说得具体点，神学诗学的诗意本质并不属于人，那样的神圣诗意似乎也很少驻足人间，来生活中营造一种世俗性的温暖。神学诗学

1 ［意］圣托马斯·阿奎那:《论万物》，吕穆迪译，高凌霞审校，译林出版社，2015年，第205页。

是一种终极诗学。

可是，柏拉图的模仿说、诗学本质主义的思想还没有演化到普罗蒂诺和圣托马斯·阿奎那阶段，就通过亚里士多德，转了一个历史性的弯拐，关注起现世生活的形态或悲欢离合来了。亚里士多德的诗学，是柏拉图诗学“流溢”出来的一条长河。亚里士多德在《诗学》中最重视的不是向着理念高度的攀登，而是门类艺术的创作。他最重视悲剧。他说：“我们已经阐明，悲剧是对自身完整、具有一定长度的行动的模仿，因为完整的事物也可能没有长度可言。所谓一个整体就是有开头、中间和结尾……一个活的东西，以及由部分组成的每一个整体，若是美的，就不仅要呈现其各个部分的有序的排列，而且要有一定明确的长度。”[1]

柏拉图的模仿说是对世界存在的假说或猜想，是诗学源泉。亚里士多德的模仿说是世俗诗学。亚里士多德诗学与神学诗学孕育了现实主义（再现说）和浪漫主义（表现说）两座高峰。两座高峰犹如两只耳朵，一座倾听人世间的声音，一座倾听神的声音。

下面我们对柏拉图的线喻中所包含的诗学问题进行分析。从西方文艺创作和诗学发展的历史来看，两千五百年来心灵和心智

1 ［英］拉曼·塞尔登编:《文学批评理论——从柏拉图到现在》，刘象愚等译，北京大学出版社，2000年，第287页。

诗意的创造史，似乎就在这线喻的四个线段上脉动。这条线索从低的层级向着高的层级演进，逐渐创建了一个诗学知识论体系。可以说，这个知识论体系的核心，是柏拉图主义的模仿说及其变种之后的各种诗学理论，以及这些理论对创作的阐释。此按四线段的划分简要述之。

从艺术修辞的角度看，四线喻从低层级到高层级，可分别划分为**影像修辞**、**物像修辞**、**构成修辞**和**义理修辞**四部。“可见世界”是个**转喻世界**，这个“世界”的前一线段影像修辞段为**能指转喻**，后一线段物像修辞段为**所指转喻**；“可知世界”是个**隐喻世界**，这个“世界”的前一线段构成修辞段为**能指隐喻**，后一线段义理修辞段为**所指隐喻**。柏拉图线喻及其模仿说诗性生成图示：

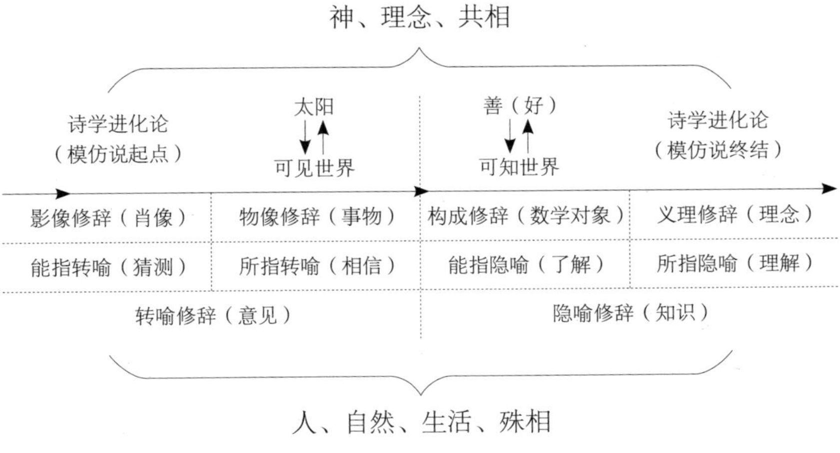

这条西方诗学的知识论谱系线，从古到今完成了一个模仿说诗学进化论体系。此体系也就是理性主义诗学体系。

在史前艺术和原始艺术创作时期，创作者和欣赏者只是世界（万物）的一个部分。他们是万物的注脚，万物也是他们的注脚。他们还没有作为“主体”从万物中分离出来。因此，他们也没有严格意义上的“客体”，因为他们还没有审视主体和客体的心智力量。正如柏拉图线喻里对人类心灵和心智发育程度的描述，依我看来，在原始时代，人与万物（世界）、人与人之间的省察关系，就是一种“猜测”。人类进化的这个时期，人们，即便是最睿智的人，其心灵结构也是平面性的，因为他们还没有训练或发育成看世界的“深度眼光”。也就是说，史前或原始时期的艺术创作者和欣赏者的心灵结构，还是一种与万物平行、并置的心灵结构。或者说，在史前艺术阶段，在创造者的精神世界里，还没有建立起一整套观察事物的方式方法，更没有一种畅通无阻的路径连接人、事物和观念。就像我们今人所理解的，在某种动物的眼中，世界万物像电影的蒙太奇一样平行展现。或许在原始时代的人眼中，世界万物的存在也是一种片断式的、碎片式的蒙太奇。这种碎片式的存在也包括人的存在。人的主体和客体的观念分离处于萌生阶段，人尚未把世界分为精神世界和物质世界，人和自然的平行、并置关系就是人与自然和人与生活的关系。我们在某些艺术作品中可以看到，当时的人看一头牛和一棵树的时候，总以为那头牛和那棵树也在看他。在那个时代，人们信仰图腾，相信巫术，相信万物有灵。图腾和巫术，是人类观念起源的早期框架，艺术的表现，自然也传出了图腾和巫术涂鸦的相关信息。我们切忌用今人的眼光和教材眼光去看原始人的创作和审美。因为今人对原始人认识世界的方式也是“猜测”。直到现在，人类“猜测”人和自然的心灵之梦仍然没有完全醒来。这个梦是永远不会醒来的，因为人就在自然中。人在自然中讨论宇宙万物，就像蛔虫在人体中讨论人。

原始人、史前人“看世界”的观念好比孩童的观念，我们猜测甚至确定，这种观念无论个人或集体意识都是一种梦境式的转喻。这种转喻当然是能指的某种排列或摩擦，犹如直观的电影影像的平行运动。因此，我们可以说，原始人、史前人看世界的方式，是一种犹如影像运动一样的方式。法国哲学家吉尔·德勒兹说：“在这里，我们还要注意，爱森斯坦辩证审视了一种有关运动-影像和蒙太奇的基本特点。电影影像是在具象的基础上生发出来的，并重构了某种原发思维……确实，电影的隐喻能力已遭到了质疑。雅各布森就曾指出电影是典型的转喻，因为它所运用的基本手法是并置与邻接：隐喻能够把一个主体的动词性或动作性给予另一个‘主体’——此独特能力是电影所不具备的。电影只能把两个主体并置，让隐喻屈从于转喻。电影不能做出诗人那样的表述：‘飞叶般舞动的手’，影像必须首先呈现出手飞快摆动的动作，然后再剪接一个飞舞的树叶的影像。”[1]

肖像（影像）线段可喻原始艺术和史前艺术中的主流创作或对那种艺术创作的观念。例如，法国拉斯科洞窟中的壁画。我们很难确定被命名为《中国马》的壁画艺术在创作者心中有什么审美的意味，但一万年以后的人类普遍认为，此等绘画艺术与原始图腾、狩猎、祈求收获、灵魂寄托，甚至肉身追问等有关。或许原始人、史前人在艺术创作（绘画之涂鸦、音声之歌舞）之时，的确会有一个语义目的，但是，那个语义目的只是一个猜测性质的心灵意愿，图画犹如一丝潮湿的银牙莫名地长在一个时空中，尚无足够的时间、空间开显它的灵魂深度和宽度。也许表现想获得其他，但表现只能是被表现本身。

E. H. 贡布里希爵士在其《艺术的故事》第一章中写道：“原始人对什么是实物、什么是图画往往更不清楚。有一次，一位欧洲的艺术家在非洲的一个乡村画了一些牛的素描，当地居民很难过地说：‘如果你们把它们随身带走，我们靠什么过日子呢？’”[2] 肖像（影像）与具体实物之间的这种神秘联系，并非早慧时代的人们所具有，即便在今天，我们的心灵结构中仍然残留着这样一种观念：肖像、影子，甚至语言、声音、意念都与实际的事物或事

---

1 ［法］吉尔·德勒兹：《电影、思维与政治》，李洋、唐卓译，见《宽忍的灰色黎明：法国哲学家论电影》，河南大学出版社，2014年，第208—209页。

2 ［英］E. H. 贡布里希：《艺术的故事》，范景中译，林夕校，生活·读书·新知三联书店，1999年，第40页。

态发生着联系，中国人在寺庙中对着塑像祈求、对寺庙中法器的敬畏，即可证明肖像、心灵和事实之间的隐秘纠缠。猜测，既是心灵从混沌向着明晰性认知破壁的方式，也是生命存在的某种恐惧和隐痛。我们在走夜路时，常常被摇曳的影子或某种风雨的声音吓得魂不守舍甚至唱起歌来，也是将莫名的影子和声音当作假想事实的明证。原始人、史前人猜测影子、肖像就是实物或实物的显现，并不像今天自认为文明程度很高的人类那样，普遍地坚信影子和实物是两种东西，也不像柏拉图时代的智者们猜想的那样，影子是实物原本的摹本，但是，他们渴望通过图像或某种语言建立一条通往世界的途径这一点，直到今天也没有改变。他们尽量寻找一种技术、一种方法，将事物表现得活灵活现，表现得真实可靠，这仍然是今天艺术家的一种愿望，即便“真实”从来没有被艺术手段所获取。事实是，在心灵的愿望、技艺和对象之间，有一样东西始终折磨着人，使人永远挥之不去，这样东西即是语言。进一步说，我们必须认同，联结心灵和事实的语言，从人类创作肖像、声音、事态的那一刻起，一直处于一种漂移的状态。这里说的漂移，当然不是游走，也不是移开，而是深深地镌刻在创造性的劳动和它生成的形式之中。由是观之，如果通过柏拉图的“线喻”去观察西方人的诗学观念发展史，我们就可以看到在语言漂移的影像运动的转喻时代，早慧人类的心灵和心智是多么纯真，多么富有创造的激情。

柏拉图线喻“可见世界”的第二线段，即“实际事物”，它是肖像（影像）模仿的东西，那就是自然世界和生活世界。实际事物世界是模仿说诗性（诗意）创造最重要的阶段，但不是最后阶段。在实际事物这一段，它的清晰度自然是高于肖像阶段的。当然，这个清晰度是柏拉图及其创造的文化后代们所认为的清晰度。柏拉图在这里是留有活口的。实际上他认为这种清晰度也并非事实世界的清晰度，却是事物的一种清晰度。因为对这个线段的认知，仍然建立在“相信”之上。“相信”仍然是一种主观意识。这个主观意识仍然来源于柏拉图学说的全部底座：“我们假设”。柏拉图《对话录》的伟大之处就在于，尽管他为人类打制了通往未来的坐标，但他也清晰地明白，这个坐标是个主观的、语言的假设，而不是对事实的客观呈现。柏拉图的演绎主义没有一个公理作为出发点。（我读柏拉图，总能听见他的心跳，怀疑、恐慌之心在破壁飞翔的途中如歌如诉。）因为人相信事物存在，所以它存在。相信是主观的，所以是既值得怀疑，又无限恐慌的。“相信”最稳定、最可靠的主观理性就是信念。就是“我不但相信你爱我，而且持久地相信你爱我”，人类全部美好的生活就建立在“相信”的基础上。可通过“相信”建立的信念，也是既值得怀疑，又令人无限恐慌的。信念再往上走就是信仰了，比如“我信仰上帝”等等。从猜测到相信，再从信念到信仰，这种从主观意念到主观意志的运动脉络，是个语言运动的路径，也是文明在梦境中竖立的灯塔。柏拉图说，相信实际事物的存在，也就相信了肖像作为摹本存在。肖像或影子模仿了实际事物，否则肖像就没有来源。

柏拉图的模仿说遇到了亚里士多德，“可见世界”的模仿说就从**能指转喻**的模仿，进入了**所指转喻**的模仿。亚里士多德的《诗学》是倡导对具体事物、生活事象、事态或形态进行概括性、主题性、典型性模仿的第一人。亚里士多德的模仿说是从生活世界开始的，这一模仿说生发于“可见世界”的第二线段。在此，模仿是一个语言的物与实际的物、语言的事象与实际的事象并置的对应形式。实际事物可以看见、可以听见、可以感受得到，它们与语言的事物对应着生成，创造另一个世界。自然主义、现实主义等创作方法，正是这么对应着去描摹、去生成、去诗意的。也就是说，在线喻的这一段，它的修辞格仍然是转喻的，另一种平行并列的转喻。这就是把自然和生活当中的事象存在转化、并置到语言系统中来，使语言系统创造与自然物事同样的“真实”。所以，现实主义、自然主义诗学修辞格的核心就是“真”。当然，这里的真，未必是观念的真、本体的真，不过，已经是典型化的真，有所指的真。所指转喻，在奔向一个语义目标的途中，可能会创造出深度构造的某种语义，以实现向着“善”的奔突、向着“美”的漂移。

所谓的自然主义、现实主义、浪漫主义等，是近代的概念。我们想一想，所谓的自然主义、现实主义的根源在哪里？它们都在古典艺术及其理论。广义的古典主义包括古希腊时期的古典艺术。希腊艺术就是古典主义的典范。亚里士多德是希腊模仿说到了第二阶段即实际事物阶段诗学理论集大成者。亚里士多德所说的"整体"就是所指转喻，是悲剧的情节、细节、长度所导向的诗性。亚里士多德重新阐释了柏拉图，他把作为质料的物像和形式表现并列，形成一种诗学物像和观念（普遍性）相互邻接的特殊转喻方式。古典主义的最高诗学原则是和谐，是诗从物、物从诗，诗与物服从整体的再现与表现。

古希腊艺术建立在模仿说基础上的艺术创作，即是要清晰把握一个人、一个事物存在之和谐的、整体性的样式。著名的雕塑《宙斯（或海神波塞冬）》（约公元前460—前450年，青铜，高210厘米，雅典国立考古博物馆）是一个代表作。这个作品的所指转喻既是作为最大物像的太阳，又是作为王者的哲学家（爱智者），还是人之神性在现实中的人格表现。这种具体的人物、最大的物像太阳和神在现实中的精神三个喻指形象的并置，符合古希腊诗学的一切和谐美的标准。他的形象一点不多，一点不少，比例协调、适中，又那么坚定、稳健、富有信念，符合亚里士多德的诗学精神——所有事物各司其职、各就其位地到达适中的位置。清晰、单纯的形象性，呈现为表达的丰富性，是非常难的。米隆（Myron，活动时期为公元前480—前440年）创作的《掷铁饼者》（原作公元前450年，云石，高126厘米，罗马梵蒂冈博物馆），《米洛的维纳斯》（希腊化时期，云石，高180厘米，卢浮宫），亚里士多德所说的悲剧，文艺复兴绘画三大师的作品，雅克·大卫的作品，籍里柯的作品，伦勃朗的作品，安格尔的作品，左拉的自然主义小说，巴尔扎克的《人间喜剧》，契诃夫的小说，民间节庆表演艺术，等等，都是物像修辞的所指转喻之作。物像修辞的艺术表现方法是再现、表现。再现通过典型化、情节化、紧张感、崇高感获得所指语义；表现通过流溢、情绪推动、形象夸张等方式获得所指语义。但不管采取什么样的诗学技艺，物像修辞始终是其依赖和出发点。不过有一点必须牢记，这里说的再现和表现，是奔向价值观主题目的的。这里说的价值观并不是柏拉图的“理念”，但确是一种与物像并行而立的主题性的表达。

现在，我们来看“可知世界”的修辞系统。“可知世界”在诗学中是个隐喻世界。遵循柏拉图的学说，隐喻世界比转喻世界要清晰可靠。那么显然，作为“数学对象”这一部分，比作为“事物”的那一部分更清晰、更接近本原了。按照我们的划分，以模仿说为轴心的西方诗学知识论进化体系，其创作和理论进入了**构成修辞**线段。以符号、形式为表现方式的现代主义和后现代主义，即是一种构成修辞。一般言之，构成并不指向“深度隐喻”，因为构成即是目的。艺术创作在这一线喻对应的阶段，再现和表现化解、融会为纯粹的形式或符号。现代艺术创作和理论一再摧毁性地告诫人们：能指即符号表象，形式即能指的音声形色，深度即形象表征，表现即形式流荡，再现即结构创造，表现即再现……正如吉尔·德勒兹在《斯宾诺莎与表现问题》一书中指出的：“对我来说，斯宾诺莎哲学的重点在于：他将内在性视为基本原则，并使表现从流溢说或范型说的因果性中解放出来。**如此，表现不再需要流溢，不再需要相似于任何东西。**唯其在单义性的观点之下，表现方能成立。上帝是一切事物的原因，这与他是自因是同一个意思；当上帝形式地存有时，或是说，当他客观地理解自己时，他进行生产。他以诸多形式生产诸事物，这些形式建构了其本质。彼此具有平等性之诸属性建构了上帝的本质，它们包含了一切样态的形式本质，上帝本质的观念包含了所有客观的本质，或是一切的观念。不同事物是神的诸分殊样态，也就是说，它们寓含了上述那些建构了神的存有之诸属性。所有的相似性都是单义性的，都被某种共通于原因和结果的性质所定义。被生产出来的事物不是模仿的结果，就像有关这些事物的观念不是模型一样。在上帝的观念中不存在着什么范型的东西，因为所谓的范型就是他自身，并在其形式的存有中被生产出来。反过来说，观念也不模仿事物。观念以其型式的存有，自其所属的思想属性中而出；如果说它们是表象，这也只有在下面这种情形下才能成立，亦即观念分有思想之绝对力量，这个力量相等于绝对的行动力量或绝对的生产力量。一切模仿的相似性，或是范型的相似性都从表现的关系中被排除出去。上帝以其诸多形式表现自己，这些形式建构了其本质，如同在观念中反映了他自己。表现是存有和认知。但须注意，只有单义的存有、单义的知识是表现性的。实体与样态、原因和结果，只能通过共通于两者的诸形式才能被认知，才具有存在。这些形式建构了实体的本质，也包含了诸样态的本质。”[1]德勒兹的意思是说，上帝的“深度构造”变成了具体的形式语言，这种形式语言即是事物样态的本质。用这一思想解释构成修辞是再合适不过了，因为构成修辞的诗意表达，就是能指隐喻、表象完成自身的隐喻。能指隐喻即是一种“平涂构造”[2]。能指隐喻的意思，是能指和隐喻彼此融会、相互化解，最终形成了符号、形式的构成性直观。当然，这种直观性表达并没有绝对地、纯粹地获得，因为任何表达，包括平涂构造的表达，都具有隐在的诗学史、观念史背景，就像斯宾诺莎的哲学，他的最大背景就是柏拉图。

被称为“现代主义之父”的塞尚是个例子。塞尚要解决的问题是，通过几何的构成方式，重新为绘画艺术找到一种诗性创造的新途径。塞尚这种构成修辞的想法，当然不是从天上掉下来的，也并非横空出世的天才发现。他本人的才智和激情，也是古希腊哲人们对世界构成猜想的一个结果。作为后期印象主义的大师，他的伟大之处在于他将几何构成与色彩构成合二为一，为理性主义找到了一种释放能量的形式。他既是柏拉图的后代，也是斯宾诺莎的后代。在西方绘画领域，塞尚的出现，彻底终结了古典主义，终结了现实主义模仿说的再现系统，也终结了浪漫主义

1 ［法］吉尔·德勒兹：《斯宾诺莎与表现问题》，龚重林译，商务印书馆，2013年，第178—179页。

2 “平涂构造”与“深度构造”这对概念，是我在《叙述的荒芜》一文中提出来的。见李森：《美学的谎言》，商务印书馆，2020年。

流溢说的表现系统。作为绘画康德和音乐巴赫，塞尚把“再现”和“表现”转化为“构成”。立体主义是塞尚最直接、最强有力的第一个结果。还有无数个毕加索、无数个康定斯基和无数个蒙德里安，他们都是塞尚的创造。数学对象与诗意的完美结合构成了完美的作品，其祖先当然也在古希腊，他们是毕达哥拉斯、欧几里得、柏拉图们。柏拉图学院门口竖着一块牌子，写着：“不懂几何学的人不得入内。”

四线喻的最后一段是“理念”线段。这个线段的诗学修辞格，是**义理修辞**。柏拉图说：“至于可知世界的另一段，你要明白，我指的是灵魂用辩证的力量把握到的东西。这样做的时候，并不把假设当作原则，而是把它仅仅当作假设，也就是说，当作梯子和跳板，暂时搭一脚，以便达到假设以上的地方，把握住万有的本原。它一步步往上爬，从一个理念到另一个理念，不用任何感性事物帮助，单凭理念本身，就可以达到结论。它从理念出发，通过理念，最后归结到理念。”[1]很显然，柏拉图获得理念的路径，是演绎主义的。从理念到理念的推演，是为了把握万有的本原。“可知世界”的最高本原是“善”（好），这个本原是个“辩证”的结果，不像“可见世界”的本原是个感性的结果。柏拉图明确指出不把假设当作原则，这正是他的伟大之处，他深知自己已经陷入了语言表达不可为而为之的逻辑迷局，而他用一条线

1 北京大学哲学系外国哲学史教研室编译：《西方哲学原著选读》（上卷），第93页。

的比喻来划分世界的结构本身，就是个痛苦的语言迷局。他不仅知道语言的这个迷局，还知道这个迷局建基于心理主义之中："你把我的意思懂得很透彻。现在你可以看到，有四种心理状态，相应于这四段：——理解相应于最高的一段，了解相应于第二段，相信相当于第三段，猜测相应于最后一段。你可以把它们按比例排列起来，它们的清晰程度是和它们的对象的真实程度一致的。"[1]

柏拉图从"我们假设"的出发点，不得不奔向一个理性主义的目标。为了打制人类理性的一个马鞍，他必须坚持，并将坚持引申为强有力的信念。这个信念（勇气）是通过理解，通过逻辑演绎获得的。这里亦暗示了演绎主义本身的可疑之处。柏拉图可知世界的最高理念"善"（好），是万物存在的普遍性、共相、本原。作为诗学的本质主义理念，即欲通过义理修辞获取的所指隐喻，是对这个"万有本原"的"分有"。西方诗学中三个最大的"所指隐喻"理念——真、善、美，就是对"善"（好）这个总理念的分有。"真"是具体事象对存在的最大清晰度、可靠性的分有；"善"是具体事象对存在的完整性、圆融性的分有；"美"是具体事象、语言、符号对存在的普遍诗性本质的分有。换个说法，真、善、美即是诗性本质理念。它们自我言说，自我圆满、完美，但又自我孤立。事实上，形式与内容的本质主义诗学二元

1　北京大学哲学系外国哲学史教研室编译：《西方哲学原著选读》（上卷），第93页。

论的根源即在于此。这里说的“内容”，当然并非指具体事象或事态，而是指主题的深度表达。

义理修辞导向的所指隐喻，是个统摄性的目的。认识这一点是极为重要的。事实上，诗学对这一目的的假设，并不在于要达到这一目的。恰恰相反，最高目的的假设，正是为了永远无法达到这一目的。艺术创作是为了奔向这一目的和放弃这一目的的努力，不可为而为之而已。这一点，是智者的隐痛，却鲜为人知。这正是假设的高妙之处，因为人的存在、人的感觉和感知系统都是一种分有，人的创造，包括诗性的创造也是分有。由于最高目的无法达到，所以，人无论通过何种渠道对这一目的的追求才不会终结。正是在这个意义上，可见世界最大的事物太阳（神喻）和可知世界最高的理念善（理喻）进入了永恒。

真、善、美作为诗学理念也是个假设。真、善、美作为本质、作为理念，既可以是艺术表达的终极高度，也可以是艺术“分有”的源泉，还是艺术表达的屏障。目的就是屏障。目的是在通往目的途中的放弃。

我们之所以说义理修辞是一种所指隐喻，等于说艺术创作只能到隐喻为止，不能超越隐喻而获得理念。由此可知，义理是一种漂移着的无所不在的修辞方式。义理修辞渴望获得所指隐喻，却常常被所指隐喻阻隔。因为义理修辞欲抵达的所指隐喻实际上是一种心智的因果律，它本身是反诗的。诗（艺术）是对义理（理念、本质）的稀释、反抗，而非妥协、服从或反映。如果从获得理念（义理）的角度去看艺术史上的所有艺术，那么艺术史其实是个失败的艺术史。列夫·托尔斯泰失败了，巴尔扎克失败了，果戈理失败了，巴赫失败了，贝多芬失败了，文艺复兴的前三大师和后三大师失败了，伦勃朗失败了，鲁本斯失败了，安格尔失败了。这种失败，当然并非个人的失败，而是人类心灵和心智的失败，是西方诗学进化论体系的崩溃。当然从另外一个角度看去，这些大师又是成功的。他们具体地、碎片化地窥见并创造了音声形色的一个个图式，实现了艺术语言在漂移过程中的清晰呈现。

如果说现代艺术（比如克劳德·莫奈和保罗·塞尚）是对通往艺术道路的重新探索，比如对感觉理性之真（莫奈）和存在理性之真（塞尚）的探索，那么当代艺术即是对所谓新的艺术道路和义理追求的双重否定。这就是我所认知的现代艺术和当代艺术的本质区别，也是结构主义艺术和解构主义艺术的区别。说到底，现代艺术对古典艺术表达道路的“失败”并不甘心（塞尚是最不甘心的，我常常感觉到在他的心灵世界中有无数头狮子在撞击理性主义的义理高墙，他撞击，他也放弃），但到了杜尚和达利，那群西方文化灵魂中的狮子已经服输，因为进化论艺术破墙而出的梦想已经无从实现。面对诗学中演绎主义因果律和进化论的失败，杜尚和达利们开始清洗道路上的理性沉渣和污垢。这也许就是为什么1901年的诺贝尔文学奖没有颁给列夫·托尔斯泰，而是颁给一位法国当代诗人苏利·普利多姆（Sully Prudhomme）

的原因。

说白了，当代艺术是反演绎主义理性和反进化论诗学的艺术。当代艺术的非本质主义性质在于它不是“前进”，而是“折返”。“折返”的途径是多种多样的。杜尚的解构主义和重新确认现成品艺术之美已经是两种途径；蒙德里安几何的纯色平涂将艺术表现引向装饰性是一种途径；构成主义是一种途径；行为艺术、装置艺术、大地艺术、观念艺术等各自开创了自己的表现途径。约瑟夫·博伊斯说，“人人都是艺术家”，人人都可以创作艺术，使艺术表现呈现出破解时间、空间、观念、形式和艺术家的无限可能性。约翰·凯奇的作品《4分33秒》则为了反抗表演，反抗观众的审美期待，使表演陷入了沉默。他制造了一个“非表演”“非音乐”的场景，摧毁了音乐表演现场和表现途径，这是对艺术表现与欣赏的成规、方法、语境和心理的警示。在当代艺术中，各种新颖的表现途径层出不穷，万象峥嵘。

至此，以诗学进化论为主线的模仿说已经走到穷途末路。也就是说，模仿说和它滋生、次生出来的各种诗学理论彻底崩溃了。西方诗学理论系统已经面临巨大的危机。语言漂移说理论的发现，为这场危机打开了别开生面之门。柏拉图线喻之于语言漂移说的图解如下：

从语言漂移说的观点看，可见世界和可知世界不能独立存在。人类的诗性（美）并不是在进化论的推演中被发现或被创造的。人类一切诗性的创造，都源于个人的心灵和心智，即便个人

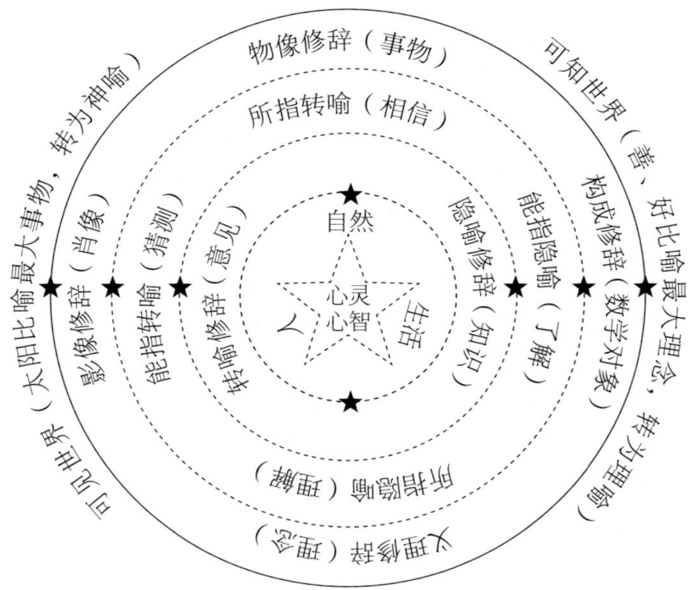

的心灵和心智因为有一种人性的共通感而可能变成集体的心灵和心智——文化的成规和知识的传承，但个人的心灵和心智永远是诗性发生的泉源。没有任何证据发现作为源泉的心灵和心智中有诗性的、诗性文化和知识的本体规定性，但可以肯定心灵和心智是辨识世界的一种能力、一种力量。尼采说的日神阿波罗和酒神狄奥尼索斯，也是心灵和心智的一种原发性的力量，而非诗性创造的形式本身。日神是梦，酒神是醉。日神和酒神，梦与醉，都是象征性的说法，而非本质主义的判断。

心灵和心智是漂移的、非本质的。它有时候是空转法轮，有时候在与自然、人和生活的磨砺中创造诗性、理性以及神性。诗性的创造，是直观力量的直接到达；理性的创造是力量推动知识的发现、积累和进化；神性的创造，是力量的引申与超越。三种创造力量虽然有时候相互推动、裹挟、摩擦、互为表里，但一般情况下会按照自身的道路风行，创造心灵和心智，形成语言表现的渠道和模型。

诗性创造是诗学的核心。本真的诗性创造，是在直观性的力量推动下获得的直观形式。当然，诗性直观通常也是被遮蔽的。心灵和心智的力量和它的创造物常常形成一种相互砥砺的张力。有时候，心灵和心智就是它的创造物，诗的形式、知识系统和神性表达都可能作为创造物形成心灵和心智的存在样态；有时候，心灵和心智与它的创造物对抗，使生命的感受力、感知力陷入混乱；有时候，心灵和心智以某种创造物破解其他创造物，实现破壁而飞的解放；有时候，心灵和心智因被它的创造物遮蔽而获得无知的快乐。心灵和心智表现的各种直观形式，是语言及其观念在欢喜与疼痛中不断构成、不断反省、不断自救的结果。但“结果”也是在漂移的力量中变幻着的。凡是教条主义性质的审美模式，都是被遮蔽的心灵和心智。被遮蔽有欢乐、痛苦和无知三个维度。

心灵和心智是一种存在的样态。这种样态通常是不稳定的。样态只有生命力量的推动而没有本质的原型。样态或许是一种知识、一种教条、一种关系，或许是一些漂移、幻化的碎片。吉尔·德勒兹在《斯宾诺莎与表现问题》一书中说："一个样态的存在并不出自其本质。当该样态进入存在，它是借由机械律而被限定进入此状态，这个机械律构成某种关系，此样态在该关系中表现了自己，这个机械律限定了具有广延的、无限的组成部分，并使它们进入这个特定的关系中。对斯宾诺莎来说，进入存在的状态绝不应被理解为从可能事物到真实事物的过渡：一个存在的样态不是一个可能事物的实现，正如一个样态的本质不是'这样一种可能的事物'……我们已经看到，一个本质和其自身之存在之间不具有真实的区别，而该本质和其样态之存在亦无此区别。只要一个存在的样态之本质真实地拥有具有广延的、无限的组成部分，该存在样态就是其本质自身。"[1]心灵和心智的存在样态即是本质，这是一种伟大的洞见，与我所见略同。但诗性创造的生成，并非完全是机械律对广延和无限的限定，除非诗性的创造来源于学院派的审美教条，来源于被伪知识戕害的机械心灵和心智。多数人的审美处于死亡状态，只有少数人的审美时时刻刻都表现出无遮蔽的状态。对于个人才能来说，此是修为，也是天意。

按漂移说的理论，诗性创造的发端、过程和终结，是心灵和心智力量的运动。这一运动途径的发端，是一种修辞方式的突

1 ［法］吉尔·德勒兹：《斯宾诺莎与表现问题》，龚重林译，第211页。

围。也就是说，心灵和心智力量法轮的旋转，无论起始、过程和终结，都是修辞方式的旋转，而非源于本质或理念的旋转。换句话说，在心灵和心智中，诗性的、审美的本质原型是不存在的，只有一种日神阿波罗和酒神狄奥尼索斯式的力量原动力存在。心灵和心智中修辞法轮向着诗性生成旋转的路径，有转喻修辞和隐喻修辞两途。转喻修辞是一种心灵和心智事象样态的平行律动，有时候这种平行律动是影像、物像、形色、事态，有时候是旋律、节奏、音声、纹理、气息或神韵；隐喻修辞是一种心灵和心智的垂直运动或曰深度运动，有时候它是事象的隐在表达，有时候是观念的构成表达，有时候是价值观系统的诗意阐发。转喻修辞好比大海，它的运动方式是平行的，无论波浪如何滔天，无论千帆如何竞渡，它的力量都在一个横坐标上延展，浪浪相随，帆帆相映；隐喻修辞恰似高山，它的存在样态是高和深，没有高和深，就没有山的形和象，因此，它的力量在一个纵坐标上生发。这个坐标，是个移动的坐标，作品的语言漂移永远在坐标的交会点上。有时候，这个诗性的生发点隐去了高和深的隐喻修辞系统，有时候，则隐去了宽度、广延的转喻系统。有时候是峰峦凸起，有时候是象与象的连环。这正是语言漂移的奥妙，也是诗性生成的秘诀。

语言（符号）是诗性漂移的中心话语，也是诗性漂移的目的。转喻修辞的能指转喻和所指转喻，又形成一个平行（平面）的坐标。语言中事象的远和近的广延和无限，是这个平面坐标的两维。物物相喻、事事相生、影形相立、音声相和，坐标点平行漂移，诗性在平行漂移中生发。这个坐标点仿佛是一个二维空间的点在运动。隐喻修辞的能指隐喻和所指隐喻，则形成一个直立的坐标，坐标点在高和深的直立体上漂移，仿佛是个三维空间中的点在运动，诗性在这个点上被隐喻的力量推动形成隐喻之诗。当然，有时候，能指转喻和所指转喻、能指隐喻和所指隐喻创造的诗性坐标点交会成一个点，诗性漂移到这个点上，滋生熠熠生辉之诗。

漂移说的妙处，在于语言是云的幻化气韵、风的物华倾诉。

这就是说，无论影像修辞、物像修辞，还是构成修辞、义理修辞，都只是语言漂移的某种特殊运动、生成形式，它们都不是普遍的、本质的形式。这样看来，柏拉图所谓可见世界和可知世界的划分，本身也只是语言的某种逻辑表达或曰语言的漂移，它与自然世界、生活世界和人自身的存在没有必然的、本体的对应关联，只有心灵和心智在语言的漂移中生成。

心灵和心智是语言的漂移。当艺术语言的漂移与心灵和心智的语言漂移合二为一的时刻，源于生命原始动力的修辞力量就开花结果，诗性就被激活而生成诗。知识性的、成规性的诗性也可能被激活，但那是在被遮蔽下的语言漂移。伟大的诗源于伟大的诗性创造。这种诗性创造是直接到达的，或破解遮蔽的语言漂移形式，它在澄澈明亮的语境中到达直观。犹如心灵和心智表现为破空而出的日月；犹如芝兰芳草表现为心灵和心智的样态。语言在漂移中生成的直观之诗，化解了禁锢的、彀中的任何形式、任何理论，也化解了神喻和理喻的两极。

说到底，一切都是语言在漂移中生发的寓言。桃花之红、梨花之白，是光阴的寓言，光阴也是桃红梨白的寓言。路德维希·维特根斯坦有一句箴言，他说："可以说宗教的寓言是在深渊的边缘上移动。"我也有一句箴言，我说："深渊在寓言中漂移，甚至在漂移中丢了深渊。"

色-彩[1]语言诸相的漂移

——漂移说[2]层次之一

佛告须菩提："凡所有相皆是虚妄。若见诸相非相，即见如来。"

——《金刚经·如理实见分第五》

1 本文的许多词汇中都加了"-"连接符，意在将一个词或名称的凝固静态，激活为灵动的、绵展的、漂移的动态。此"色-彩"，已非彼"色彩"。"色-彩"是在形容、描述、幻化中漂移着的色与彩。色-彩，既可能是名状的，也可能是诗意的。"名-状""自-在""开-显"等的用法亦然。词中加"-"连接符的发明权属于马丁·海德格尔。比如《存在与时间》中的"此在"（Dasein）这个概念，到了《哲学论稿（从本有而来）》中，变成"此-在"（Da-sein）。这是一个天才的语词、概念激活法，加一个连接符，就把一个旧词换成了新词，把一个旧概念换成了新概念。

2 "语言漂移说"简称"漂移说"，是本文作者李森创立的一个诗学方法论，它认为一切艺术语言或符号均处于漂移状态，在漂移中生成诗性，在漂移中寂灭和退隐，即诗性的创造既不来源于本质，也不来源于现象，而源于语言或符号在漂移时刻的诗意生成。这一学说超越了主体与客体、形式与内容、表现与再现、艺术与生活诸多二元论的诗学主张。这一学说是非本质主义和艺术现象学在中国当代新的思想生成与理论创造。

一、名-状

名-状，就是形-容、形-象、描-绘。在名-状的原初时刻，诗意和观念两种范畴尚未生成。但诗意和观念有可能在“名-状”的语言漂移时刻瞬间生成。《文心雕龙·原道》开篇云：

> 文之为德也大矣，与天地并生者，何哉？夫玄黄色杂，方圆体分；日月叠璧，以垂丽天之象；山川焕绮，以铺理地之形。此盖道之文也。仰观吐曜，俯察含章，高卑定位，故两仪既生矣。惟人参之，性灵所钟，是谓三才。为五行之秀，实天地之心。心生而言立，言立而文明，自然之道也。旁及万品，动植皆文：龙凤以藻绘呈瑞，虎豹以炳蔚凝姿；云霞雕色，有逾画工之妙；草木贲华，无待锦匠之奇。夫岂外饰，盖自然耳。至于林籁结响，调如竽瑟；泉石激韵，和若球锽。故形立则文生矣，声发则章成矣。夫以无识之物，郁然有彩，有心之器，其无文欤？

名-状，是人的语言与自然交触、会意、赋彩的开始，是会心和命名的必然。名-状，首先是对一个事物或一种事态的看——视觉摄取。原初的视觉摄取，源于直观——看见天了吗，看见了——看见地了吗，看见了。看见，是一种视觉相信。其次，在名-状事物和事态的时刻，字词深度构造的路径迷离打开——看见天了吗，没看见——看见地了吗，没看见。看见与没看见，都是视觉摄取，是“相信”向着“不信”，“不信”向着“相信”的漂移。见与不见，如明澈与虚妄；信与不信，若风动与幡动。

看见，是“直观摄取”，即原初的视觉采集；没看见，是“深度摄取”，即摄取遇到了障碍，陷入了思与想。“直观摄取”和“深度摄取”既是人类先天的能力，即天赋才能，也是人类实践活动的般若自觉、文明衍生。但“直观摄取”是自然而然的“看”，而“深度摄取”则是义理（内涵）的“看”，两种“看”有天壤之别。“看见物”与“物是被看见之物吗”两者大不相同。肉眼之看，心灵视觉之看，语言（符号）之看等，难以同构，是为看之漂移。

“直观摄取”的“看”。你看见的“桃红”（“桃之夭夭，灼灼其华”），与他看见的“桃红”（“桃花潭水深千尺”）是一种“红”吗？同样是“日红”，白居易“日出江花红胜火”的“红”，与李义山“夕阳无限好”的“红”，是一种“红”吗？即便在悬搁诗意的前提下，“红”亦无定“红”，“红”也在漂移时刻生成“红”。直观摄取的看，或澄澈，或迷离，都在看的时刻停顿、滑翔、绽放或陷落。（李森有一首小诗《桃花》：“青山南坡/桃花来了，桃花去/桃花到达我的笔尖/瞬间焚烧成灰//古老的村头/桃花来了，桃花去/桃花在我的琴弦上/瞬间红润，一滴泪//此时，只有一朵桃花/桃红漂向桃花/桃花漂向桃红/还是只有一朵桃花。”）

“深度摄取”的“看”。你看见了德拉克洛瓦《自由引导人民》，那面旗帜的“红”，与你看见任意一块红布的“红”是一样的吗？一块“文革”时街头的红布，与一块当下街头的红布是一样的吗？还有玫瑰象征的“红”，鲜血隐喻的“红”。无限多的“红”在漂移。“红”被引申为“非红”，“看”被遮蔽为“非看”。“非看”也是“看”，“看”在漂移时刻生成“看”与“非看”。（叙利亚诗人阿多尼斯有两句诗，描绘了“看”漂移的一个古老途径：“一朵花正越过植物的障碍，/向我凝视，并化身为一位女子。”）

二、语言穿越事物的共通属性

语言漂移是语言穿越，穿越所有语言创造的范畴。穿越，犹如风物千重浪，心绪绕百结。

色、彩、形、象、相，是感觉（视觉）生成世界图景的五个范畴，是人的视觉感光和心灵感应对天地万物的名–状。它们是五个词汇，有时候是动词，有时候是名词，但它们不是具体事物，而是具体事物“共通”的属性，是世界作为世界图景显现的属性；它们是视觉经验中的五个类概念，而不是具体物事的在–场。如果从柏拉图的角度看这五个范畴，他就会看见五个理念（共相）对具体事物和事象的统摄；如果从亚里士多德的角度看，他就会看见它们从单个具体事物（殊相）的质料和形式中溢出，像眼前那只工蜂正在占有的那朵玫瑰，正在从玫瑰中出来。但无论是柏拉图，还是亚里士多德，在他们作为哲学家出场的时候，都没有“看见”诗意的生发。或许他们不得不悬搁了诗意。概念、观念（共相、殊相、类、共通属性等等）均不产生诗意，只推动逻辑的归纳、演绎系统，驱使语言“无中生有”或“有中生无”。

事物的共相和殊相，只有在它们漂移的时刻，诗意才会生成。在-场的、可靠的诗意，是一种高级的智慧和情愫，当概念和观念将人裹挟着远离世界的时候，诗意会将人召唤到物事的在-场中来。诗意于漂移的时刻，在-场的瞬间激活共相与殊相。诗意的激活，是对共相与殊相的抛掷、放弃。一朵桃花在漂移的时刻激活花，抛掷、放弃了花。花开诗意。花无诗，诗亦无花。

人被观念和概念囚禁，人要自我释放，首先要穿越视觉的门槛，也就是要穿越色、彩、形、象、相这些（事物的）共通属性的门槛，才能到达具体事物或事态的在-场。在-场是语言的到达，是漂移途中的在-场。马丁·海德格尔的“在-场”是稳定的、哲学的“此-在”（人）；李森的在-场是瞬间的、诗意的，在开显和寂灭的瞬间，在漂移幻化的时刻，在人（此-在）被裹挟而去的途中。

柏拉图和亚里士多德师徒俩的哲学分说，可以等同于共相（统一性、整体、类）和殊相（个别、具体物事）之间的语言分易。（豪尔赫·路易斯·博尔赫斯是柏拉图和亚里士多德的合体。

他在《你》一诗中写道："在这个世间，只诞生过一个人，只死过了一个人。"）

假设老子遇见柏拉图、亚里士多德师徒，他可能会说："五色令人目盲，五音令人耳聋。"（《道德经》第十二章）说完，他就在牛背上睡着了。老子既不相信感觉的真实，亦不相信语言的真实。假设孔子遇见柏拉图、亚里士多德师徒，他或许会说："'易有太极，是生两仪，两仪生四象，四象生八卦。'你们俩可比'太极'生出来的两仪（阴-阳），谁也别想离开谁。"

假设李森遇见博尔赫斯，问他"那个唯一的人是谁"，他会用《你》中的话回答：

> 那个人就是尤利西斯、亚伯、该隐、那布下星斗的始祖、那修建第一座金字塔的人、《易经》卦相的记录者、在亨吉斯特的剑上用北欧古字母镌下铭文的铁匠、弓箭手埃伊纳尔·坦巴尔斯克尔维尔、路易斯·德·莱昂、孕育出了塞缪尔·约翰逊的书商、伏尔泰的园丁、站在"比格尔号"船头的达尔文、毒气室里的一个犹太人，以及，还活着的你和我。[1]

1 ［阿根廷］豪·路·博尔赫斯：《博尔赫斯全集·诗歌卷（下）》，王永年、林之木译，浙江文艺出版社，1999年，第42页。

尤利西斯、亚伯、该隐、达尔文们之所以成为柏拉图和亚里士多德的合体，是因为语言穿越了共相的人和殊相的人，穿越了人之精神的普遍性扩展和具体人于其“在–场”中的登场。语言在穿越的时刻，瞬间停在了诗意上。诗意生发的时刻，万物显现自性的共通属性即退场（就审美经验而言，在–场是不稳固的）。尽管“共通感”是审美交流的“人性”基础，但当它没有在语言漂移过程中被激活，共通感也只是一种概念假设，这一点是伊曼努尔·康德没有意料到的；尽管“回到事情本身”是一条重要的途径，但当“事情本身”没有在语言漂移过程中被激活，事情本身也与诗意无关，这一点也是埃德蒙德·胡塞尔没有意料到的。

诗意瞬间生成的独立性背对一切，包括背对死亡的、滞固的语言或符号。

语言穿越**“色”**。《尚书·益稷》：“以五采彰施于五色。”五色，即青、黄、赤、白、黑。《左传·桓公二年》：“五色比象，昭其物也。”（此“物”乃物色、选择义。）《说文》释“色”：“颜气也。”色是原初的看–见，是视觉的直观到达，即先天摄取。事物、事态在人的视觉中的原初开–显，即是色的开–显。原初开–显，是人的视觉的第一次停顿，也是恍兮惚兮事象漂移的第一次停顿。视觉停顿，色显明；视觉移离，则色隐晦。色在空，故色漂移；空在物，故物赋色。诗意之色，在漂移中穿越共通感的色、共相和殊相的色。

语言穿越**“彩”**。《说文》（新附字）释“彩”：“文章也。”

(章，同彰。)《广韵》:“光彩。”(彩，同采。)《集韵》:“通作采。”彩是色的描绘、色的彰显、色的言语、色的纹理。彩是气象万千的色，是色的名-状，是色的缤纷飞翔。彩是具象的视觉摄取。语言穿越彩，诗意生发。

语言穿越**“形”**。《说文》:“形，象形也。”《庄子·天地》:“物成生理谓之形。”《易·屯》:“雷雨之动满形。”《乐记》:“在天成象，在地成形。”《孟子》:“形色，天性也。”《史记·太史公自序》:“形者，生之具也。”在视觉摄取事物、事态的时刻，形即是色。无色，则无形，如剥花瓣，瓣瓣剥落则无花。形是色的构成，色是形的在-场。在视觉艺术中，形(型)构即是色构。名-状，是形色的时空停顿。形的停顿，即是色的停顿。在此，形是名，色是状，反之亦然。原初视觉中无“名”，只有“状”(色，貌)。语言穿越形，同时穿越色。语言裹挟着形漂移，创造形；形自身裹挟漂移，创造语言。自身穿越，即自在、自由的穿越。

语言穿越**“象”**。《尚书·尧典》:“钦若昊天，历象日月星辰，敬授人时。”《易·系辞》云:“在天成象，在地成形，变化见矣。”又云:“象也者，像此者也。”《礼·乐记·注》:“象，光耀也。”《韩非子·解老篇》:“人希见生象也，而得死象之骨，按其图以想其生也，故诸人之所以意想者，皆谓之象也。”象，本为动物的大象，或许因为其体态大，形象奇朴，就用来喻天象，又喻万物风貌。事物自己不能言说自身，就用形色性状类似他物来言说，这就是象（像）。从象到像，是一种名-状向着另外一种名-状的语言漂移。“象”的名-状漂移生成各种像，比如“气象”。明人陈继儒说：“欲见圣人气象，须于自己胸中洁净时观之。”（《小窗幽记》）“气象”就是“颜气”（色），是人或万物的名-状。语言穿越象，以使形-象漂移。形-象漂移时，反对概念、观念的语言。诗意穿越于形-象漂移之时。

语言穿越**“相”**。《说文》释“相”：“省视也。”《易·咸卦》：“二气感应以相与。”《尔雅·释诂》：“视也。”相是主观的看，演为看见的事物形色，民间主要指人的面貌（相貌）。相，首先是视觉摄取面貌的动态，紧接着是视觉的凝聚、停顿，而后名-状。《金刚经》中，相指形像貌态。（“若菩萨有我相、人相、众生相、寿者相，即非菩萨。”）有的翻译家将柏拉图的“理念论”译为“相论”，共相就是理念、本质、普遍性。这是事物或事态名-状在漂移过程中的引申，是语言漂移到“深度构造”的理性选择。语言穿越相，先穿越视觉的看，又穿越理意（义）的显在，再穿越语言自身立相的孤身犯险，后穿越诗意的凝聚之凝聚。语言穿越“一合相”（佛陀语）。伟大诗意的生成，在于使“一合相”聚拢与散开。佛说：“所谓一个聚合的形相，妙不可言喻。可是一些凡夫俗子却偏偏要贪恋执着有个真实的聚合的形相。”（《金刚经·一合理相分第三十》）

三、诗意假象生成的有效性

语言漂移幻化万象、层出不穷。语言漂移总是在种种特殊的时空关系中漂移。当我们想到语言漂移的时候，这种时空关系就自然显现了瞬息万变的在－场。有三个基本时空：物理时空、心理时空和语言（符号）时空。基本时空生成无限多的形－象、隐喻、转喻时空。语言漂移看似在物理时空和心理时空中漂移，其实，那只是语言漂移的一种假象[1]。事实上，漂移只是语言自身的漂移，却需要物理和心理的时空假象作为通道，漂移才获得了语言名－状呼吸着的生命空间。“通道”是假象通道；语言漂移亦是假象漂移。

在艺术语言朝向诗意生成的时刻，漂移是任何漂移者的生命蒸腾、游弋或放纵。漂移者以假象漂移为“真”。生命的真，被假设为真。生命原在的真不被语言摄取（语言没有这个能力），但被语言创造。语言的创造即语言的漂移。

语言漂移的出发点是名－状。名－状是哲学中惯用的“名称”的“动态”或“动－象”稀释。哲学家要解决名称之命名事物（事实、事态）和名称被使用的问题，往往陷入语言的纠葛谜团。哲学

1　这里的“假象”是个中性词，它是现象学所说的“现象”的语言生成形态、诗意生成形态，它是形－象（形－相）滚动式的、云卷云舒式的、明－暗交错式的漂移。本文提出的“假象”概念与文中所引马丁·海德格尔《哲学论稿（从本有而来）》中的“假象”不同，海德格尔所使用的“假象”一词指的是存－有被错识的状态。

史即是这一谜团的麻窝。哲学家抽丝成团，抽团成丝，翻来覆去地玩弄语言，使哲学陷入永无止境的秘境。哲学的堕落莫过于此。

语言自身要澄清自身本来就是个矛盾，恰似事物自身要澄清自身的困难。比如，作为事物的太阳，能澄清太阳的存在吗？而作为对太阳命名的名称“太阳”，又能澄清作为名称的“太阳”吗？法国哲学家阿兰·巴丢（又译为巴迪欧，Alain Badiou）在《维特根斯坦的反哲学》一书中写道：“关于名称的问题，至少从《克拉底鲁篇》开始，就属于哲学中有很大争议的问题，维特根斯坦也未能予以澄清。我们非常明白，在命题中名称代表着事态所关联的对象，而名称出现其中的命题则表述着事态。但是，我们不明白的是，**对象之不可思考的差异，是如何通过被名称所证实的差异来指代的呢？**在对象的多样性（实体一边）与名称的多样性（命题一边，或者说图像一边）之间的面对面的镜像构建中，有一个错位契入进来。如果对象违背了莱布尼茨的不可识别原理，那么这些仅仅作为对象之符号的名称，又是如何遵循着这一原理的呢？因为，可以肯定的是，无论同音异义的可能性范围有多大，两个不可识别的名称最终总是**同一的**。名称，与对象相反，不是通过外在的唯一性关系来确认。它们有着内在的紧密的同一性。”[1]

1 ［法］阿兰·巴丢：《维特根斯坦的反哲学》，严和来译，漓江出版社，2015年，第53页。

事实上，阿兰·巴丢的“肯定”和“同一”，无论是“外在”，还是“内在”，都是不可能的。这是语言的决定，而非思维或逻辑的决定。思维、逻辑和语言一旦相互决定，“上帝”就会发笑的——因为“上帝”没有预设过这个决定，尔等不能随意决定。柏拉图的师祖赫拉克利特说：“我们不能两次踏进同一条河，（照赫拉克利特说，也不能两次摸到同一个一模一样的变迁的实体，由于变化剧烈、迅速，）它散又聚，合而又分。”（D91）[1]这一伟大的洞见仍然有效。“行动”之不能两次踏进同一条河流，语言又怎么能踏进这条、这无限多条河流去呢？维特根斯坦说：“哲学不是理论，而是行动。”可就连这个“反哲学”的伟大命题，也只是个语言命题，正如帕斯卡、尼采的诸多类似命题。维特根斯坦的“行动”，也是语言的漂移，这是维氏的哭笑不得之处。

阿兰·巴丢总结了维特根斯坦“语言”的三个“公理”：

公理一：“哲学不是理论，而是行动。”（T.4.112）

公理二：“哲学将通过清楚地表达可说之物来指谓不可说之物。”（T.4.115）

公理三：“我想我概括了自己对哲学的态度，当我说，哲学应该如写诗般去创作。”（维氏在20世纪40年代的言说）

1 《赫拉克利特著作残篇》，见北京大学哲学系外国哲学史教研室编译：《西方哲学原著选读》（上卷），第23页。

维特根斯坦为了解决事物、事态、思维、逻辑、语言之间无法“同一”为世界真相的诸多困境，在体现后期哲学思想之《哲学研究》中创立了“语言游戏说”。这一学说是“反哲学”的伟大思－想。语言游戏说是语言漂移说的前思－想，“语言游戏”是“语言漂移”的一部分，或一种语言漂移的“游戏”向度。

伟大的哲学是语言漂移的诗意创作。即便是柏拉图的“理念”和老子的“道”也是创作。之于反哲学，尼采和维特根斯坦等的思－想会流于此。阿兰·巴丢也看到了这一点，所以，他接着上引“关于名称的问题”写道：

> 最终，我们开始怀疑像这样的命名是否一个非思想。事实上，人们可以也必须坚持，存在着一种语言实践，**它完全专注于作为命名的思想**，那就是诗歌。实际上，诗歌行为的确不是描述性的（即使它也描述），也不是神秘因素意义上的“呈现性的”（即使它也暗示）。它的目标更在于组织一个语词的整体（一首诗自身构成一个命题），其方式是，一个存在的在场被这个语词的整体所命名。没有任何日常语言对此予以命名。诗歌是创造以前未知的存在之名。诗歌的唯一公理是：“所有具有存在性质的东西，不管是简单的还是有着无尽的复杂性，都有一个名称。困难在于发明这个名称。”为了这一尚未听闻的发明，诗歌并非毫无目的地在既有语言

的名称之间运用**差异**的最大来源，包括声响。[1]

命名是必然的，它指代事物或事态，获得了假象的真——诗意的真——心灵结构的真。

语言漂移自身作为种种语言运动的假象，它在各种假象在-场时刻漂移而获得语义或诗意假象。假象与假象的纠结、缠绕、互文、互喻，生成了无限绵延不绝的假象世界。在这个假象世界中，假象作为表现或开显的有效性，有时候在于假象事先被设定为有效，但这种事先设定也在漂移中幻化。当然，有效性生成是复杂的，比如诗意的有效性虽然可以事先假设，却没有稳定的诗意有效性作为共通感性、共通直观实用于所有心灵和心智。也就是说，诗意的有效性作为假设也是漂移的——没有恒定的、边界清晰的、对所有心灵有效的诗意。假设既是出发点，也是归宿。如果在诗意的有效性假设和诗意的归宿（诗意生成）之间没有诗意创造（闻所未闻的在-场命名），那么假象的漂移即是无效的语言漂移。

四、假象漂移种种

假象是语言的种种成象。假象是个中性词，它不是“假相”，

1 ［法］阿兰·巴丢:《维特根斯坦的反哲学》，严和来译，第53—54页。

不是所谓真相的另一面，它在语言漂移生发有效诗意的时刻，就是真象（像）——语言和心灵真象（像）。假象对所谓客观事实可能为假，对诗意事实可能为真（相信）。在语言中，假象和真象如剑的两面，同时生成锋利和光芒。

语言漂移作为假象的漂移有种种形态或形式。有色－彩的漂移、形体的漂移、音声的漂移、隐喻的漂移等等。

譬之色－彩，它漂移在时间艺术、空间艺术、语言艺术的各种表现形态和构成关系中。漂移既可以是单向度的，也可以是多向度的；既可以是单层的，也可以是多层的。漂移是放射性的状态，如云卷云舒，聚散分合，无所谓起点或终结。在假象时空的漂移节点上的漂移形态或样式，都可以作为漂移的起点，也可以作为漂移的终点。蓝不是天空，但也可以说，蓝是天空。正如辽－阔、苍－茫之于大地，亦可以言说天空。

色－彩源于视觉直观，如果有纯粹视觉直观，即有纯粹色－彩；色－彩同时源于心灵直观，如果有纯粹的心灵直观，即有纯粹的心灵色－彩。在作品中，直观的自然色－彩和直观的心灵色－彩有时合二为一，可能构成诗意色－彩；有时，两种色－彩处于分离状态，也可能构成诗意色－彩；可是，还有一种色－彩，既非源于心灵直观，也非源于自然直观，而是源于自在的语言或语言假象。当三种色－彩相互摩擦、彼此呼应的时候，有可能形成一种生命的回响。这种回响作为纯粹之诗，是形式化的诗意感觉经验的新生。这种新生不是作为本体的诗意经验的获得，而是作为漂移着的诗意语言的无端显明。艺术中伟大的音声形色均起源于“无端”。“锦瑟无端五十弦，一弦一柱思华年。庄生晓梦迷蝴蝶，望帝春心托杜鹃。沧海月明珠有泪，蓝田日暖玉生烟。此情可待成追忆？只是当时已惘然。”（李义山《锦瑟》）此无端，可喻之空无、妙有，（“珠有泪”“玉生烟”）亦可喻之伟大诗意语言、色-彩和精神的回响。语言漂移的深意在于，伟大的诗意显明是对文明、文化、诗意、观念等各种成规的对抗。这种对抗，首先是对垂死、半垂死心灵结构的对抗。

色-彩的呈现是光-亮。但光-亮是迷离的无端闪烁。光似乎导向“看”的清晰，却使清晰陷入“看”的迷离困惑。对于心灵结构而言，语言漂移是在梦呓中的漂移，正如想象中天堂的底座和地狱的穹顶，还有无数圣哲攀登的云中天梯。此时，有无数首诗需要引领无辜的心灵咏叹。让我们来吟咏阿多尼斯《黑域》中的两阕：

在我心灵的深处有一道光，
我感觉它长着嘴巴，总是对我私语：
光明并不是为了把你导向清晰，
而是为了让你越来越靠近意义夜晚的广袤边境。
清晰：并非朦胧的终结，而是它的起始。

光，开始唤醒夜，

夜，开始唤醒渔网和波涛，
所有的一切都在嘟囔着它的名字
为它出现在大地而颤抖：
——染红天际四壁的血来自何处？
——谁在发问？
大自然是哑巴，
通往语言之邸的向导是瞎子。[1]

色－彩风标而至，假象在席卷。所有的一切，都在生成假象连环，以使假象为真。真，在清晰的时刻停顿，在朦胧的时刻下陷，在名字中被呼唤出来。光裹挟着色－彩化为灰烬。灰烬有一种假象的冷，也有曾经跳跃的色－彩余温和墓室中响起的剥啄之声。

五、譬之色－彩，假象直观

所有艺术作品中，都存在着色－彩和色－彩之间的语言关系。这种关系有时候是显在的，有时候是隐在的。视觉假象、听觉假象、味觉假象、触觉假象、嗅觉假象、语言假象都会同时或单

1 ［叙利亚］阿多尼斯：《我的孤独是一座花园·阿多尼斯诗选》，薛庆国译，译林出版社，2009年，第217页。

一地在漂移的生成或寂灭之中。色－彩假象是艺术语言最直观的幻影。

在创作和欣赏时如何创造或解读色－彩，与诗意的心灵结构和语言漂移有关，而与色－彩的所谓本质存在无关。色－彩在作品中的呈现从来不是稳定的，即便在具有共通感的心灵结构中，色－彩的呈现也处于某种扑朔迷离的状态。色－彩呈现的先天直观能力和后天经验积淀，开显为不同的诗意色－彩。你看见色－彩了吗？你未必看见色－彩。你创造了色－彩，还是色－彩创造了你，完全不是一回事。视觉经验中的色－彩，可能是对视觉直观色－彩的一种整合，但也可能是对视觉直观中的色－彩的颠覆，譬如在某种观念色－彩、某种象征色－彩、某种特定的意识形态色－彩颠覆先天直观的色－彩之时，先天直观色－彩就可能作为“本有”或“本在”的色－彩隐匿无踪、遁去如风。

无论是视觉直观还是视觉经验中的色－彩，都来自自然和心灵之间的磨砺，犹如锋利的剑刃源于磨石、剑自身和磨剑者的力道控制。诗意的色－彩源于色－彩自身与色－彩之间的磨砺。艺术天才期待着本真色－彩的显现，而普通人则渴望钻进色－彩意识形态的墓室去自我埋葬。

直观的色－彩在漂移的时刻滑翔出世界的痕迹。那种种痕迹是疼痛，还是幻象的欢喜，只有在具体的语境中才能体会。体会，就是接受色－彩痕迹的摩擦。色－彩是世界的划痕，人的存在也像色－彩一样成为他人或历史的划痕。色－彩是花开锦绣，也是刀光凛冽。人的意识、诗意、感觉、经验，无不被色-彩切分。李森有一首诗《公鸡》鸣唱色-彩：

一身红毛
一个挺拔的冠子
一对黄领章
一个空虚的臀
一撮黑毛
一双手掌
一个扩音器
一张尖嘴

它爱舞台
更爱母鸡的背

我阉掉它
它长得更肥
我养着它
它的毛更红

我有尖刀
它有颂歌

公鸡，就是色-彩。公鸡的鸣唱，也是色-彩。直观的色-彩当其呈现直观色象之时，可能会迷离般地向着某种隐喻或诗意偏移，但仍然被直观色-彩的瞬间稳定性牵引着，如一块布的色-彩在旗杆上飘扬，被旗杆、征象或自身牵引。吉尔·德勒兹的《耻与荣：T. E. 劳伦斯》一文，是阐述劳伦斯《智慧七柱》一书色-彩漂移为诗意真实的典范。德勒兹列举了劳伦斯如是书写来说明："他的眼皮在粗硬的睫毛上坍塌成疲惫的皱褶，透过眼皮，一束来自头顶太阳的红色光线在眼眶中闪烁，将眼眶变成了炽热的火炕，而人在这火炕中慢慢燃烧。"（《智慧七柱》第九卷）其实，《耻与荣：T. E. 劳伦斯》这样的德勒兹文体，才是色-彩漂移的典范中之典范。吉尔·德勒兹写道："劳伦斯，文学史上最伟大的风景画家之一。壮观的鲁姆山谷（Rumm），绝对的视觉，思想的风景。而且色-彩运动着，偏离着，移动着，滑动着，倾斜着，比起线条来有过之而无不及。这两者，色-彩和线条同时产生，融为一体。砂石和玄武岩的风景结合了色-彩和线条，然而一直处于运动之中，巨型的线条层层叠叠地被着色，色-彩被拉成巨型的线条。芒刺或圆球的形状此起彼伏，与此同时，色-彩相互回应，从纯粹的透明至令人绝望的灰色。脸庞同风景相呼应，在这些构图简洁的画中或隐或现，令劳伦斯成为最伟大的肖像画家之一。"[1]

1 ［法］吉尔·德勒兹：《批评与临床》，刘云虹、曹丹红译，南京大学出版社，2012年，第252页。

文体和万物形色惺惺相惜的直观对局，是古往今来灵魂飞翔者之间的呼应。假象创造了寓言与现实中的人的交流，将人变成语言（符号）的在－场。假象作为寓言的飞翔，如所罗门王的飞毯，上面可以站着他的军队、他的跟班、他的鲜花与美人。在那个巨大的飞毯起飞时，风也听从他的指挥，飞毯上空还飞着一群鸟，为飞毯上的人群遮阴。伟大的艺术的色－彩、形－象铺陈，都有寓言性质。寓言，是语言对世界不得不做出的选择性重构。比如，华莱士·史蒂文斯的《怎样活，如何办》一诗的第一段，使“夜晚”成为寓言的千古之夜：

昨夜，月亮从这块石头上升起
和世界一样不太纯洁。
男人和他的伴侣停下脚步
欣赏这壮丽的奇观。[1]

六、假象作为诗意真理

马丁·海德格尔说：“真理乃是澄明着的遮蔽，这种遮蔽作为移离（Entrückung）和迷移（Berückung）而发生。移离和迷

1 ［美］华莱士·史蒂文斯：《史蒂文斯诗集》，西蒙、水琴译，国际文化出版公司，1989年，第58页。

移，在它们的统一性中以及在它们的过渡中，为存在者之游戏提供出转换了的敞开域，而存在者是在其真理的庇护中作为物、器具、谋制（Machenschaft）、作品、行为、牺牲而变成存在者的。不过，移离和迷移也可能凝固于一种漠然无殊状态中，进而，敞开域便被视为一般现成之物，后者给人一个假象：它是这个存在者，因为它是现实之物。从虚假的无移离状态和无迷移状态的这样一种本身遮蔽着的漠然无殊状态出发，移离和迷移便显现为特例和奇特的，而实际上，它们在那里显示的是真理的基础和本质。那种漠然无殊状态也是一切表象、意见、一切正确性发生的领域。”[1]与其说海德格尔的这种观点是现象学的，不如说与尼采的非本质主义一脉相承。《哲学论稿（从本有而来）》在文体和“反哲学”的思想上，几乎就是对尼采文体的模仿。移离和迷移的敞开域使存在者通过，使自然的万事万物、人以及人的创造物显现自身，这种存在者在敞开域中的显现，即是真理在漂移时刻的发生。我们必须补充，真理作为存在事件（本有、本在）既是澄明着的遮蔽——说出“真理”这个行为本身已是遮蔽，也是遮蔽着的澄明——不能不表达、不能不漂移的无端言说。按照海德格尔的概念，此在（人，此-在）的出场，也是一种移离或迷移的发生。此在（人，此-在）之作为诗意真理，事实上也是一个假

1 ［德］马丁·海德格尔：《哲学论稿（从本有而来）》，孙周兴译，商务印书馆，2012年，第76—77页。

象。真理作为假象显现，假象作为真理显现是同一回事。也许海德格尔并没有认识到这一点，但是，他已经走到了这个连接天空的苍茫泥沼的边缘。艺术天才总是从泥沼向着天空飞翔，在飞翔的时刻泥沼和天空一起旋转。这是此－在最痛苦，也是最欢喜的漂移。

真理作为知识，可在科学和技术的层面上衡量。而作为色－彩、形－象、诗－意和美－德，则是移离和迷移的飘摇、蹉跎、凝聚或蒸发。在诗意创造中的真理被控制在清晰可辨的形－象在－场，如果人的存－在有一种终极意义，那么这种存－在就是移离和迷移的心灵结构的洞见。首先是自我洞见，然后，在他者的心灵结构那里得到确证——惺惺相惜，色－彩相照，灵魂相顾。这就是人不能作为知识、理性而存在的关键。只有人制造的机器，能作为知识和理性的各种模式而存在，而人被异化为知识和理性的存在，是人的全面堕落。呼唤人归来的，不是知识或理性模式的所谓真理，而是绝对不能越过异化边界的自由人的在－场。人是自由。人反复地在－场，以证明人的存－在，就是人的自由。李森有一首诗名曰《柏拉图》，他呼唤“柏拉图”进入人的在－场，到达人的自由。在李森呼唤的“柏拉图”出场的时候，他的所有哲学概念，包括他的“理念”，被润解为某种音声形色，某种形－象、色－彩。知识、理性的真理不能到达作为自由的柏拉图，但相信（信念）和诗意，则可以使柏拉图重生：

一

那个海在哪里？
你曾用海水
涂鸦了第一轮圆月

那个天空在哪里？
你给了它，单一、纯洁

你曾经给月牙谱过一个橙色的曲调
接着，又亲手抹去

二

从明镜里
你解开了太阳的索链
让它上天，多么轻盈
你又控制了它，恰到好处
不能飞远，也不破裂

七、譬之色－彩，其漂移的方向

我们先预设一个色－彩漂移的出发点，这个出发点即是本在事象。本在事象是万事万物构成的自在世界图象。当我们把本在事象作为坐标点来讨论色－彩语言漂移的时候，我们可以画出色－彩语言漂移的四个方向。当然，本在事象作为四个漂移方向的出发点，其自身亦在漂移。也就是说，本在事象也是一个漂移的方向。而这个漂移原点的方向是任意的，事实上它向任何方向漂移。它既是在－场，也是在－场的崩－溃。色－彩的本在事象向着四个方向漂移的简图如下：

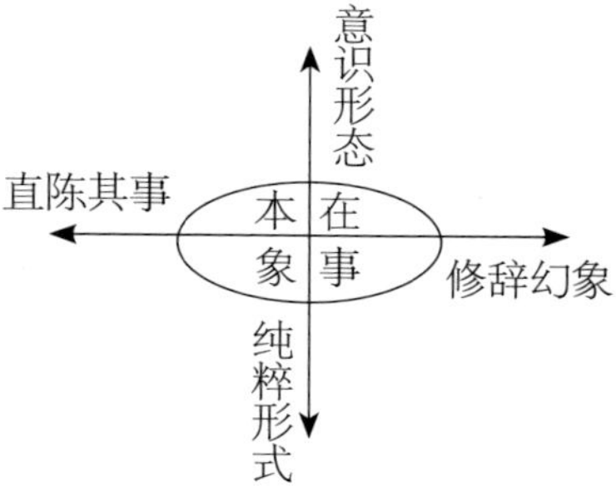

“向上”，是意识形态隐喻漂移的途径；“向下”，是纯粹形式直观漂移的途径；“向左”，是直陈其事漂移的途径；“向右”，是修辞幻象漂移的途径。上、下、左、右四个方向，是个象征性的说法。本在事象的这个出发点，也是一个象征性的出发点。也就是说，象征作为“假象”，无论它在暂且稳定、自显的时刻，还是在漂移的时刻，都要有途径和出发点。

四个途径漂移的出发点，在本在事象这里。如果没有本在事象这个万事万物构成的图象世界，就没有色－彩。从视觉途径与世界的交流来看，甚至可以说，没有万事万物构成的图象，就没有世界本身的显现。这万事万物构成的图象，就是唯识宗（创始人是玄奘）所说的“外境”，即心外之境。当然，如果没有心生成的世界结构，外境是不存在的。即是说，万象形色，作为一种外境的确存在，但如果没有我们的视觉直观和视觉经验的参与，外境也不存在。这个外境，与美和不美没有关系，而美和不美却也在这个外境显现、生发的时刻。《金刚经》说：“应无所住而生其心。”我们也可以说：“应无所住而生其色。”色无本相而生其相，这个“生其相”的过程，形成了人看世界的方式，构成了唯识宗所说的“心识”。

八、譬之色－彩，意识形态漂移

从色－彩的视觉直观和经验积淀出发，在艺术表现中，不同时代的人对色－彩的看法可能不同，因为不同时代有不同的色－彩意识形态隐喻，形成时代有意识或无意识的审美心灵结构。首先，色－彩作为直观的本在事象，或与美，即诗意无关，或它直接呈现为美或诗意，但在审美经验的积淀层次中，它通常会生发为意识形态的心识内涵，也就是形成一种对世界的判断和认知方式，这种认知方式是构成性的，构成心灵结构的一个个隐喻或象征的内涵。比如黄和红，黑和白，灰和绿，都会通过某种构成途径，表现为集体性的审美甚至是价值的取向，还会表现为隐喻或象征垄断，制造色－彩语言统一性、普遍性的暴力。这种色－彩暴力，既可能被视为正面的，也可能被视为负面的。正面能量凝聚型的垄断，负面能量凝聚型的垄断，都可能在任何色－彩意识形态中发生。黄色垄断，红色垄断，黑色垄断，白色垄断，等等。种种垄断在建筑、服饰、器物、艺术等领域都在表现着其被激活的或死亡的生命向度。

当色－彩向上漂移的时候，它就逐渐脱离了色－彩原初的本在事象。比如黄色，它会通过一个意识形态的隐喻生成系统，从视觉的直观视相中从红色、紫色、黑色、白色等色－彩中分离出来的，从而脱离视觉直观，在向上漂移的过程中，渐渐熏染为稳定的隐喻视相或象征视相。黄色，在唐代以后的主流文化意识形态结构中，是一种尊贵的色－彩，是皇家的用色，但它并非在每一个民族、每一个时代的色－彩的意识结构中，都享有尊贵。在中华主流的色－彩隐喻系统中，黄色也不是从来就具有那种尊贵隐喻的。比如秦代尚黑，以黑为贵。在民国时期，色－彩的隐喻为蓝和红，这种隐喻在旗帜上可以看出来。在“文化大革命”时期，造型艺术中铺天盖地的“红光亮”，是为明证；在改革开放以后，色－彩隐喻从“红光亮”逆向为“黑白灰”，同样风靡一时，又是一个明证。色－彩如风，如箴言；色－彩如刀，如磐石；色－彩如咏叹，如风春；色－彩如万物漂移而来，亦如高墙幽闭其形。

我们猜想黑色被熏染为集体心识的过程，其熏染原点为阴阳的二维观念结构。在中国古代哲学中，天地分为阴阳，阴阳乃是天地生成之根，亦是人之慧根。从视觉的色－彩观念生成来看，阴即阴影色，阳即光亮色；阴阳与昼夜，刚好在色－彩的视觉系统中可以互喻。昼为白，夜为黑；阴为黑，阳为白。因之，阴之色、阳之色、昼之色、夜之色，四色是同构的。同样在视觉色－彩的感觉系统中，黑似乎是漂移后的凝定，而白则是散开的、恍惚的漂移。或许正是由于“黑”在感觉系统中的稳定性、凝集力大于“白”，故在古人的观念里，黑为贵、为吉，而白为空、为晦。“韬光养晦”，其语义亦来源于此。《说文》释“黑”为：“火所熏之色也。”释“白”为：“西方色也。阴用事，物色白。”当然，阴阳、黑白之色的隐喻，是不断地漂移、凝结，又漂移、凝结着的，从来没有稳固不变的意识形态色－彩。色－彩的时尚审美，即是色－彩的漂移与凝幻。

其实白昼绝非白色，黑夜也并非黑色。色－彩的命名是相对的，幻化无际的。我们为何把昼夜看作白黑两色呢？或许这是我们对自然色－彩的“第一次”直观概括。白是敞亮，散开；黑是凝集，收拢。万象之色，皆源于光的聚散，在聚散中生成不同的层次，书写为丰富的色系。天空之穹窿高蓝，大地之蹉跎苍茫，均为光之书写，“神”的造就，本然而自为，漂移而空蒙。色－彩是光的文本，物的彰显。因此，所谓神性亦源于光之聚散开合。光之漂移，生成色－彩之漂移，亦个人与集体心灵结构之生成与漂移。

光推动色-彩的漂移，使先人（任何时代的先在之人）对混沌自然、盲目世界有了整体性统摄的可能。我们猜想的“黑-白—阴-阳”结构，是“天-地”向人心浸润、浸入，人心统摄“天-地”的意识形态回环漂移过程。这种生成既是偶然的、扑朔迷离的，又是坚定的或赋予信念的。浸润、浸入、统摄、概括是偶然与必然的永恒纠葛。观念之抽象化是个漶漫、会流的经纹，在不知不觉之间，在信念和想象之中。又譬之黄色或色黄的观念生成。我们再次猜想，黄之观念或源于北方大地的颜色。尤其是西北方，黄土高原，黄是巨大的、凝聚视觉直观的视相力量，一种富有神性诗意的、物象本在的广延。我们继续猜想，先人对大地既崇敬，又恐惧，与今人的任性、狂躁，动不动就要“与天斗与地斗”不同。先人虔敬，是不敢与天地斗的。先人在大地上，正如在一个神的地盘中，或神的话语体系中。大地的神性呈现为黄，是“神”的安排，物的自象与自喻。神造就了大地，人像谷物一样从大地生长出来。因此，人既在大地上生长，又在猜想（先天假设）的神之观念中生长。于是，大地崇敬、色-彩崇敬与神性崇敬同构为“尊贵”。或许，“黄”的尊贵还源于谷物成熟之色的欢喜、秋之色的欢喜、生命被赐予的欢喜。在唐代之前，黑色最尊贵，帝王服饰用色以黑为尚。或许因由大唐政权起自西北方，唐代帝王服饰用色，在某种隐秘的色-彩观念影响中定为黄色。皇帝服饰用明亮的黄、高光黄，太子则用淡黄，降低一点光亮度。唐代的服饰除了黄色之外，紫色最尊贵。三品以上官员着紫袍，四、五品着绯袍，六、七品着绿袍，八、九品着青袍，百姓只能着素服即白衣。色-彩不能越制，百姓衣饰着黄、器物用黄，是要取掉头颅的。因色-彩而取头颅，色-彩如刀，隐喻之锋利可见。从色-彩的等级制，可见文化隐喻生成的一种途径。文化在某种程度上说，即是人自我绑架的异化。

在这个时代，红色是隐喻最强大的色-彩，其隐喻的熏染过程不言自明。有关色-彩任何意识形态化的熏染，均与本真的艺术和美的生发无关。色-彩向上生发出意识形态隐喻，使色-彩在我们视觉中与本真事象脱离了关系。这就是色-彩的被抛掷或滥用，也是心灵的自我钝化、糙化或自我钳制。试问，我们心灵结构中的色-彩观，到底是我们自己天生的色-彩直观之美，还是意识形态化了的色-彩智障？种种色-彩系统的漂移，是自觉的漂移，还是被缚的漂移呢？

色-彩隐喻的选择，既单纯如风在花，又隐晦如玉在渊。可以肯定的是，任何观念的形成，都是选择的结果。选择尊贵吉祥，抗拒不吉障目，自然靠的是思维结构先天的排除法，或后天的幻想错位。观念生成非此即彼的二元结构，是人的思维结构的一种先天轨迹，却非本在事象自身本真存在的、不加遮蔽的真理（隐喻世界中无真理可言）。要抗拒这种先天二元结构预设的武断，是漂移说破除人之观念粗暴之执的伟大使命。

九、譬之色－彩，纯粹直观的漂移

诗、美、艺术本为同构之不同言说，然而此三者均非万象之具象所固有。有人若认为“固有”，那就是本质主义者、反映论者无疑。万象（相）之“存－有”即是色相（色象）之“自－在”“开－显”，而非诗、美、艺术之象（相）的本有开显。《金刚经》说：“不应住色生心，不应住声、香、味、触、法生心，应无所住而生其心。”又说：“所言法相者，如来说即非法相，是名法相。……一切有为法，如梦幻泡影，如露亦如电，应作如是观。”这里的法相，亦可释为色相，即所谓色－彩。佛陀是位非本质主义者，佛陀的哲学，是非本质主义的学说。如果说要在东方找漂移说的祖宗，佛陀即是一位祖宗。

色－彩住于万物，万物住于色－彩，色－彩为万物自显之形色，语言（符号）书写到此为止。譬如光。或有人以为光是无色的，其实光即是色。光是万物在视觉中显现的原动力，却敞亮为色，聚散为色，寂灭为色。凡是生命的视觉可以直观到的所有事物，都敞亮为色，寂灭为色。本在事象作为色象，是诗、美、艺术漂移的原点，统称为诗意原点。诗意在此生发，“向下”漂移，与意识形态诗意漂移的方向逆向而动。所谓向下漂移，是站在诗意文化生成的角度而言的，其实是一种“回归”的漂移。埃德蒙德·胡塞尔“回到事情本身”的命题，可以算是一个“回归”的西方哲学宣言。现象学最有价值之处，就在于对理性主义语言和观念系统暴力的对抗，可惜这种对抗并不彻底。现象学只是扭转了方向，而没有找到令人信服的方法。胡塞尔只是对抗粗暴理性的观念暴力，而没有对抗这一暴力之根源的“逻辑暴力”，即表达系统的暴力。马丁·海德格尔中后期意识到了这一点，所以他转而学尼采，但还是不彻底。如果从西方诗学的角度来看，漂移说是接着现象学讲的。漂移说所要解决的是现象学所没有解决的问题。现象为真，现象即本质，这些论断还是在本质主义逻辑的深层框架之中。现象学是欧洲大陆哲学一种羞羞答答的学说，理性扩张主义的大厦歪倒，却找逻辑演绎的柱子撑着。

就诗意的生成而言，胡塞尔的“回到事情本身”这个口号虽响亮，但无意义。诗意无法回到本在事象的原点。事情自身没有诗意。事情的存－有（存－在）是诗意的寂点之一。诗意的寂点有观念的寂点、形式的寂点、修辞的寂点、事物与事态的寂点等。回到寂点的过程当然亦可生成诗意，但回到寂点不是目的。任何“目的论”都是要警惕的，因为诗意本身没有确定的目的，它最多是“无目的的合目的”（康德），或者是“合目的的无目的”（李森）。把康德的这个命题倒过来，即是接着康德讲。康德把美划分为纯粹美和依存美，而对纯粹美并没有举出太多例子。康德的理论在此遇到了很大障碍，语言漂移说也要解决康德的困惑、超越康德的诗学。

如果“回到事情本身”，可能会陷入模仿说及其这个学说衍生的反映论的怪圈，这是更需要警惕的一个语言漂移方向。“本身”是什么呢，在语言中有无“本身”都值得怀疑，更何况“回到本身”。抵达“本身”之路被语言自身封闭了，这是语言自身开合绽放的边界。语言在漂移到不可言说的边界之时，必然要产生“回响”。伟大的人物站在漂移与回响之间，自成峰峦，推动、造就古今诗意精神的潮起潮落。

诗意是诗意的生发。诗意之美不在于“回到”，而在于生发的纯粹敞亮，即音声形色纯粹性的自明，自我飘摇、游移。诗意不断洗新的种种音声形色的纯粹性，是诗意有效表达的关键。洗新，即洗心。新了诗意，即新了心灵结构之一隅。诗意的漂移是心灵结构的漂移，心灵结构之新与诗意之新同构为世界之新、语言迷局之新。“世”即时间，“界”即空间。时空会意诗意般若，万物一次又一次地“第一次”漂移、“第一次”回响，而风标天下，振铎吟哦。吟哦，即纯粹事象自“空”席卷而来为“空有”，自“空”席卷而去为“空无”，此即“合目的的无目的”之论。“合目的”是漂移路径的推动力，“无目的”是在纯粹诗意敞亮时刻的回响。最伟大的艺术是纯粹诗意漂移的艺术，而非意识形态的、价值观或任何观念的阐释、引申或堆积。

诗意色－彩的纯粹直观有两条显现的途径：一是色－彩自身作为纯粹形式自我开显的途径；一是清洗色－彩隐喻而回溯纯粹直观的途径。两个途径的诗意生成，都在语言漂移的时刻被洞见。色－彩漂移可能停留在一个作品里，可能停留在一个个作品的局部。瞬间整体向局部崩溃，局部向“整体”凝聚。漂移作为动力，紧紧地抟着这种无穷幻化。

语言漂移，是无限多时空节点的漂移。事实上，漂移绝对不可能是“整体”，而是碎片。碎片之间相互磨砺、相互激活，生成新的碎片。华莱士·史蒂文斯是一位近乎纯粹直观性的诗人。他的诗歌语言是对狂躁的意识形态主体的漠视。他给观念大词喂了蒙汗药，让它们睡去，让它们脑残。而就在此时，他解放诗意，诗意在自救中澄澈绽开。伟大的诗人是每一个词、每一个句子的王者，每一个词、每一个句子也都自立为王。

一个词是一个王。

史蒂文斯《一位睡着的老人》一诗中有两句：

> 两个世界睡着了，现在正睡着，
> 一种暗哑的感觉严肃地占有它们。[1]

再看《观察黑鸟的十三种方式》的前三种：

一

> 周围，二十座雪山，
> 唯一动弹的
> 是黑鸟的眼睛。

1 ［美］华莱士·史蒂文斯:《史蒂文斯诗集》，西蒙、水琴译，第173页。

二

我有三种思想
像一棵树
栖着三只黑鸟。

三

黑鸟在秋风中盘旋。
它是哑剧的一小部分。[1]

陶渊明《饮酒二十首》即为纯粹之诗。陶公的诗意，紧紧贴着不可言说的寂点漂移，无观念的引申之喧闹，亦无“为赋新词强说愁”的矫情，真正做到了“乐而不淫，哀而不伤”（《论语·八佾》）。此引第五首为证：

结庐在人境，而无车马喧。
问君何能尔？心远地自偏。
采菊东篱下，悠然见南山。
山气日夕佳，飞鸟相与还。
此中有真意，欲辨已忘言。

1 ［美］华莱士·史蒂文斯:《史蒂文斯诗集》，西蒙、水琴译，第46页。

“真意”莫辨，欲辨“忘言”。唯有音声形色的碎片，在本在事象之色的推动中自我风咏，自我安慰，自我形成色相然后寂灭。这就是语言漂移说不可为而为之的“合目的的无目的”。

十、“向左”漂移，直陈其事

> 七月流火，九月授衣。春日载阳，有鸣仓庚。女执懿筐，遵彼微行，爰求柔桑。春日迟迟，采蘩祁祁。女心伤悲，殆及公子同归。
>
> ——《七月》第二阕

直陈其事，是“赋”的表现方法，是具体事象和事态的诗意推演。譬之色-彩，它是一种色调向着另外一种色调、一个笔触与另一个笔触、一组“点线面”向另一组“点线面”的舒卷回环、腾挪跌宕。直陈是描述性地向前溢出，它给单纯的本在事象或多维的事态“命名”。“命名”通过呼唤、回响、置入等方式，进入时间和空间凝聚成相的“在-场”。直陈其事，总是有一种声音告诉你：“真实就在那里，它就是心与眼之前的样子。”直陈的诗意生成预设了“真实”，建立了诗学“真实”的信念。信念即柏拉图说的“相信”。如果对“真实”的“前瞻”或“回望”保持在“客观描述”的范畴之内，那么事象演绎与真实存-有便达到了迷惑人的最大、最美的极限。“真实”的在-场，似乎就生成了诗意。可是，如果没有本在事象的“碎片”漂移，“直陈其事”是无法实现并产生诗意感应效果的。

“直陈其事”的语言漂移，是裹挟式的漂移，如云雨风在仰望的空中翻卷、凝聚、松动为形与色。所有艺术中，最大的裹挟者是色-彩——形也是色，音声中亦有色相风幡飘摇。本在事象是以色-彩（色形）的方式呈现的，语言到此为止。本在事象的在-场即是色-彩的在-场。没有本在事象的裹挟，那些不能言说的爱与恨、情与义、善与恶、美与丑、真与伪，是无法出场的。无法出场者，是因为出场的路径处于关闭状态。出场者等待裹挟。一言以蔽之，所有观念的出场，都依赖色-彩的负载而去，或相拥而归。诗歌比、兴的运用，即是诗意附形飞翔的实证。所有隐喻附形而出，需有空隙，才不致挤成一堆之重，亦非垒成一墙之闭，或栅为一圈之畜。隐喻附形而出，需要将其分解、疏散，即将其碎片化铺陈、襟连，才可能将其载入在-场。曹孟德的《苦寒行》可例之：

北上太行山，艰哉何巍巍！
羊肠坂诘屈，车轮为之摧。
树木何萧瑟，北风声正悲！
熊罴对我蹲，虎豹夹路啼。
溪谷少人民，雪落何霏霏！
延颈长叹息，远行多所怀。

我心何怫郁？思欲一东归。
水深桥梁绝，中路正徘徊。
迷惑失故路，薄暮无宿栖。
行行日已远，人马同时饥。
担囊行取薪，斧冰持作糜。
悲彼东山诗，悠悠令我哀。

直陈其事撼动人心的所谓真实，需要语言的“假象”，即“碎片”的在－场——它们被视相（色－彩）裹挟而来，又在在－场的洞明时刻漂移以远。这种在－场是间歇性的——随心停－顿、飞－扬、出－场、入－场、崩－溃，泄洪千里，卿云回溯，均在间歇性的绵远与波还时刻断裂。词语出场的节奏和音声形色的一咏三叹、歌舞足蹈，创造了在－场的清晰可观。在这种清晰性被洞明的时刻，色－彩，即心灵视觉的在－场生发诗意的轰鸣与灿烂。马丁·海德格尔说：

> 在场状态乃是当前，其意即持久性的被聚集状态，根据它从移离过程的撤退——这种移离过程因而被伪装并且因此被遗忘。于是形成了真正“存在者”的无时间状态（Zeitlosigkeit）的假象。
>
> 在空间上来把握，持存状态乃是对本身没有特地得到经

验的空间的充满和充实，因而是一种空间设置（Einräumung）。

在场状态乃是空间设置，其意即为那种被置回到其中、并且因而持存的存在者提供空间。

时间化与空间设置的统一性——而且是以在场方式——构成存在状态的本质，即穿越（Überkreuzung）。[1]

尽管海德格尔《哲学论稿（从本有而来）》“反哲学”的文体绕得让人近乎窒息，但上一段引文（引自《98.根据持续的在场状态对存在状态的开抛》）所讨论的——“假象”于时间和空间统一性在－场中的“穿越”，却是语言漂移状态的诗意洗礼。

直陈其事的叙事，好像搬动了事实和经验世界的万事万物，甚至是推波助澜、车轮滚滚、人仰马翻式地表现“真实”。事实上，所有自在物、人间事，从来就没有移动，它们还在原地归化，在到达在－场的时刻反对诗意之美。

罗伯特·弗罗斯特是直陈其事的伟大诗人，他的描述性的语言与眼前的普通事物摩擦，使如风的语言在事物上形成一个漂移层，看似事物直陈，其实是语言贴着事物的漂移。反之，事物也贴着语言在心灵结构中漂移。如春花漂移春，秋色漂移秋；如人自我漂移，在万千事物里离开一条条道路，一个个房舍家园，不

1 ［德］马丁·海德格尔：《哲学论稿（从本有而来）》，孙周兴译，第201页。

知所终。著名诗集《波士顿以北》(1914)卷首小诗《牧场》，是人与物相约漂移的邀请：

我去清一清牧场的泉水，
我只停下来把落叶全耙去
(还瞧着泉水变得明净——也许)；
我不会去得太久。——你也来吧。
我去把那幼小的牛犊抱来，
它站在母牛身边，小得可怜，
一摇一晃，当母牛给它舔舔；
我不会去得太久——你也来吧。[1]

十一、修辞幻象

从本在事象的原点出发，诗意在我们设定的坐标图中“向右”涌动，以“修辞幻象”的途径漂移。严格说来，诗意语言所有方向的漂移，都是修辞幻象的漂移。因为语言的言说结构，就是修辞幻象的结构。可是，我们不能整体性地言说。所有言说都是局部性的，唯有局部性的言说，修辞幻象才能漂移，就像

1 [美]罗伯特·弗罗斯特:《一条未走的路》，方平译，上海译文出版社，1988年，第2页。

在－场之敞亮，不能选择两个以上的在－场停顿，而修辞幻象作为在－场的漂移，却是无限的，不断衍生、繁殖着的，不管是在无限多个人的心中，还是在无限多集体人的心中。个人或集体人的诗意心灵结构，也在漂移状态中停顿、衍生、幻化、凝聚成一个个时刻，无限多的时刻。无限多心灵结构崩塌和凝聚的语言幻象。

修辞幻象的漂移，是显在色－彩和隐在色－彩的混成风行。一棵树冠的漂移和一座森林的漂移，都是语言中色－彩的漂移，而非本在形体的漂移。在语言（符号）敞亮的时刻，只有色象（修辞幻象），而没有本在的形体。语言（符号）生成，本在形体处于退场状态，语言（符号）不能撼动。语言（符号）在脱离本在形体、本在事象后才能自显，这是语言世界得以生成诗意世界的出发点。老子感觉到有一个“道”的普遍性存在，但是他深深地意识到语言不能把握，因此，对“立言”的可靠性持怀疑态度。这是李氏思想亘古弥新的伟大之处，也是中国诗意哲学的根基，是中国佛学（禅宗）思想的根基。老子对“道”的“猜测”，犹如柏拉图对“理念”的“假定”。事实上，无论是《道德经》，还是《理想国》，都是修辞幻象漂移的经典文本，是文学，而非今人所谓之哲学。后来是学院派哲学家们均亵渎了圣哲的思想。两位文明的奠基者，均善用赋比兴（修辞幻象）来言说不能言说的观念即是证明——《道德经》和《理想国》的关键之处，全靠修辞（比喻）来言说。两位圣哲都是以“喻”（比喻与寓言）证理的伟大人物。老子和柏拉图的书写，是修辞幻象裹挟“假设”“猜测”之观念的书写，而非源自事实的逻辑、观念、真理（知识、理性）的书写。柏拉图的《理想国》是诗剧，而老子的《道德经》是诗思，都是文学。凡语言文字所著者，皆是文学，毫无例外。这是那些哲学家、史学家、文学家永远的智障所在。智障在于“执”，而“执”是智慧和诗意如铅、如铁、如顽石的下坠。

《道德经》第二十五章云：“有物混成，先天地生。寂兮寥兮，独立不改，周行而不殆，可以为天地母。吾不知其名，强字之曰道，强为之名曰大。大曰逝，逝曰远，远曰反。故道大，天大，地大，人亦大。域中有四大，而人居其一焉。人法地，地法天，天法道，道法自然。”虽然“道”“先天地生”，但所谓“混成”，却是“物”的混成；所谓“自然”，并非今人说的“自然界”，而是“自然而然”的万物自显自明、无遮蔽、无理障、无诗障的在-场。老子用一个“强”字，把不可言而言之的苦楚说了出来，此为其心结烛照所在，是为千秋跺脚回响。老子深知，他所说的“道”，无法在语言中表达，语言（符号）的在-场是局部性、碎片性、修辞性的，“道可道，非常道”（《道德经》第一章）。至于“混成”，王弼注：“混然不可得而知，而万物由之以成，故曰混成也。”说到底，“混成”以生万物之貌，是语言漂移，而不是对“本质”“道”“理念”的摄取。今人之哲学，其主流在于摄取理之事或事之理，这是说明文的写法，绝不是真正的哲思，而是被逻辑系统钳制之思。诗意飞翔，逻辑框架退场，灵魂种子发育。

其实，老子在《道德经》第二十一章中已经指出："孔德之容，惟道是从。道之为物，惟恍惟惚。惚兮恍兮，其中有象；恍兮惚兮，其中有物。窈兮冥兮，其中有精；其精甚真，其中有信。"此章说的是"道"处于某种"惟恍惟惚"的漂移之状，且是"象"和"物"的漂移。而不管是什么在漂移，都因"信"而存-有。换句话说，没有"信"，则没有"道"。《说文》释"信"："诚也。从人从言。会意。㐰，古文从言省。訫，古文信。"简单地说，人之言，即是信；人之言，即是心之言。"人之言"与中国哲学之被本质主义者曲解之"道"和希腊哲学之相（理念）的假设之间，尚且有十万八千里之远，更何况这个"远"的范畴，也是个想象力的范畴，永远不可弥合。在此意义上，老子的"信"与柏拉图的"相信"不谋而合，中西同构，同心（信）同德（得）。语言（符号）自成迷局，是出发点，亦是归宿。斯为天意。人之在，为天意之在，天意不可违也。

漂移自然是语言（符号）在视觉、心灵中的涌动，而非本在事象的涌动。本在事象的动与静、隐或显是另外一种存-有。本在事象（包括生活事象）自成"宇宙"，与视觉事象和心灵事象相对局，两种不同的"宇宙"之间，确有一个永远无法弥合的鸿沟。这个鸿沟深不可测，是个混沌的空间（时-空在-场）。这里所谓混沌和空间，也是个比喻的说法，而非实有的场域。当我们讲到混沌和空间的时候，修辞的幻象已经滋生。因为我们已经说出了它们，且在所有碰触到它们的人心中说出了它们。混沌和空间本是两个场域，将它们放在一起说出，就是修辞幻象的链接，是漂移的漂移，如燕与燕于飞，锦和绣之彩。

燕燕于飞，飞无主；咩咩于羊，羊无坡。

本在事象与语言幻象之间的空间，没有高，没有深，也没有绵延的宽。它没有本质，既非死-寂，亦非生-动。它是迷-茫的迷离聚散，是无-限的收拢或绵展。可是，诗意却在这个所谓的时-空中生发，万物生、万象生、万事生，生于斯。物之障破局于斯，心之障亦破局于斯。心-物在此蕴发，即是“无所住而生其心”。《心经》名偈云：“色不异空，空不异色，色即是空，空即是色，受想行识，亦复如是。”其实是对“无所住而生其心”的“心-相”一体的诗意解读——唯诗意可使心-相化为一体——譬之弱水三千，波光万斛。色空之相，即“心-相”（“心-象”），即自在直观万象，即诗意漂移之幻象。不谙佛经中诗意幻象“缘起性空”“性空缘起”的真谛，不足以言诗-意、诗-思的生成，更不能化物成言，吟咏成语。

这就是说，在本在事象向诗意飞翔的时刻，修辞的涌动是必然的。问题在于，修辞是作为方法被利用，还是作为诗意涌动本身自在显现。这是两条不同的诗学道路。譬之于诗歌，但凡好的，都控制在赋比兴诗艺激活诗意的在-场，而不向所谓的“深度”和“高度”无克制地引申——只有小才的作品，才搞意识形态拔苗助长的引申，也只有小文人才搞依附价值观系统的写作。超过了“色空”在-场的直观温润，诗意就弃场或死亡了。苏东坡《自评文》云：“吾文如万斛泉源，不择地皆可出，在平地滔滔汩汩，虽一日千里无难。及其与山石曲折，随物赋形，而不可知也。所可知者，常行于所当行，常止于不可不止，如是而已矣。其他虽吾亦不能知也。”作为比喻的“万斛泉源”之涌动，乃是“随物赋形”的涌动。“行”和“止”，正在于“随物赋形”的漂移。这种语言漂移是具象的、在-场的——诗意摩擦、磨砺着形色飞翔，而不是抱着意识形态打滚、奔波或下坠。凡大才，均有风春万物、栩栩如生的心灵锦绣，原由即在于此。以屈原的《九歌》这部伟大的作品例之，我们可以看见，“愁予”“思公子”这样的“思”（动词），都是在以物起兴的时刻被化解为“诗”的。这就是“思”向“色空”的返照。返照，也是修辞幻象漂移的一个路径，是“思”的控制。《湘夫人》歌吟：

帝子降兮北渚，目眇眇兮愁予。
袅袅兮秋风，洞庭波兮木叶下。
登白薠兮骋望，与佳期兮夕张。
鸟何萃兮苹中，罾何为兮木上？
沅有茝兮澧有兰，思公子兮未敢言。
荒忽兮远望，观流水兮潺湲。

十二、原点，本在事象的漂移

美（诗意）之为美，被理解为对自然和生活的模仿，乃西方诗学的最大荒谬。这个影响深远的诗学谎言，最根深蒂固的理论基础，来自对柏拉图“理念”假设的曲解和对亚里士多德模仿说的无理引申与扩张。“理念”（共相、普遍性、统一性）在柏拉图那里，本来就是个假设（《理想国》），却在逻各斯文化的历史发展进程中，与“本质假设”同构之后，“假设”被抹掉，渐次筑成了本质主义诗意“深度构造”的本在真理维度，让趋之若鹜者去“反映”、去“挖掘”、去制作。这是语言触须伸向“不可言说”（维特根斯坦）范畴的乖张之举。人是诗意自明的居所，却成了诗意的反面。

一个诗学命题抽掉“假设”是危险的——这等于“相信”一个不以人的意志为转移之本体的先验存在能被语言攫取。这是柏拉图不得不“假设”埋下的祸根，也是后人对柏拉图诗意哲思的大不敬。模仿说其实是个“语言工具说”，核心内涵是诗学工具理性。中国古代诗学家从来不相信语言能“反映”自然和生活，甚至也不相信假设的“道”能被语言表述，更不敢去利用。这是《道德经》一开篇就明确的。也就是说，就诗意的创造而言，对自然和生活的“回归”或“回溯”，是不可能的，你见过一颗诗心回归到空谷幽兰吗，见过一个历史文本回归到了历史现－场吗？

自然（作为理性的宇和宙之凝聚）是美无法企及的存－有。

它或许是一种和谐而自在的存有，但它并不储存着美的本质。所谓“美的本质”，只是表述，它的界限就在语言表述的范畴之内，不可能在语言（符号）之外。“美的本质”只是语言的设定，“设定”也在语言的界限之内。人在人的范畴之内，物在物的范畴之内，此为天意也。

中国哲学的逻辑起点是“道法自然”，自然而然的存在是“道”的界限；希腊哲学的逻辑起点是“自然法道”，“道”（理念等）是自然而然的存在的本体。中国人早慧，在“轴心时代”（卡尔·雅斯贝尔斯）就明白这一点，西方人一百年前才明白。诗意的文明和理性的文明就此分野。物性的人与诗性的人之分野亦在于此。当然，所谓物性的人和诗性的人，讲的是“心意识”（唯识宗）重心的漂移（偏移），非绝对的人的性质构成。

西方诗学的最高理想，是“真”“善”“美”三个原点（三个本质）的和谐统一。这就是古典主义的和谐说，是巴赫、伦勃朗和安格尔们作为典范的审美。可以说，可靠的“真”是事实的澄澈自显；可靠的“善”是行动书写；可靠的“美”是所谓美的诗意生发。三个原点可分说为：事实心灵结构，行动心灵结构，诗意心灵结构。这三个原点即便在心灵结构中存-有，也是不可知的，只有在语言（符号）的表达时刻，它们才以“在-场”的方式显现为一种可阐释性——事实上，没有一件作品中清晰地呈现了三个本质的和谐统一，譬如巴赫大提琴曲的“真”在哪里呢——尽管会出现阐释性的和谐统一。在-场都是事象、事态的显现，即是色-彩凝聚之物的显现——美（诗意）到某种形-式的凝聚为止。这就是说，三个原点的诗意表达，都是语言（符号）在漂移时刻的生成，而不是“本质抵达”，更不是本质攫取。色-彩（形-式）会在漂移时刻摩擦观念，但既不能成为本质观念（真、善、美）的箩筐或拖斗，也不能把本质观念压得无法动弹。

色-彩凝聚物分为三种：一种是感觉、视觉经验中自然事象的色-彩凝聚物；另一种是语言（符号）系统中的色-彩凝聚物；第三种是心灵结构中超本在事象和超语言（符号）的色-彩凝聚物。三种色-彩凝聚物在语言（符号）书写其自身时，生成诗意“原点”（在-场），创造一个独一无二的、漠然存-有的时-空。或者说，在诗意凝聚的时刻，本在事象和心灵事象即刻漂移着退场，而诗意在-场的凝聚形式则即刻漂移而出，塑造心灵事象和本在事象联袂蕴发的、崭新的诗意形式。当然，必须指出，诗意世界有“新世界”和“旧世界”之分。“新世界”是个在语言漂移中，不断刷新的世界，是鲜活诗意的在-场，是飞翔的桃红遇见归来的梨黄的那个瞬间；而“旧世界”则是在语言漂移的时刻，不断地重复、拷贝、概念化的世界，它的特征是垂死、说教、臆造审美“假高潮”。诗意旧世界大量喂养无知群众和舞文弄墨的小文人及大批自以为是的官商显贵，时时刻刻都在自我装饰审美丑态。

本在事象的存-有被假设在任何时空中。它既不是目的，也不是障碍或执着。如果本在事象在漂移，那么它自己也处在书写生成新象的时刻。漂移即书写。事实的确如此。本在事象并非稳固不变，它在向着任何一个漂移方向生成在-场，因此，它作为一个“原点”，却永远不在“原地”，而随时处在漂移之中。正如巴赫的大提琴曲与巴赫，都处在恒久的漂移时刻，被倾听所创造。漂移是万象幻化成象，万象幻化万象。《维摩诘经·观众生品第七》文殊菩萨问维摩诘:“菩萨云何观于众生?”维摩诘说:“譬如幻师，见所幻人，菩萨观众生为若此。如智者见水中月，如镜中见其面像，如热时焰，如呼声响，如空中云，如水聚沫，如水上泡，如芭蕉坚，如电久住……如无色界色，如焦谷芽……”《维摩诘经》这一品提出了本经最重要的命题:“无住则无本”和“从无住本立一切法”。诗意在“无住”漂移时刻为艺术立法。本在事象作为“原点”在漂移，“法”也在漂移。

是时也，明人陈继儒《小窗幽记》中有两阕可以一咏:

其一:

春初玉树参差，冰花错落，琼台寄望，恍坐玄圃罗浮；若非黄昏月下，携琴吟赏，杯酒留连，则暗香浮动，疏影横斜之趣，何能真实际?

其二:

性不堪虚，天渊亦受鸢鱼之扰；心能会境，风尘还结烟霞之娱。

论主体的漂移

语言漂移说，是一种主体或主体性的漂移。生命是主体的漂移，也是语言及其世界的漂移。在语言书写和行为书写的漂移之时，肉体紧跟其后。漂移是生命感觉系统与万事万物的摩擦，所谓世界的本质在此摩擦的过程中处于退场或回避的状态。主体的表现即主体性。

心灵结构中作为本质的主体或主体性是不存在的，也就是说，没有恒常不变的主体或主体性。主体或主体性的说法，都是为了言说的需要而做出的概念假设。有主体假设，就意味着还有个客体假设。主客二元对立的形成，是人走向世界对立面的开始，也是文化裂变为非人文化的滥觞。当然，此假设对于思维和语言来说，似乎又是个不可为而为之的难题。

现代人讨论文艺，都依赖于概念，如果没有概念，就失去了美的判断力。这一点足以证明，现代人对文艺的审美判断是概念的判断，而非人自身独有的天赋才能和生命情操的判断。概念套着概念，新概念替换旧概念，人们玩弄着概念经营的连环套游戏。这就是所谓的学术，所谓的理论研究和批评。人类要追求存在之本真，却把自身的存在变得无比荒谬，最终将毁灭自己。人类毁灭自己是从集体围剿茕茕孑立的思想者开始的，因为这样的人揭穿了平庸群体堕落的秘密。正所谓“因为他对了，所以，他错了”。

谁在欣赏人类灿烂的毁灭呢？肯定有人在欣赏。那个人曾经对人类的堕落无比愤怒，如今他将愤怒化为了欢喜。那个人就是我。我是谁？是自然之子。心灵结构无限贴近自然隐秘的语汇，是欢喜的前提。华莱士·史蒂文斯在《处在一座山的位置上的诗》里写下了这样的诗句：

> 它在那里，词靠着词，
> 那首处在一座山的位置上的诗。
> ……
> 那里，他可以躺着眺望大海，
> 辨认他孤独的家园。[1]

学术史利用语言打造了一座座坟墓。须知，所有概念都是语言的尸骨。概念尸骨躺在自然和生活的门槛之外，施展各种魔法，摇尾乞怜地要进门去。可是，栩栩如生的自然和生活的门槛之内没有它们的位置。于是，概念们只好在门槛之外不停地建造坟墓，扩大学术坟场，自立门槛，招兵买马。渐渐地，概念坟场

1 ［美］华莱士·史蒂文斯：《史蒂文斯诗集》，西蒙、水琴译，第181页。

成了活人争先恐后变成死魂灵的恐怖世界。

概念尸骨组成了一个个食物链，学术蛆虫在这个食物链上被豢养。

艺术天才不是来制造概念、诠释概念的，而是来掩埋概念尸骨的。同样，艺术理论天才也是来释放那些被缚的概念的。他们重新驯化概念，让它们不要再张牙舞爪地羞辱人心。让它们来自雷电的回归雷电，来自黑夜的回归黑夜，来自冰的回归冰，来自火的回归火。

艺术理论天才不是来玩弄艺术理论的，也不是来玩弄艺术的。艺术理论天才是来清洗艺术理论概念的，或者说，是来拯救语言堕落的。

在人的心灵结构之外，没有艺术理论这种东西。艺术理论的死亡首先是心灵结构中语言的死亡，而语言要活起来，又臭又硬的概念就得先行死亡。

概念尸骨堆积如山。天长日久，它们养活了一个时代的学术蛆虫。学术蛆虫不可能成其为人，因为它们的基因天生属于蛆虫。我想把蠕动的蛆虫点化成一群小蜜蜂，我失败了。

主体或主体性的漂移是语言的漂移。反过来说，语言的漂移也是主体性的漂移。

蛆虫也有主体性。蛆虫的主体性也在相互漂移过程中生成。它们彼此赞美的气味、相互欣赏的口味，都是具有某种“互文性”的表现。主体性的语言漂移，同样是蛆虫灵魂相互抚摸的通途。蛆虫因蛆虫主体性语言的漂移而不再孤独。当然，也有蛆虫觉得自己仍然很孤独。

蛆虫可以是个比喻，也可以不是。读出了蛆虫这个比喻的人，有可能就是比喻的“本体”，是喻体找到的其中一个，无数个中的一个。

诗学中既不存在凝固的主体，也不存在真实的客体。如果在诗学中存在客体，那么这个客体也是在语言漂移中构成的。同样，艺术作品中也不存在客体，只存在对客体的语言描绘。诗学和艺术中，唯一的客体是语言。但是，语言也是漂移的，犹如水生波纹，花涵芬芳。

语言的本体和喻体都在漂移，在彼此寻找，还有可能彼此放弃。

主体性是一种不稳定的心灵结构，也是一种行为书写。其不稳定性源于心灵结构的不稳定。心灵结构是生命的感觉系统和知识系统会通的一个复杂系统。无论从主体性的视觉观察，还是情感体悟或智性塑造诸多角度看，心灵结构即世界。

感觉系统和知识系统靠语言整合，以形成表达和显现的力量，世界即在这种力量的推动中生成。这种力量的推动过程，即语言的漂移过程。

古希腊哲学家普罗泰戈拉是语言漂移说的鼻祖之一。柏拉图在对话录《泰安泰德篇》中记载：

苏格拉底：——你说知识就是感觉？

泰安泰德：——是的。

苏格拉底：——好，你说出了一种非常重要的知识学说；这就是普罗泰戈拉的意见，不过他是以另外一种方式表达的。他说，人是万物的尺度，是存在者存在的尺度，也是不存在者不存在的尺度。——你读过他的著作吗？

泰安泰德：读过，读过不只一遍。

苏格拉底：——他不是说，事物对于你就是它向你显现的那样，对于我就是它向我显现的那样，而你和我都是人？

泰安泰德：——是的，他是这样说的。[1]

“知识就是感觉”这个伟大的洞见与**“知识就是真理”（美德）**这一理性主义的出发点，形成西方知识论学理依据的两个对峙的系统，也是欧洲英伦哲学与大陆哲学走向了不同道路的最隐秘的根源，直到出现了伟大的伊曼努尔·康德之后，这一分野才逐渐在哲学中弥合。

“感觉”是生命意识获取、体验、整合世界图景的原动力。“感觉”需要语言和逻辑的帮助，才能摄取或创造知识，但没有任何证据可以证明，任何语言和逻辑系统可以毫无障碍地抵达世界并反映世界。因此，可以说，感觉的世界即是人之视野中世界

1　北京大学哲学系外国哲学史教研室编译：《西方哲学原著选读》（上卷），第55页。

的真实。感觉的真实，并非事实。

感觉在其感觉之时，心灵结构在漂移，在生成，在寂灭。语言是感觉的通途，但未必是感觉本身。有时候，感觉可能是语言的运动；有时候相反，语言是感觉的运动。

主体性世界是个感觉的世界。感觉是生命存在、活动的形式，这一形式的表现即语言的漂移。在知识系统中，没有语言就没有感觉，但在人的感官中，可以没有语言、没有知识，即可以没有概念、观念、价值，只需要有生命的呼吸。

尼采在1873年说：

> 全部自然科学都在讨论感觉的规律。
>
> 感觉不是感官所起的作用，而是我们把感官本身当成了纯感觉。不是眼睛在看，而是我们在看；不是大脑在思维，而是我们在思维。眼睛和大脑对我们来说，全然只是作为感觉而存在，绝对不再是其他的东西。如同其他的物体一样，我们的肉体是我们之外的东西，就是说，我们感觉到它存在，就像感觉其他事物一样。[1]

尼采要“重估一切价值”，说到底是要清理理性主义的知识

1 ［德］君特·沃尔法特编：《尼采遗稿选》，虞龙发译，上海译文出版社，2005年，第15页。

论文明结构，也包括基督教文化和科学主义式的新的逻各斯迷信。尼采在1883年夏天说：

> 思维的本质是，把不受制约的东西强加给受制约的东西，就像把“自我”强加给众多的过程一样，这都是臆想。因为思维要按照它自己设定的标准来衡量世界，即根据它臆造的“不受制约之物”、“目的与手段”、事物、“实体”、逻辑规律、数量和形态来衡量世界。
>
> 假如思维不首先把世界变成“事物”，变成同自己一样的东西，那么就没有可以称得上是认识的这种东西。
>
> 由于有了思维，才有了不真实性。
>
> 思维是不可能派生的，同样情感也是如此，但是这还远远不能证明原始性或者“自在性”！而只能确定我们不能另觅途径，因为我们除了思维和感觉以外一无所有。[1]

语言作为思维运动约定俗成的符号和归纳、演绎模式，正是把包括生活在内的世界万物那“不受制约的东西”，变成了“受制约的东西”的人类行为。一切文明、文化、艺术均建基于此。人类从自己的思维出发，渴求反映世界的真理，这本身就是一种狂妄自大的行为。真理作为知识的最高标准，需要用“真实”去

1 ［德］君特·沃尔法特编：《尼采遗稿选》，虞龙发译，第79页。

衡量，然而，“衡量”也是思维和语言、符号的衡量，这是一个巨大的悖论。这里就出现了两种知识论模式，一种是相信思维有能力获得“真实”，从而可以获得“真理”；另一种是根本就不相信思维可以获得“真实”、摄取真理。尼采的“由于有了思维，才有了不真实性”的论断，即是不相信思维可以通达思维自身预设的“理性”。日本哲学家岩城见一说：

> “主体”是随时被创造的，固定的主体这一概念只不过是“虚构”。早在19世纪末，尼采就拼命强调这一点。所谓主体，只能是被特定的“透视法”[1]所创造的“观念”。（而由于）它已经渗透到身体内部变成了自动化的“透视法”。这就是“习惯”。“主体”这个“观念”是被某种特定的“习惯”所维持着的，它绝不是一成不变。“真理”或者“假象”（欺骗）的透视法也作为习惯被渗透到人的身体里。[2]

就思维的清晰度而言，语言漂移状态与心灵结构的漂移状态几乎是同构的。语言漂移是生命的开显，是知识、观念、情感和想象力的游弋。心灵结构和语言合二为一的漂移构成了人类的情感深度和智性深度。

1 透视法学说是尼采提出来的一种认识论方法，他认为可以通过阐释等途径认识“主体”或“世界”，但不能认识世界的所谓本质。

2 ［日］岩城见一：《感性论》，王琢译，商务印书馆，2008年，第206—207页。

我阅读当代人的诗，常常陷入一种恐惧感。因为我一眼就能看清楚他们写一首诗时的机心。再加上有些作品出自我很熟悉的人之手，我将其与这些人的品性联系起来，觉得这些作品的语言系统不仅令人恐惧，还增加了一份恶心感。这些诗人的灵魂是如此浅薄、苍白，让人觉得诗歌已经不值得尊敬和信赖。

诗歌是对语言的信仰，而非对语言的利用。但是，只有极少数人的心灵结构中有对语言的信仰这种情怀。大多数诗人都在利用语言，利用诗歌，就像大多数艺术家在利用艺术。

的确，诗歌变得可怕了，因为诗歌语言正处于死亡状态，以诗歌创作的名义复制死亡的语言。我看见许多诗人，其心灵结构中堆满了语言的尸骨，流淌着语言的脏水，不过在这些诗人们的心中却润着甜蜜、做着美梦。蛆虫喜欢腐败的事物，正如诗人和广大的诗歌读者喜欢腐败的语言。

绘画变得可怕了，因为绘画语言也被所谓画家们弄脏了。我看见许多画家，其心灵结构中堆满了文化牲口的粪便，他们还以为是刚刚出炉的蛋糕。

音乐变得可怕了，因为我听见处处发出低等心灵结构里的鬼哭狼嚎之声。

可是，你能说这种种死亡的语言不是主体性狂欢的语言吗？事实上，他们的主体性可能是一直狂欢着的。

有的主体在自我消费，自我利用，自食其辱。泥鳅不知泥沼之污，蛇蝎不知信子之毒。

主体和主体性在语言漂移过程中形成。语言在漂移中生成心灵。

主体可以是个概念，也可以是一种心灵形态或行为方式。

主体是一堵墙，是无数堵墙。主体或就是人自身，单个的人，或复合的人。每个人都在修自己的一堵墙。有的人不停地在修，有的人修好一堵墙后，又在墙上涂鸦。有的人还去别人的墙上涂画。有人画圆圈，有人画花草。有人画抽象的，有人画具象的。但不管你怎么修，怎么画，世界从不因此而改变。可是有人说，他的创作是主体性在升华。为什么他不说是主体之堕落呢？

对于大部分人来说，讨论主体或主体性是毫无意义的。不知道主体之类的概念，人们照样在生活中老去。但我们为什么还要讨论像主体性这样的概念？因为有很多无聊的人，包括顶级才智的人，都在讨论这样的概念。好像有几辆汽车在讨论它们的轮子和方向盘。除了个别汽车还在怀疑汽车的轮子和方向盘之外，其他的汽车都说，得出了惊人的结论：汽车不仅有轮子，还有方向盘。

主体或是一系列的命题。

我先说一个命题："主体即人。"这句话是用"人"这一概念替换了"主体"概念。

如果我说，"主体即精神"，或"主体即灵魂"，同样是用"精神"和"灵魂"的概念替换了"主体"。这就是用一个概念的含义替换或引申另外一个概念。这种"替换"或"引申"有意义吗?

如果我说,“主体即世界”,这里不但用“世界”的概念替换和阐释了“主体”的概念,还改造了“世界”的概念内涵,让它与此前的概念发生了语义的偏移。

如果我说,“主体即世界的显现”,或又有所不同。因为“显现”本身有一种被看见的动感,还有一种主客二元关系的融合与汇通。言说这么辛苦,有意义吗?

如果我说,“主体即对世界的阐释”,也是可以的。只要有对世界的主观性认知、观察和探索的角度,就有对世界的阐释。

还有,我可以说“主体即对世界的反复阐释”等等。主体究竟是什么?人们可以接着往下说。不同的说法都在改变“主体”,也在生成“主体”。

“主体即对世界的反复阐释”,我很喜欢这个表达式。一次阐释不够,要反复地阐释,也许“主体”这个玩意儿才会显现出来,尽管在我看来它的显现实质上是个变脸游戏。

概念替换、引申的过程,即是概念自我放弃、自我消耗和自我丰富的过程。

人创造了概念,却被概念的狂风暴雨所席卷。

人是概念的奴仆。概念是文明的笼子。逻辑是编织这个笼子的藤条。所以,“人类一思考上帝就发笑”。这就好比在某大学校园里,一群老鼠在练习飞翔,还编写了教材,而鸿雁在天空中发笑。

主体难以分辨。如果主体是人，是人对世界的反复阐释。那么，这里的人，不仅仅是单个的人。主体作为人，是小写和大写之人的集合。大写的人、小写的人，或者说个体的人、群体的人，要在表达的途径、语境中才能分辨出来。

主体是对世界的反复阐释，它生成了世界，但它不是世界。反过来我们也可以说，世界在阐释的过程中生成了，但它也不是原初世界、自在世界。除此之外，没有世界。尼采就有类似的观点。他说：

> “现实性”“存在”这些概念均来自我们的“主体”情感。
>
> 我们是从自身出发来解释“主体”的，自我就成了主体，成了一切行为的原因，成了执行者。
>
> 对实体、偶然、特征的相信等等这些逻辑形而上学的基本假定，其说服力在于习惯，在于我们习惯于把我们的一切行为看作是我们意志的结果，所以作为实体的自我在大量的变化中并不消逝。但意志是没有的。
>
> 我们根本就没有用来区分“自在世界”和表现世界的范畴。我们所有的理性范畴都来自感觉，即是从经验的世界察觉出来的。“灵魂”“自我”——这些概念的历史表明，这里也是采用最古老的区别法（“呼吸”“生命”）……[1]

1 ［德］君特·沃尔法特编：《尼采遗稿选》，虞龙发译，第161页。

现在，我又说出一个关于主体的命题：主体就是身体书写。

我还可以说：主体就是面向世界的身体书写。

当然，还可以接着说：主体就是生成世界的身体书写。

身体书写是个人的身体书写呢，还是群体的身体书写？是无数个我的身体书写呢，还是无数个重叠之我的身体书写？是哪一种书写，要看书写的语境，也可能是各种书写的综合。身体书写即灵魂漂移。在身体书写的时刻，身体是一个辞藻，或一堆辞藻。身体从灵魂结构的深渊中溢出，而非灵魂从身体中溢出。

书写意味着创作，创造，表达，引申，结构，解构，阐释，重构复重构，言说又言说……不同的阐释方式，创造了不同内涵的主体。所以，可以肯定，主体是在阐释中生成的世界的结构。或者说，主体就是世界生成的阐释者。主体生成，即是主体漂移。

在今天普遍使用的哲学或诗学概念中，主体或主体性是最常使用、歧义最大的概念之一。就纯粹的学术概念而言，主体并没有稳定的内涵，因为组成主体的内涵总是难以界定、扑朔迷离的。没有主体就没有世界。主体是被不断丰富、不断构成，又不断消解、不断自我摒弃的一种漂移着的灵魂结构。反复说出这一点，只是因为事实上无法说出它。

主体既不是主观世界，也不是客观世界，主体是语言的世界。我们假设的主观世界和客观世界只有在语言中生成，才能变成主体结构的内涵。

语言既不是可靠的工具，也不是客观世界，而是主体生成过程中的灵魂途径。这个途径并不通向世界，它在获得我们假设的主客观世界的某种信息的时候，戛然而止。它不承担主体和客体、主观和客观二维世界通往某一个目标的责任。它无从承担这个责任，它没有能力承担这个责任。

没有完整地获得世界的主体，主体中也没有完整的世界。主体是支离破碎的、变幻莫测的、漂移着的世界信息或信号。这个世界的信息或信号，不断地生成、不断地消退或遗忘。为了甄别这些信息或信号，为了抓住这些信息或信号，将之转化成对世界的看法，或者转化成人的精神世界，也就是主体的精神世界，人们使用语言，对这些信息或信号做着看似系统的分门别类的梳理，以期借此阐释、表现世界。当阐释世界的某一种方式，被普遍认为是一种正当的阐释方式的时候，也就意味着这种阐释方式正在被世界抛弃。因为所有的阐释，都是对信息或信号的处理，任何阐释，都在自说自话、自我飞翔或逃遁。甚至我们可以说，语言的阐释，即是自我否定。也许我比尼采这个哲学史上最悲催的人走得更遥远，也许我比尼采更悲催。尼采在《权力意志》中说：

> 与在现象面前停顿不前的实证论——“只存在着事实”——不同，我说：不，事实恰好是不存在的，只存在阐释。……
>
> “一切都是主观的，”你说；但即便这一点也是阐释。

"主体"并非现成的事物，而是已存在之物背后被附加、被构造、被推断的事物。最后，是否有必要提出阐释活动背后的阐释者？甚至阐释者也是生造的、假定的。

就"知识"一词，含有意义而言，世界是可知的；然而在另一方面，世界是可阐释的。世界的背后不存在意义，但又具有无数的意义——这就是透视法学说。

……阐释世界是我们所需要的；这是我们的欲望，即赞成和反对的欲望。每种欲望都是对支配的渴求；而每种欲望都有其视角，想迫使所有其他欲望接受它为一种准则。[1]

阐释以使主体显现是必然的。因为我们需要阐释。但是阐释仅仅是为了勉强证明主体的存在，或存在的不可知性。尼采还在《权力意志》中说过："世界可能被阐释的途径是无限的；每一阐释即是生长或衰亡的征兆。"阐释证明不了世界的存在。比如说浪漫主义的文学艺术，它就是在诗学史上最狂热地证实主体的普遍性存在的必要性、必然性的方式。不过通观整个浪漫主义的文学史和艺术史，无论是其理论的表述，还是其创作，没有一句话、没有一件作品成功地证实了主体的普遍性存在。假设主体的普遍性存在似乎是一种必然，因为摧毁这一假设会带来人类存在

1 ［英］拉曼·塞尔登编:《文学批评理论——从柏拉图到现在》，刘象愚等译，第413页。

的恐慌。

浪漫主义理论刊物《雅典娜神殿》。施莱格尔。《片断集》的文体书写。施莱格尔的浪漫主义的文学理论，完全是个美丽的笑话。主体自我狂热、扩张，生拉活扯、生吞活剥地使用人类语言，强大的主体存在，是一种魔鬼般的梦呓。施莱格尔在放纵语言。他不知道，人类的精神主体世界，是个小心翼翼地探索语言的世界。这是浪漫主义理论家和创作者的局限。

从浪漫主义者的创作可以看出，主体性可以上天入地、铁马金戈似的横扫一切。这种主体性的张扬，形成了一种主体性的暴力。这种暴力的存在，恰恰就是对主体性真实可靠存在方式的抛弃。

主体性的内涵，肯定是在语言漂移过程中被洞见、被感受的。任何一种主体性的漂移，有可能形成诗性的主体性，也有可能形成非诗性的主体性，大部分的主体性的漂移，是非诗化的漂移或伪诗化的漂移。问题不在于它是否漂移，而在于主体性内涵作为语言在漂移过程中形成的诗性和非诗性难以判断。浪漫主义者的主体性的漂移，当然是通过语言的漂移形式来漂移的。英国农民诗人彭斯的诗如是歌唱:“我的心呀在高原，这儿没有我的心，/我的心呀在高原，追赶着鹿群。”彭斯的浪漫情怀以“心”为核心，那颗“心”是“我”的“心”。这个“我”是不是彭斯自己呢？不是。每一次阅读都产生一个“我”。“我的心”不是在“凹地”，而是在“高原”，“高原”是“心”漂移的辽阔、苍茫之地，高原本身负载着浪漫主义无障碍漂移的绵延时空。彭斯从一个“小我”、一个具体的“我的心”的漂移，到一个被拔高的、被引申的“心”和“我”的漂移，使浪漫主义的诗情画意得以生成。“我的心呀在高原”建立了一条诗歌漂移的路径，这就是一个主体自我阐明、自我生发、自我漂移路径之生成。这种由小至大，由近至远，由短暂时空至永恒时空的漂移方式，就是浪漫主义的语言漂移方式的主要路径。拜伦的《雅典女郎》：“雅典的女郎啊，你是我的生命，我爱你。”拜伦在呼唤女神阿芙洛狄忒或维纳斯，从“雅典的女郎”引申到了美女神。“你是我的生命”，是要将一个美神化成他的生命，化成了主体性内涵，以最珍贵的东西——生命，去经营一个浪漫主义的隐喻。“我爱你”，又用“爱”化成主体的另一个隐喻。这两首诗，感动了无数人，主体隐喻的连环，同时挖了一个个隐喻陷阱，使一颗颗灵魂陷了进去。浪漫主义的表达方式，是语言的陷阱。

审美主体不停地爆炸、繁殖、涅槃、飞翔……陷阱不断地挖下，人反复掉进去，化为浪漫主义的齑粉。浪漫主义诗人们的小陷阱里，白骨堆积如山。现代主义的表达方式，比如纯诗，是不是也是陷阱？有纯诗吗？所谓的纯诗，就是一帮法国诗人实在耐不住浪漫主义火热的暴风骤雨似的语言席卷，忍受不了他们处处挖下的隐喻陷阱，于是想隔断、抹平浪漫主义的表达途径，所以弄出一个“纯诗”的概念来。

《骰子一掷就摆脱不了偶然》是马拉美的名诗。一个词掷出去，就摆脱不了偶然。浪漫主义的陷阱填平了，但掷出去的一个词自身又生出了一个陷阱，至少也是一个主体投掷出去的途径。主体世界，是一堆不断生成、不断消逝的辞藻，就像记忆的信号或符码。这一堆堆信号，只要被清晰地看到，主体就在自我生成的时刻生成。信号、符码被激活的过程，是主体生成新内涵的过程，或者生成新诗意的过程。当然，不是所有生成的内涵和诗意都是有效的。在浪漫主义那里是这样，在现代主义这里亦然。

诗性主体在俘获它的读者，如果李白、杜甫、李商隐生活在当代，他们的读者也是少数。伟大的诗性主体只有在创造它们的历史过程中，才可能赢得多数读者。

主体是一个复杂的宇宙，或无数个复杂的宇宙，不停地裂变的宇宙，不断地生成的宇宙。诗性的主体就更复杂，它们的裂变与生成的方式或许迥然不同。一个人要教另外一个人欣赏伟大的诗、伟大的艺术，可能是个笑话。

在诗性创作和审美的时刻，有没有一个可靠的主体呢？我们可以假设有可靠的主体存在，但很难证明它的存在，正如一朵被隐喻主体弄脏了的玫瑰，它很难欣赏一朵空谷幽兰的存在，而一朵空谷幽兰要证明另一朵空谷幽兰的存在与芳香，也是困难重重。

反艺术

似乎人人都在谈论艺术，但谈论的只是一个个空洞的概念。因为同一个概念名称的内涵和外延在不同的心灵结构中是不同的。即便在同一个心灵结构中，概念在使用中也处于不稳定的漂移状态。我的意见是，既没有稳定的“同一个概念”，也没有稳定的“同一个心灵结构”，因此，也没有关于“艺术”这个概念稳定的、“同一的”、边界清晰的阐释。

概念在漂移，在使用中漂移，这是语言之生命力量推演的宿命。“集体”总是让概念在使用中死亡，而天才作为个人则要让概念在使用中起死回生。概念自身也新生，因此它们一次次从“集体”心灵结构的坟墓中爬出来。

E. H. 贡布里希说，没有大写的艺术这种东西，有的只是艺术家而已。贡布里希的意思是没有本体或曰本质的艺术，有的只是艺术家对艺术的创造。艺术家的创造构成艺术家的内涵。这一内涵就是通往艺术家或艺术的道路。艺术家或艺术家的道路同时显现。一位艺术家的内涵有自己的界限，犹如河水的界限是河流。艺术家在自己创造的艺术内涵中不断地突破界限，犹如河水撞击河岸，但河水永远在界限之内奔腾。一位艺术家是一条河，世间没有相同的两条河，也没有相同的两位艺术家，更没有相同的两种艺术。艺术自身在阐释艺术，犹如艺术家在阐释艺术家。

沿着艺术家的创造路径行走的人不是艺术家。这就是说，拷贝、模仿他人艺术的人，最多只能算一个艺术劳工。艺术劳工是劳动者，但不是艺术家。大部分艺术人都是艺术劳工。那些被他人艺术复制的灵魂，是艺术劳动或艺术审美的工具。大部分灵魂的运转，是工具或曰机器的运转。每一台艺术复制的运转机器，都在生成种种特殊的艺术工艺品。艺术劳工的心灵结构中充斥着艺术工艺品。

多数欣赏者怀揣的艺术情感，是工艺品情感。这种情感控制着艺术市场。也可以说，这种审美是市场审美。市场审美与真正的艺术审美无关。

无论从艺术创造还是艺术审美而言，真正的艺术是反艺术的。这个命题是说，真正的艺术不是复制的艺术，而是与一位艺术家的灵魂初次相遇的艺术。真正的艺术是艺术与灵魂初次相遇凝聚的不二形式。它凝聚万象，去除杂质，化为纯粹形式。

所谓艺术，即大写的艺术，只是一个假设。具体的艺术作为语言的漂移，在反对艺术假设的时刻，绽放艺术之纯真，因此真正的艺术在反对大写艺术的时刻生成艺术。

真正的艺术在一次性艺术创造中完成了对大写的艺术的注解，尽管那个大写的艺术本性为空，即所谓空相。一次性有效而完美的艺术创造，已是艺术精神最完美的体现；无数次艺术创造体现出无数次有效而完美的艺术精神的生发。尽管所谓有效而完美的艺术精神亦为艺术空相。艺术空相在艺术精神的创造时刻化为艺术实相。真正的艺术是艺术空相向着艺术实相的化有。化有即是妙有生成的过程。与此同时，艺术的实相又向着艺术的空相化无。化无的过程，亦是化有。化有是诗意的逆转或生成。

化有在形而上和形而下之间，生成一个形而中的诗意地带。此地煦光流淌、星辉婆娑，绽露心灵结构的温润。

人的心灵结构需要假设一个大写的艺术，以作为具体艺术创造的力量牵引。这个牵引的力量，也是假设的，仿佛人们假设了事物的本体及其原因，但这种假设找不到作为普遍性的、整体性的实相。人们只能又假设一个空相，只有在空相中，艺术才能漂移起来，以开掘艺术的道路。

心灵结构本是个空相，唯有空是语言漂移的源泉。语言只有在空相中才能漂移，在漂移中创造艺术之路，因为语言也是空相。艺术即艺术之路。艺术在艺术漂移的途中暂住，抵达艺术作品。

艺术作品在寻觅心灵。它在撞击心灵的时刻，心灵中的一个声音也在反向撞击。在同一时刻，一个破壁而出，一个破壁而入。一方是煦光，一方是棉朵；一方是春风，一方是叶芽。美是某种沉重结构的溶解，是一种情感力量的交汇，但在艺术作品中什么也没有发生。

美、诗、艺术三者同构而异名。美在空相中浸润。美是假实相漂移的空相。如果一个作品是一个实相，那么，美就是反实相的。因为实相与美无关。实相是色相，色相只有向着空相溶解，形成语言漂移的相状，艺术才可能滋生。艺术滋生的时刻向着空相飞翔。

说艺术没有本质，等于说艺术没有真理。同样，人们可以假设一个真理，思维的广延性渴求这样一个假设。艺术的真理暂住在艺术作品中。看不见艺术作品就看不见艺术真理。相信普遍性的艺术真理存在，是人的妄想之一。这一妄想养活了许多人，也养着语言自身的妄想。语言漂移，是妄想向着妄想的漂移。

阿兰·巴丢在《第二哲学宣言》中说："所有真理都依赖于某种在整体上模糊不清的实存的表象在瞬间爆发出的光芒：在政治上，古代奴隶和当代无产阶级；在艺术上，那些在形式上毫无价值的东西突然发现自己在一次无法预料的边界变化中发生了变形，而这个边界变化我们可以理解为原先没有形式的东西的构成或解构；在爱上，大写的一的团结遭到了难以预料的和长期被否定的二（Deux）的破坏，这个二为了自己去体验这个世界，同时将自己奉献给这种体验的无限性；在科学上，让所有看似是相互对立的物质性和生命质性都隶从于数学符号。所有这些突然出现的东西都具有一个恰如其分的名字：如斯巴达克或列宁，埃斯库罗斯或者尼古拉斯·德·斯特尔（Nicolas de Staël），爱洛绮丝或者阿伯拉尔（Abelard），伊迪丝·琵雅芙（Édith Piaf）或者马塞尔·塞尔当（Marcel Cerdan），阿基米德或者伽利略。”[1]艺术在人的心灵结构中成长，以抱着真理大腿的名义，其实是抱着心灵结构中的某种言说系统。在一般理论层面上，美是美的言说系统。但本真之美，是关于美的言说系统的崩溃。

艺术凝聚为美，美凝聚为艺术。而种种有效的、本真美的凝聚，恰在美的言说系统崩溃之时。伟大的艺术推动艺术逻辑的崩溃，释放语言的力量。伟大的艺术是鼓舞心灵结构之凝重化为真心的力量，它刷新心灵结构的尘垢，迎接万象的初次登临。

最初的登临，也是最终的闪现。在开始与结束之间，心灵和艺术同时新生，又孤立无援。艺术语言在最初和最终登临之间漂移。最初的，或最终的，任何登临，都是最艰难的。任何有效的艺术登临，当它清晰显露之时，都是最终的，或最初的登临。艺术在最初与最终之间凝聚初始和终结的能量。漂移是凝聚，凝聚也是漂移。沃尔特·惠特曼《你们，我残留的稀疏叶子》诗云：

> 你们，我稀疏的叶子，残留在临近冬天的树枝上，
> 而我，是田野上或果园里修剪罢的树；
> 你们是衰落、荒凉的记号——（现在没有五月的茂盛，或七月里三叶草开的花——现在没有八月的庄稼）；

1 ［英］阿兰·巴丢:《第二哲学宣言》，蓝江译，南京大学出版社，2014年，第113—114页。

你们是了无生气的旗杆——你们是没有价值的长三角旗——你们是逗留太久的时间，

可是我最宝贵的灵魂的叶子正证明其他的一切，

那最忠实——最艰难——最后的东西。[1]

就非本质主义诗学而言，的确没有艺术这种东西，有的只是漂移着的艺术语言，或曰艺术语言的漂移；甚至也没有艺术语言这种东西，有的只是语言生成艺术的途径。语言生成艺术途径在语言化有的时刻。在创造或欣赏活动中，艺术语言无数次生成。每一次创造或欣赏，都是艺术语言的漂移。

语言是生命的聚散，是心灵结构的呼吸，但语言漂移不奔向任何目的。心灵结构聚散为语言。语言活着，在漂移中生成语言；语言活着，它在漂移的聚散中，生成人的精神世界。

心灵结构是精神性的，一个个漂移着的精神世界，但精神世界的漂移也没有目的。物质，事象，虚存、实存的世界图景，在心灵结构中处于漂移状态，形成精神运动的板块或碎片。所谓板块或碎片，或为知识，或为观念，或为情绪流，或为影像流，或为爱、为恨，等等。它们凝集或融解，形成一个个不断封闭的，或幻化开放的心灵结构。

1 ［美］沃尔特·惠特曼:《草叶集——沃尔特·惠特曼诗全集》，邹仲之译，上海译文出版社，2015年，第610页。

存在随时被空吞噬，空亦吞噬存在。存在和空互相撕咬，使心灵疼痛不已。

心灵结构是无常的存在，亦是无无常的存在。有常和无常纠结着、漂移着向所有可能的方向奔突，以摆脱或超越存在之痛。

心灵结构的漂移是语言的漂移。心灵结构有时候是鲜花，有时候是伤痕；有时候是下坠的卵石，有时候是漂浮的层云；漂移的瞬间，有时候是一群苍蝇，或是一群蜜蜂；一堆堆爱恨情仇、美丑谎言。心灵结构中没有事物实相，只有语言。

语言是一群奔跑的“野马”，从心灵中出来，奔向心灵。庄子《逍遥游》云：“野马也，尘埃也，生物之以息相吹也。天之苍苍，其正色邪？其远而无所至极邪？其视下也，亦若是则已矣。”

语言非事物，事物亦非语言。语言在寻找事物的途中，事物亦在寻找语言的途中。事物和语言在途中相遇，创造艺术，也创作心灵和心智。心灵和心智与艺术合拍生成艺术语言。艺术语言就是艺术。

心灵结构中漂移的语言不是一个整体，而是一堆堆碎片。碎片与碎片的摩擦、碰撞与勾连，形成语言漂移的形体。比如一口钟在心灵结构中漂移，它发出轰鸣，也凝聚轰鸣。

语言在心灵结构中独立成为一个世界。所谓一个世界，是个总体的说法。事实是没有那个总体的心灵结构的世界。人们假设一个总体的心灵结构的世界，与假设的那个自然、生活与历史的总体世界同构。同时，人们把自己放在通往这个世界的途中。

心灵结构不是一个实心球，也不是一个空心球。心灵结构是一个空间。在心灵结构中，有时候万物峥嵘风标而来，有时候万物退场化为阴影或灰烬。

心灵结构是具体的。但所谓具体的心灵结构，也是个整体的说法。事实上，也没有具体的心灵结构。因为当我们试图看清一个具体的心灵结构时，它已经漂移为另外的心灵结构。心灵结构在漂移时，顾此失彼。

化无为有，化有为无，是心灵结构的常态。《金刚经》收笔时言："一切有为法，如梦幻泡影，如露亦如电，应作如是观。"

那一个个心灵结构的漂移，推动了语言中所有语词和语词结构的漂移。每一个语词在漂移中被激活，不断地生成语词。"梦幻泡影"就是语词，是记忆和遗忘。语词是心灵结构之主，不是事物之主。

语词的边界随时被摩擦着，我能感觉到它们的疼痛。语词在撞心灵结构之墙壁，其实没有那个墙壁。我们假设一个心灵结构的墙壁，让语词碰撞；我们又假设一个天空，让语词飞翔。如雁阵，如卿云飞渡，飞翔受到力的牵引，达到一种自由的平衡。

几乎所有语词都需要我去拯救；与此同时，语词也在拯救我。我作为"梦幻泡影"，在记忆与遗忘之间显现与崩摧，穿行与消遁。这说明，艺术语言的飞翔与观念无关。反艺术，首先是反艺术观念的，同时，反艺术作为艺术生成的途径而反所有的观念。我作为“梦幻泡影”，与艺术语言同漂移，共自由。这是生命的原初履痕，也是终结的绽放与凋零。生命在自由生成的时刻达到生命本真，艺术亦然。维特根斯坦在1944年说：“为什么我不应以一种与语词的原始用法相抵触的用法来使用语词呢？例如，当弗洛伊德把充满焦急之情的梦称为希望得到实现的梦时，难道他不是这样做的吗？不同之处在哪里？从科学的观点看来，新的用法是通过某种理论证明为正当的。如果这种理论是错误的，就必须放弃这种扩大了的新用法。然而，从哲学上看，这种扩大了的新用法并不依赖于关于自然过程的真实的或虚假的信念。事实不能证实这一用法的合理性。没有任何事物能对这种用法的合理性作出证实。”接着，维特根斯坦又说：“因此，意义是一个被词带在身边并且在每种用法中都能保持下来的光环。”维特根斯坦说过，用法即意义。而意义，即是语词带着的“光环”，是“梦幻泡影”。接下来，维特根斯坦说的话有些悲智，我甚至听到了这位《逻辑哲学论》作者的隐隐疼痛。他说：“如果弗洛伊德的释梦学说中有什么东西，那它就在于这一学说表明把人的心灵描述为事实的图像这种方法是多么复杂。这种描述是这样的复杂，这样的没有规律，以致我们几乎不能再称之为描述。”[1]

语词与符号同构，催生“梦幻泡影”。语词推着符号在心灵

1 ［奥］路德维希·维特根斯坦：《文化与价值》，涂纪亮译，北京大学出版社，2012年，第64—65页。

中滚动，如梦幻泡影缤纷登场；符号将语词的汁液全部吸吮，自我款款登场。有时候，它们有一个共同的边界；有时候，语词的边界溢出符号，像彗星拖着尾巴，或像一辆马车拖着它的影子；有时候，符号的边界又溢出语词，同样像拖着某种事物的尾巴或影子；有时候，符号爆裂出新的语词，显露新的实相，仿佛成熟的板栗破壳爆裂；反之，语词爆裂出新的符号，像子弹爆裂出弹头，爆裂出向着目的飞翔的速度。语词或符号的飞翔裹挟着意义，甚至缀满观念或概念的谜团。

有时候，艺术作为艺术语言呈现的途径，在反对艺术观念干扰的时刻驱使事物登临。譬如车轮和语言的车轮。我听见“车轮”这个词（符号）在车轮上尖叫，车轮也在词中尖叫。饥饿的道路在吞噬车辆，车轮在道路的喉咙中奔突。

阿兰·巴丢在《第二哲学宣言》中有一句箴言：“真理只能在事件之中开创。”我说，艺术只有在反艺术中开创。

养生与道的漂移

一

以道家学说而论之，养生的最高境界是养性。“生”即是“性”。“性”是心灵结构及其显现。生或性的活性内涵是精-神。精-神作为生或性的最高表达形态是自然。《道德经》第二十五章云：“人法地，地法天，天法道，道法自然。”道法自然的最高境界，是道与自然合体（生、性）、合德（得，登高）。老子所谓之自然，与今日所谓自然迥异。今日所谓自然讲的是物质世界、宇宙万象。道家的自然即自，自即在，在即真（正）。养生者道法自然，是不受任何干扰、没有任何执障的自由自在、自然而然。

高士养生追求道法自然的境界，不是冰冷地与事物同构、同形色峥嵘，而是洗练真心欢欣的道法。人生有“苦境”和“乐境”，苦乐一心之正心，才是自然之“道”。明人陈继儒《小窗幽记·素卷五》云：“当乐境而不能享者，毕竟是薄福之人；当苦境而反觉甘者，方才是真修之士。”又云：“随缘便是遣缘，似舞蝶与飞花共适；顺事自然无事，若满月偕盆水同圆。”道法自然的“道”漂移到静观、自适与欢欣（欢喜）的心灵结构，以化成心灵结构，才能到达物我比赋的生命（人性）意境——一种热乎的真心。

道法自然之“道”毕竟是一种观念，所有“道”的内涵与意蕴，必须在漂移的过程中才能激活，才能书写为人之存在的自在“生”“性”。

养生，是道的漂移。老子《道德经》的“道”并非凝固在一个本体之中，而是在漂移中生成各种“道”，是此经的真义。我们不能以西哲的逻辑视点，来看中国哲学中观念的形成与生发。

道的漂移，乃心灵结构的漂移。老子的伟大之处，还在于不仅“道”处于漂移状态，其文体也是一种诗性漂移文体。老子既不相信语言，也不相信语言结构的任何文化成规。德国汉学家汉斯–格奥尔格·梅勒（Hans-Georg Moeller）说：“鉴于它所具有的非常特殊的形式，是不能把《老子》与我们文化中传统的线性文本，例如书籍、论文或者演讲相比较的。令人惊讶的是，在某种意义上，把它与非传统的和非线性的文本，例如所谓的网络的超文本进行比较倒是容易的。”[1]《道德经》这种“没有开始或结束”的非线性、放射状文体，正是一种云卷云舒式的幻化无穷的漂移文体，如群星在空、光明在夜、春在花呼唤果在秋，闪烁不定且澄澈透亮。此等漂移文体恰似心灵结构万象自由、舒展开合的样

1 ［德］汉斯–格奥尔格·梅勒：《道德经的哲学》，刘增光译，人民出版社，2010年，第5页。

式。养生者的锦绣文心（文化心灵结构）修得如此心声气韵，才有真人仙风道骨（佛家真如）气象。

二

道家的“道”与“自然”同构，在自然而然中生成“道”，道与物齐。“天地与我并生，而万物与我为一。”（庄子《齐物论》）

人们常常按西方哲学的思维或逻辑认知去理解太上老君的“道”，这是西化思维的一种智力障碍。西方哲学的“道”是柏拉图所预设的“理念”，是万物的始基，存在是整体、统一性。中国哲学的“道”，与其说是对事实的整体假设，不如说是心灵结构中事实或事态的漂移——在漂移中生成，实为诗意之“道”，或曰修辞之“道”。道家的“道”在多数语境中是个动词而非名称。在《道德经》一书中，“道”即处于游动状态，“道”的所指不断漂移。譬如第四章“道冲而用之”的“道”，与第八章“水善利万物而不争，故几于道”的“道”就不同。陈鼓应先生说：“老子哲学的理论基础是由‘道’这个观念开展出来的，而‘道’的问题，事实上只是一个虚拟的问题。‘道’所具有的种种特性和作用，都是老子所预设的。老子所预设的‘道’，其实就是他在经验世界中所体悟的道理，而把这些所体悟的道理，统统附托给所谓‘道’，以作为它的特性和作用。当然，我们也可以视为

‘道’是人的内在生命的呼声，它乃是应合人的内在生命之需求与愿望所开展出来的一种理论。”[1]陈鼓应先生作为一位集注家，有如此领悟，说明在老庄哲学中，“道”的漂移庶几为诗性的漂移。通常，语言的诗性，是摩擦着一个个假设的观念（理论）而滋生的，如水摩擦着土地而成江河，风摩擦着万物以成春秋。

三

心灵结构之花是精－神。养生是养纯净、澄澈、朴质的精－神。这种养生的境界，超越了各种价值观系统。就道法自然的生－性自由而言，任何价值观系统都是对灵魂自在的遮蔽，无端的逻辑引申、理论制造，即为遮蔽，是养生的灵魂智障。正是在这一点上，道家与儒家发生了分歧。道家学说要清洗心灵结构的污垢，警惕智识的增长使人异化，使人超越自在的品性而成为非人；儒家要通过价值观系统的构建来塑造人，使人成为文－明人（仁者）。许慎是儒家，他在《说文》里释“生”为“进也”。如果许慎是道家，他会释“生”为“然也”或“自也，在也”。《论语·颜渊》：“颜渊问仁。子曰：‘克己复礼为仁。一日克己复礼，天下归仁焉。为仁由己，而由人乎哉！’颜渊曰：‘请问其目。’

1 陈鼓应：《老子哲学系统的形成》，见《老子注译及评介》，中华书局，1984年，第1页。

子曰：‘非礼勿视，非礼勿听，非礼勿言，非礼勿动。’”老子不相信价值观对人有好处，不想立言（论），不相信“礼”是行为之正道，“仁”是人格之美德。《道德经》第五章云：“天地不仁，以万物为刍狗；圣人不仁，以百姓为刍狗。天地之间，其犹橐籥乎？虚而不屈，动而愈出。多言数穷，不如守中。”所谓“守中”，就是不让言论和行为“出格”，如大水溢出河堤，狂风拔起草木。

四

道家的养生不是获取“道”，纠缠“道”，将“道”演绎为概念，铺陈为理论框架。恰恰相反，道家的养生是要放弃作为概念的“道”。道法自然，是道在自然中消遁、融解，使道放弃自身而复归自然。老子不得不使用“道”这个概念，因为要言说，就要陷入语言的局限和迷局之中，于是在使用概念时，只有小心翼翼，让概念在漂移中自我化解。《道德经》第一章云：“道可道，非常道；名可名，非常名。无，名天地之始；有，名万物之母。”老子对语言表达可靠性的怀疑，至今仍然是哲学思-想通达古今的出发点。没有这个语言、观念、事实相互摩擦而生“有、无”的出发点，就没有现代哲学，更没有语言漂移说。

作为道家始祖的老子，是中华历史上第一位伟大的哲学家，同时也是一位伟大的“反哲学家”[1]。集哲学家和反哲学家两个身份于一身的伟大人物，在西方可以找到第欧根尼、赫拉克利特、圣保罗、尼采、维特根斯坦、拉康等。所有反哲学家都想拆除语言、逻辑、理性的樊笼。知识、学术、逻辑框架等，都是高士养生所要破除的智障，需以漂移的方式将之移开，重开心灵结构物语心性、歌诗光华。

五

既然要使用语言去言说“道”，那么就让“道”漂移起来，成为穿越语言、摩擦语言的行动。这里的行动，不是简单的人类行为，而是心灵结构中全部内涵的风云幻化、形色蒸腾。《道德经》第二十一章云：“孔德之容，惟道是从。道之为物，惟恍惟惚。惚兮恍兮，其中有象；恍兮惚兮，其中有物。窈兮冥兮，其中有精；其精有真，其中有信。”老子是语言漂移说的中国始祖，而西方的始祖则是古希腊的赫拉克利特和犬儒学派的第欧根尼。据说有一次亚里士多德的学生亚历山大大帝去看第欧根尼，问他需要什么，他回答说：“走开，不要遮着我的阳光。”正当亚里士多德在编知识教科书的时候，第欧根尼则反对任何逻辑化、程式

1　所谓反哲学家，是法国哲学家阿兰·巴丢、日本哲学家木田元等常用来阐释尼采、维特根斯坦等哲学的概念。

化的知识。一个善于倾听的人，当他听到赫拉克利特说过的“上坡的路和下坡的路是同一条路”这个声音的时候，他就明白了短暂的生命最真实的意义暂住在何方；而第欧根尼，则是太上老君“道法自然”灵魂的西方版本。

六

现代人的心灵结构中长满了芒刺。概念是芒刺，未经反省的知识也是芒刺。只有拔出心灵结构中丛生的概念、知识芒刺，养生之道才有可能洞开户牖。对知识的贪婪，使人变得冷漠；知识驱使人，使人成为知识的奴仆；伪知识的爆炸，使人成为恶奴。庄子在《养生主》一开始就警告人们：“吾生也有涯，而知也无涯。以有涯随无涯，殆已；已而为知者，殆而已矣。为善无近名，为恶无近刑。缘督以为经，可以保身，可以全生，可以养亲，可以尽年。”

七

道家养生的逻辑是自然逻辑，而非科学逻辑。科学逻辑是进化论逻辑或狭义的理性主义逻辑，而自然逻辑是宇宙逻辑或曰存在逻辑。科学逻辑是人类创造的认识宇宙万象的方法，而自然逻辑是宇宙万物自身存在的原事实或原事态的本来样态。科学逻辑需要在自然逻辑中实证，而自然逻辑无须在科学逻辑中实证。自然逻辑可以发现，但不可以创造，科学逻辑则是在自然逻辑基础上人为的创造。道家养生的全部学说集中起来都在说明遵循自然逻辑的重要性。自然逻辑的理论起点是“道法自然”，而科学逻辑的理论起点是“自然法道”。“道法自然”是道家哲学（中华第一哲学）的精神或诗性漂移途径（以老庄为祖宗）；“自然法道”是西方哲学理性主义集体心灵结构知识或意志漂移的途径（以柏拉图为祖宗）。

八

道家的知识论是非进化论的（非进化论哲学，是养生哲学、自省或反省哲学，是中华哲学对人类的伟大贡献）。知识进化论的进化途径是种在人类思维时－空中的逻辑系统。逻辑的归纳与演绎方法，是理性主义知识框架的驱动力和核心。从亚里士多德的形式逻辑到弗雷格的数理逻辑，符号系统看似很严密，可以支撑科学知识的生成和演化，其实这种理性主义的逻辑演化系统漏洞百出，其演化越深入、越进步，离开实在（事实、事态）就越来越远。不加控制的知识进化论体系回避了人是宇－宙（世－界、自－然）中的人，处于宇－宙之中，不能超越存在之彀去看存在之彀，就像蚂蚁不能超越二维空间爬行，而人不能超越三维空间观看，这都是“生”“性”的先验决定，不是人捣鼓逻辑、数学、符号系统之类的方法就可以破解苍天迷局的。阿兰·巴丢说："维特根斯坦的顽固是由于他相信——在这一点上他是有道理的——自柏拉图以来，数学是一种主要欺骗，即形而上学欺骗的决定性支撑。"[1]诗意养生与作为科学方法（机心）的数学毕竟是不同界面与境遇中的东西。

九

庄子《养生主》中的伟大寓言《庖丁解牛》对"养生"寓意深宏。庖丁既是庄子自喻，也是得养生之道者的象征。庄子认为养生之道不在技巧，而在"道之用"。所谓"道之用"，是说"道"不是一个凝固的"体"，道的本体（虚无）也非一个凝固不动、不变的理念。"道"的奥妙，在于它的聚散、漂移状态（形态）。道家之养生，养的即是这个"道之用"，而不是一个预设的"道之体"。庖丁对文惠君说："臣之所好者道也，进乎技矣。始臣之解牛之时，所见无非全牛者。三年之后，未尝见全牛也。方今之时，臣以神遇而不以目视，官知止而神欲行。依乎天理，批大郤，导大窾，因其固然，技经肯綮之未尝微碍，而况大軱乎！良庖岁更刀，割也；族庖月更刀，折也。今臣之刀十九年矣，所解数千牛矣，而刀刃若新发于硎。彼节者有间，而刀刃者

1 ［法］阿兰·巴丢：《维特根斯坦的反哲学》，严和来译，第78页。

无厚。以无厚入有间，恢恢乎其于游刃必有余地矣，是以十九年而刀刃若新发于硎。”道之漂移，游刃有余，是为养生。“道”在哪里漂移呢？在心灵结构中。而养生的最高境界是“道”的漂移、显现、明媚、欢喜，即是心灵结构本身，就像云卷云舒，形色幻化，聚与散，散与聚，因－果互喻。其实，并不存在因－果，它只是在某个时刻一种漂移的力量。某个时刻的漂移，是音声形色的暂住。万象暂住，即是世界的暂住。或者说，世界是暂住的万象，在漂移的时刻生成、寂灭。寂灭与生成，合二为一。人与道，合二为一，在暂住时刻漂移，生成无穷无尽的人与道的暂住万象、音声形色。

十

养生之修心，在于防止“心”的自戕。心，有时候是春花秋月之容，有时候是个核武库。最难降服、控制的是心。儒家修心，是陶冶、锻造，将心新为另一颗心。这种修心的方式，是向前或向上“生”发（进也）。商汤王刻在他的洗澡盆上的铭文说：“苟日新，日日新，又日新。”（《盘铭》）《尚书·康诰》：“汝惟小子，乃服惟弘王应保殷民，亦惟助王宅天命，作新民。”《诗经·大雅·文王》歌曰：“周虽旧邦，其命维新。”而道家修心的方向是“向后”或“向下”，若汤汤流水璀璨，山山落英缤纷。道德天尊老子《道德经》第十九章云：“绝圣弃智，民利百倍；

绝仁弃义，民复孝慈；绝巧弃利，盗贼无有。此三者以为文，不足。故令有所属：见素抱朴，少私寡欲，绝学无忧。”《西升经》生置章第十七云：“老君曰：‘生我于虚，置我于无。生我者神，杀我者心。夫心意者，我之所患也。我即无心，我何知乎。念我未生时，无有身也。直以精气聚血成我身耳。我身乃神之车也，神之舍也，神之主也。主人安静，神即居之。躁动，神即去之。是以圣人无常心者，欲归初始，反未生也。’”

儒家“向上”和“向前”修心，是要“修身、齐家、治国、平天下”，是一种构建价值观系统的修心法；道家“向后”“向下”的修心，是弃价值观系统、弃功名利禄、弃英雄或超人的修心法；佛家的修心，是自性修心法，此自性之心“不上”“不下”“不前”“不后”，取其“中直”为般若欢喜菩提。《坛经》疑问品第三曰：“自性迷即是众生，自性觉即是佛。慈悲即是观音，喜舍名为势至。能净即释迦，平直即弥陀。”

儒家的修心是刚毅修；道家的修心是柔美修；佛家的修心是欢喜修。儒道释三家合德，喻于一鼎，为中华文化的鼎立三足；喻于三种养生修为的途径，则略为“进”“退”“中”三个方向。三种修为的路径或方向，并非固步不动，在心灵结构中各堆块垒，恰恰相反，真正能会通三家文华精髓的高士大德、锦绣俊彦，三家的修心与修身法门，均在流光幻彩般彼此推陈、幻化漂移，“养”就自性欢喜，“生”成时序万象。

道家的养生法门本有身心“漂移”的诉求，渴望成“仙”的行为书写，有将“人”移出普世生活、以改变人的存在面貌的精神期盼。老子本人也被“仙”化为太上老君、道德天尊。老子的行为被反复地“仙”化书写，是道教得以从神仙方术、太平道、五斗米道发展起来的重要推动力。许慎《说文》释“仙”：“长生，迁去也。”刘熙《释名》释“仙”：“老而不死曰仙。仙，迁也。迁入山也。”追求长生，寻找养生之道，使道家学说和道教“主术”与“方术”、庙堂与民间得以充分结合、彼此映照。

十一

修圣、修仙、修觉，是为儒道释三家修炼追求的不同人格。修圣，是“仁修”，身与心修于人间，得其意志，成于功名；修仙，是“道修”，身与心修于天地自然，得其虚静，成于隐名；修觉，是佛修，身与心修于空相，得其觉悟，成于悟名。

说得朴素一点，儒家是现实修；道家是理想修；佛家是悲智修。儒道释三家养生的法门虽不同，但修身与修心的出发点和归宿是一致的。从养生的角度看，所谓三教合流，三道合德，讲的是养生修为的目标，而在不同路径上、以不同的方式修为，阐释不同的内涵与诗思，则体现了“理念之道”和“行动之道”在人身上与人心中的漂移途径、漂移方式。

孔子说：“知者乐，仁者寿。”（《论语·雍也》）佛陀说：“以无我、无人、无众生、无寿者修一切善法，即得阿耨多罗三藐三菩提。”（《金刚经》）通而观之，道家最重视养生，道家“我命在我不在天”的养生法门，最能融会各家长处。《西升经》我命章第二十六云："老君曰：'我命在我，不属天地。我不视不听不知，神不出身，与道同久。吾与天地，分一气而治，自守根本也。非效众人行善，非行仁义，非行忠信，非行恭敬，非行爱欲，万物即利来。常淡泊无为，大道归也。故神人无光，圣人无名。'"道家在"实相"与"空相"之间，以"仙相"漂移人间。

十二

佛家养生近乎修神，唯有神可视世间万象为空相，包括我相、人相、寿者相；儒家养生，实为养志，有太多的功名利禄羁绊，太多人为的伦理教义；而道家的"仙"人养生法门，则介于神与人之间，介于世俗人道与神道之间。宋代正一道士陈葆光《三洞群仙录序》云："仙者，养形以存生也。气专志一，不以好恶累其心，不以得失汩其和，游心于澹，合气于膜，其至也心静而神完，德全而不亏。故能出入虚无，独与道俱，寿同天地，飞升太虚，而为真仙矣。"道家的养生法，最谙中国人集体心灵结构内涵中隐-逸超凡的要义。

十三

养生有学院派养生法门和非学院派养生法门。儒家是学院派，喜欢在心灵结构中注入理修的内涵，比如三纲（君为臣纲、父为子纲、夫为妻纲）五常（仁、义、礼、智、信）。道家是非学院派，崇尚弃理修而法自然（自由）。庄子《养生主》云："泽雉十步一啄，百步一饮，不蕲畜乎樊中。神虽王，不善也。"庄子的寓意是说，任何体制外不受藩篱关养的野鸡，比任何体制内神气十足的神气鸡更自由和快乐。自由自在地放逐人的生命，是人生的理想。

十四

在养生的行动或境界中，如果有什么东西是需要时刻警惕的，那就是语言。道家哲学的最伟大之处，就在于对语言及其表达系统的警惕和反省。老子《道德经》第一章云："道可道，非常道；名可名，非常名。无，名天地之始；有，名万物之母。故常'无'，欲以观其妙；常'有'，欲以观其徼。此两者，同出而异名，同谓之玄。玄之又玄，众妙之门。"这是中华哲学的第一缕朝阳。老子在此不但提出了"道""名""有""无"四个概念，而且阐明、划定了"可道""可名""常无""常有"的界限。这个界限，既是语言的界限、逻辑的界限，也是人和存在的界限。西方哲学到20世纪初才意识到这一点。路德维希·维特根斯坦说："语言给所有人设置了同样的陷阱。这是一座庞大的、极易陷入歧途的迷宫。我们看见人们一个接一个地沿着一条道路走过去，我们可以预先知道他们将在哪里转弯，将在哪里笔直地走过去而没有注意岔道，如此等等。我必须做的事情是在所有的迷路口竖起路标，帮助人们避开危险地段。”[1]维特根斯坦要做的事情，老子早就做了。而且，他一开始就竖起了路标，让你“观其徼”（边际），不至于迷路。语言是个时刻吸吮人的灵魂的巨大深渊，一旦陷入这个深渊不能自拔，一个人的“生”“性”自由，就万劫不复。

当人心被语言埋葬，唯有反复回到语言生发的原点，啜饮清风朝露，珍尝素果葑菲。

1 ［奥］路德维希·维特根斯坦:《文化与价值》，涂纪亮译，第27页。

艺术作为智性模式的漂移

当代法国哲学家阿兰·巴丢在《维特根斯坦的反哲学》一书中指出："维特根斯坦敏锐地捕捉到了这一事实：主体，作为世界的唯一关联，必定以消失作为自己的存在，必定将自身呈现为一个消失的点，从而只有它的言说存留下来：世界。"[1] 这是一个近乎恐惧的发现，也是一种残酷的、摧毁性的表述。主体在时刻消失之中将世界呈现出来，成了"世界的界限"，即便其不处于消失的状态，也"基本上是在世界之外摇摆"。维特根斯坦将世界划分为可言说的和只能保持沉默的两个部分。他在《逻辑哲学论》中说的"世界"，当然是可以言说的。《逻辑哲学论》开篇一句即阐明："世界是一切发生的事情。"（T.1）而结尾一句则说："对于不可说的东西我们必须保持沉默。"（T.7）这位伟大的哲学家所指的可以言说的世界，即是人类"智性模式"的世界。"在逻辑空间中诸事实就是世界。"（T.1.13）世界不在世界的本在结构中，而在人创造的"智性模式"中。

维特根斯坦他力求表明"主体"和"世界"是两种东西。

1 ［法］阿兰·巴丢:《维特根斯坦的反哲学》，严和来译，第86页。

“主体”是一种“我的语言”，语言之外没有主体。“我的语言”的结构等同于智性世界的结构，亦等同于心灵和心智的结构。他说：“我的语言的界限意谓我的世界的界限。”（T.5.6）

艺术创作与欣赏的复杂性，不在技术，也不在理论，而存在于心灵和心智的结构之中。人世间所有事情的复杂性也莫过于心灵和心智内涵的不稳定与难以捉摸。我们反复地讨论艺术创作与欣赏问题，事实上是在讨论个人与集体的心灵与心智结构中一个与科学、宗教同样重要的领域。更何况，这三个领域在人之为人的自觉意识、精神塑造中是不可分割、彼此呈现的。

的确，一个人与他人的心灵与心智结构不同，内涵和表现形式往往也南辕北辙，尽管按康德在《判断力批判》中的说法，他们之所以能够彼此认知或倾听，也有“共通感”的先验联系；尽管一个族群与另一个族群的集体心灵、心智结构不同，一个时代的集体心灵、心智结构与其他时代不同，却也有“共通感”的桥梁跨越。“共通感”当然是存在的，它像河床一样承载着流水，但是，这个河床也会干涸。一旦流水及其运动的力量不复存在，河床就会脱离河床的事实内涵。说到底，“共通感”是不稳定的，它会让万物在心灵和心智中泅渡，也会让心灵和心智之间的绵延方式断裂和崩溃。

心灵和心智的结构到底是什么？曹意强认为：“任何知识领域，也包括历史学科，都是我们为理解广袤无序的自然和人文宇宙而发明的智性模式。‘历史’一词源于古希腊，原意指对人类事件的'探究'。我们即在此意义上概括艺术的历程，为我们更好地欣赏独一无二的永恒杰作提供了一个历史框架。"[1]就艺术创造与智性形式的问题，曹意强说："简而言之，我愿将其关系定义为：艺术是人类认识世界的一种智性方式。"[2]在曹意强的诸多论述中，我们可以看到他的历史观、艺术观和方法论的总体框架，就是这一切关乎人类文化、人类精神和人类情感的记忆和创造，都是在心灵和心智中生发、化育、重构或延展的智性模式或智性方式。这是一种大胆的理论开拓和思想推动力量。

如果曹意强的"智性模式"仅仅是对历史、艺术和审美提出一种看法，并使用语言和逻辑将之概念化和理论化，那就不值得我们在此探讨。关键在于，这一"智性模式"让我们洞见了心灵和心智结构幻化无穷、扑朔迷离，自我创造又自我遮蔽，同时也在自我澄清的智性真实。在曹意强看来，个人或集体的心灵和心智结构，既是一种历史的结构，也是一种现实的结构，但历史和现实的真实（至少在艺术中）只能是智性描述和创造的真实，而不可能是模仿的真实，反映论的真实或理论化、观念化的真实。

事实上，"智性模式"是一条从历史的"泥潭"和"悬崖"中穿越的道路。"泥潭"喻指反映论、揭示论所指向的那个历史

1 曹意强：《美术鉴赏与智性模式》，见《艺术与智性》，中国美术学院出版社，2015年，第39页。

2 曹意强：《视觉艺术与智性模式》，见《艺术与智性》，第23页。

"原貌"的真实，那个已经在时空节点上永远消逝、后退的深渊；"悬崖"指理论和概念化的历史世界（也是一种智性模式），这两个世界看似有密切的联系，构成一个文明或文化的真实共同体，其实两个世界南辕北辙、各成系统，形成两种背道而驰的混沌力量，人们自以为清晰的两个混沌谜团，事实上都是模糊不清的虚妄存在。人在虚妄存在中绽放，像词汇从语言中漂泊而出。这是"主体"在消失时的美丽显露。

"泥潭"和"悬崖"两个谜团，一个默然后退，一个喧嚣挺进，都在生发、纠结力量。有时，它们处于死亡状态，在人的心灵和心智中生发死亡的力量，形成某种教条的、死亡的智性模式；有时，它们是活态的，在人的心灵和心智中表现为人的文化属性，分解为观察和理解世界的语言（符号）。语言，本身就是"智性模式"穿越"泥潭"和"悬崖"的道路。语言即是"智性模式"的创造。人创造了语言，语言也创造了人。人将自己移植到世界之外，就是在语言的推动下完成的。

"穿越"，是语言的智性穿越。在穿越的时刻，语言与事实的深渊和概念的自我封闭系统形成双重对抗。这种对抗是摩擦式的，是力的逆向推进。

人被历史和现实控制，也被历史和现实的智性模式控制。按照曹意强在牛津大学的导师弗兰西斯·哈斯克尔（Francis Haskell）的观点，所谓历史，可能有一个终极目标，即是"让往昔复合"。曹意强的思想深受乃师"没有理论，历史照样可以留存”的影响，因此，他的关于“智性模式”的历史观，是一种非学院派的“活态”的历史观。据我的观察，这种历史观既渴望“让往昔复活”，也力求“让现实复活”。其实，“让往昔复活”与“让现实复活”是一回事。因为，人生活在现实的时空关系，也是历史性的。历史，是一种时间和空间的内涵生成与表达，其源于人的各种经验和经验转化为知识、思想的智性模式。

或许在人的心灵结构中，存在着超经验内涵的时间和空间，存在着康德所说的那种“感性直观的纯粹形式”，但这种超经验事实和智性表达的形式并不能构成历史。历史是经验范畴的，也是智性表达模式的。不过，也必须认识到，“经验”和“智性”犹如两个背靠背的人，想看一看对方的面容，可总是转不过身来；有时候转过来了，却有种似曾相识的尴尬。

任何人在时间和空间中的存在，都被经验和智性所规约，也被经验反复创造。人不停地把人自身抛掷，好像有一个叫“真理”的东西把人吸吮。尼采有一句伟大的箴言使“真理”无地自容：

> 所谓真理就是，没有它某种生物就无法生存的一种谬误。[1]

艺术在创造中生成历史，成为历史内涵，却与原在真实和所

1　转引自［日］木田元：《反哲学入门》，路秀丽译，中信出版社，2011年，第192页。

谓真理失之交臂。所谓历史内涵，也就是个人或集体的心灵和心智表现、书写、放逐与扩张的语言内涵。所有看似真实的事象，均在重新虚构中生成，所谓艺术也是如此切入现实世界的。曹意强说："艺术介入历史给史学研究性质倾注了新的复杂因素。它也加剧了对什么是历史的问题的论争；那场旷日持久的关于历史究竟是科学还是艺术，是真实复现还是修辞虚构的论战，恐怕也与此不无瓜葛。颇有兴味的是，我们将从哈斯克尔的史学实践中看到，这场论争的缘起与扩散，恰恰说明了争论双方对历史研究的性质、方法和任务的曲解，说明了他们无意中忽视了历史本身是一种'智性模式'（an intellectual form）而非往昔的被动复现这样一个客观现象。"[1]

艺术的创造作为"智性模式"，它分解为各种智性模式，直到某种智性模式在语言（符号）"暂住"的时刻被抹平，以生成艺术作品。由是，时间、空间、事物、事象、过去、现在与未来，都到达艺术生成的诗意兴奋点上，以清晰、明了、直观、自在的形式呈现出场。与此同时，心灵和心智结构的生命形态，也在体验与观察中显露无遗。

诚然，心灵和心智结构像一个辞藻一样，有共时性和历时性交会的时空扭力。在曹意强看来，这种穿越的"扭力"就是思-想。他是这样评论哈斯克尔这位大师的："事实上，在历史研究

1　曹意强：《艺术与历史》，中国美术学院出版社，2001年，第14页。

中，哈斯克尔反对各种理论（theories）的霸权，恰恰是出于他对思想（ideas）的热爱。他总是把思想与理论区别开来，认为前者充满活力，而后者则是‘被夸张被冻结了的思想形式’（a sort of exaggerated and then congealed idea）。冻结的思想易于沦为教条。”[1] 曹意强在此说的“思想”，正好是“思－想”的意思。“思想”一旦凝固为概念、观念的教条形式，“思－想”就已经死亡。学院派的思想与非学院派的“思－想”是有天壤之别的。只有“思－想”才能穿越，才能激活不断退却的历史事实，以智性的重构方式“让往昔”与“现实（今天）”“复活”。

按照语言漂移说的思－想，曹意强的思－想也在语言漂移中生成。因为这种思－想并不把“智性模式”当作任何一种凝固不变的理论，而是将其当作某种运动漂移着的生成方式。这种生成方式的要义在于，它不是生成理论，而是要以理性的力量清理理论，颠覆各种观念壁垒，使艺术创造力回归到人的智性生发的源点。在这里，回到源点，也并非目标。尽管当目标和源点合二为一的时刻，思－想便以特立独行的视相与旋律呈现为作品单纯存在，但这种呈现是短暂的，不可重复的。只有短暂、清晰、不可重复的视相（音声形色），才是永恒的。说到底，永恒的并不是一幅作品的物理和技巧，而是观察这幅作品的智性模式，一种美或诗意呈现的视觉。

1 曹意强:《艺术与历史》，第15页。

作为漂移着的智性模式，是漂移着的心灵和心智结构的节点。像一曲曲鼓乐，是鼓点生成了鼓乐，而非鼓乐生发了鼓点。之于艺术作品亦是如此，是作品生成了理论，而非理论生成了作品。曹意强说："理论上的迷雾，唯有依靠理性才能驱除，也就是说，只有具备理论知识的艺术家才能免除不良理论的压迫与毒化。我敢肯定，如果某位批评家说我们艺术家的作品反映了时代精神，我们大多数人都会感到高兴，甚至认为这是对我们创造劳动的最高评价。事实上，不知有多少当代艺术家迫不及待地这样来自我标榜。其实，这种评价从某种意义上说是容易且廉价的。我真想对陶醉于这种荣誉感之中的艺术家说一声，'艺术天才们，你们难道觉察不到这无形中是对你们创造力的一种贬低吗？'试将这种反映论翻译一下，其意思就是：艺术家先有意外出，测量时代的气温，然后趋炎附势地为时代创造作品。换言之，艺术家不过是时代的奴从而已。"[1] 曹意强的意思是说，不是艺术模仿了时代，而是时代生活模仿了艺术。至少在他看来，事实世界（自然、生活）与艺术世界是相互模仿的，当然，这种相互模仿，也只有在心灵和心智结构的漂移幻化中才能进行。如果不是在语言漂移的智性运动中，"生活模仿艺术"是无法被理解的。

曹意强的"艺术作为智性模式"的命题之所以值得探究，是因为它是作为一个开放性的系统被描述的。这系统不断地吐纳，

1 曹意强：《视觉艺术与智性模式》，见《艺术与智性》，第24页。

并至少在三个范畴之间漂移，形成一种穿梭不息的衍生力量：在事实的深渊与概念系统之间；在自然、生活与艺术创造之间；在可见世界与不可见世界之间。

前两种“穿越途径”中的智性漂移已在前面约略讨论，后一种“漂移”涉及的问题更加本源。曹意强说：“艺术家认为自己的任务不再是复现可见世界的事实，而他们自身就是自然原理的载体，使事物可见的力量。从这个角度看，艺术不仅应被理解成对可见世界的再现，而且更重要的是理解为艺术家的自我表现，他们所通达的不可见的情感与创造力的表现。”[1] 可以说，两千五百年来的艺术理论都在研究与“可见世界”和“不可见世界”相关的命题。主流的艺术理论比如模仿说、反映论、和谐论、现实主义、浪漫主义、现代主义等，都在不同层面上强调艺术的描述和刻画功能对真、善、美、假、丑、恶诸价值观、知识论的表达。也就是利用“可见世界”的素材对“不可见世界”的“反映”“揭示”，乃至创造与虚构。可是，事实、事相的可见世界中是没有不可见世界的内涵的，即便有某种不可见的内涵，也无法用感性直观的某种具体形式对接式地直接表达出来。因此，超越心灵和心智的智性书写的客观主义、本质主义的美和艺术并不存在。

柏拉图在《理想国》第六卷中，以“四线喻”的书写方式，

1 曹意强：《视觉艺术与智性模式》，见《艺术与智性》，第32页。

将世界划分为“可见世界”（“可感世界”）和“可知世界”。他以“假设”为出发点，为人类感知和创造世界的可能性建立了信心。柏拉图为人类建立的对“可见世界”的信心，在于确立了人之为人其天生的感觉系统的真实可靠，这是对人的自然主体属性的“相信”，也是开天辟地以来一种伟大的、人的信念；以此为出发点，柏拉图为人类建立了创造“可知世界”的能力，这种能力是一种通过归纳和演绎的思维结构创造逻辑世界的能力，即通过思－想运动创造概念、观念、虚构世界的能力，此亦是一种伟大的、人的信念。可以肯定，柏拉图对两个世界的划分，都是对人类智性力量的“相信”与赞美。

感觉、感知、想象和创造的人类活动一旦开始，世界即启动了“我是我的世界（小宇宙）”（T.5.63）的主体的那另一个世界的旋转，即使按维特根斯坦的说法，这个世界在旋转中丧失了主体。因为“旋转”是逻辑空相的“旋转”，所以维特根斯坦说：“没有思考着或想象着的主体这种东西。”（T.5.631）“主体”创造了艺术的智性模式，而智性模式常常以逻辑空相漂移到主体之外，这使人类陷入了夹缝中生存的危局，也给人类的智性创造带来了巨大的张力。

所有文明或文化的形态都是人类的智性模式，这一点是无可置疑的。我们要讨论的是推动智性模式的原动力，以及种种智性模式如何生成，如何成就人或控制人，如何破解陷入智性模式中的人类迷途。比如作为普遍性的空洞的逻辑，看似它以知识和理性的名义把人类送入了快速轨道，其实人类在这个轨道上，已经越来越远离自在的万物丰茂的自然。或许上帝造人是要人与万物并生而立的，人却背其道而行之，自己创造了另一个世界。这是智性创造世界的二律背反。通常，人们对可见的东西视而不见，而对不可见的东西狂热地追求。因为人们喜欢把探索的“深度”设置在不可见的领域。如果艺术的创造有一个本在的功用，它就是对人性的这种缺陷的弥补，犹如灵魂和呼吸之于人的生命。艺术创造通过想象力和理解力的智性模式，让人类挣脱空洞的逻辑模式而飞翔，同时将这种飞翔紧贴着可见世界的感性形式，以保护人的感觉系统的灵敏。因为感觉的灵敏和真实，是生命存在可靠性的先决条件。没有感觉的灵敏和真实，就没有纯粹的、本真的、诗意的人类生活。

曹意强以艺术创造的智性模式考察“可见世界”与“不可见世界”，既包括“可见”（可感）的内涵，也包括“可知”（可创造）的范畴。所不同的是，艺术描述、刻画与创造世界的方式，是以音声形色的可感（可见）语言（符号），书写人类情感、思-想、直观洞见的。曹意强所说的艺术创造须面对的“可见世界”与“不可见世界”，作为一种智性模式的思-想生发语言面对的难题或界限，恰恰是以艺术创造的名义，渴望控制人类主观自大的理性扩张，以对抗本质主义，规律派，模仿、再现、反映、揭示诸说对构成“不可见世界”各种理性教义的滥用。只有少数人知道，种种滥用均是对柏拉图不得不言说而言说的曲解，是对柏拉图小心翼翼的“相信”与“假设”两个出发点有意或无意的涂抹。曹意强甚至用美国哲学家纳尔逊·古德曼（Nelson Goodman）的思想批判模仿说及其派生的反映论对“可见世界”和“不可见世界”双重的、粗暴的利用。因为模仿说利用了物象的“相似性原理”以及事物的殊相特征，以“相信”语言再现或表现的真实可靠获得艺术。古德曼认为那是“江湖骗子”“冒牌货”的骗局。这种“获得”艺术的方式的确有着天生的缺陷——语言（符号）这个媒介并不能抵达事物的共相与殊相，正如没有一个途径让一堆颜料、一块画布、一张白纸或一支画笔抵达一朵玫瑰、一树春色。

针对真实再现的艺术观念和古德曼们反真实再现的思想，曹意强采取了相对公允的态度。他评论说:“古德曼认为，由于世上并不存在物象的特殊存在方式，所以艺术家无法模仿物象的存在方式。严格地说，并无特殊的东西可供模仿。他说，如果要画一个人，但‘在我面前的是个作为物象的人，他是一堆密集的原子，一种细胞的复合体，一个小提琴家，一个朋友，一个蠢蛋，以及许许多多别的事物’的综合。我们无法模仿这一切，就是能够模仿，也不可能模仿构成他之所以成为他的全部东西。当然，古德曼是以极端的方式否定艺术模仿自然的可能性，也就否定了视觉现实其物，从而认为我们对任何再现作品都没有理由说它是否比别的再现之作更逼真。我们认为，没有相对不变的现实概念，就没有判断真实性的标准，也就无从谈什么背离真实。古德曼的理论实际上消除了其本身的意义。”[1]曹意强认同古德曼和贡布里希对事物进行纯粹模仿并不可能的观点，但推崇贡布里希以“图式”入手，逐步逼近对象并创造真实错觉的思-想。“真实错觉”显然不是梦呓或生理幻象，而是智性的诗意表达。恰如吉尔·德勒兹所言：艺术的目的，连同其材料手段，是从对客观的各种知觉当中和主体的各种状态当中提取感知物，从作为此状态到彼状态的过渡的情感当中提取感受。把一个感觉的聚块，一个感觉的纯粹的生物抽离出来。[2]

事实上，模仿说及其派生的诸学说对事物与事象真实再现的迷恋只是一个基本的层面，这种驱动艺术创作的途径和理论的根本所在，是利用事物与事象的所谓真实，以承载那不可见世界的种种假定的观念、种种空洞的逻辑模式、种种价值观系统，将艺术变成德性工具、概念工具和逻辑工具。这正是曹意强所要批评的。因此，纯粹艺术的诗性漂移，是在重重叠叠的阵痛中的穿越、摩擦和显明。

让我们来重温一下曹意强的另一位老师贡布里希的学说，那位牛津人说过，世界上并不存在大写的艺术那种东西，也就是说没有本质（本体）的艺术供我们一劳永逸地掠取——我们在历史

1 曹意强:《视觉艺术与智性模式》，见《艺术与智性》，第32—33页。

2 ［法］吉尔·德勒兹、菲力克斯·迦塔利:《什么是哲学?》，张祖建译，湖南文艺出版社，2007年，第439—440页。

上的掠取活动已经以失败告终。由于艺术是千万个虚相，不断地创造着的千万个虚相，所以，漂移着的艺术是不断地反对凝固的艺术而呈现的那种东西，那种漂移着无端“暂住”的智性真如。让我们重温尼采的另一则箴言：

> 艺术比真理价值更高。
>
> 为了不被真理打垮，我们需要拥有艺术。[1]

1 转引自［日］木田元:《反哲学入门》，路秀丽译，第193页。

“内在空间”的诗意漂移

2010年11月初，我在黄山与谢尔·埃斯普马克（Kjell Espmark）[1]相遇，并与之进行了一次关于诺贝尔文学奖评审诸多事情的对话。谢尔作为一位诗人和作家，长期担任诺贝尔文学奖评审委员会委员，且作为评审委员会主席主持诺贝尔文学奖的评审十七年。他同时也是另一位伟大的瑞典诗人托马斯·特朗斯特罗姆（Tomas Transtromer）的研究者，因之，我极力向谢尔推荐特朗斯特罗姆获奖。此刻，通过阅读谢尔·埃斯普马克的英译诗歌，我感到非常亲切。埃斯普马克的组诗《内在空间》（*The Inner Space*，共一百首短诗）第一首第一句云：

> There's a haze as in the morning of time.
>
> 有一场雾像漂入时间的早晨。

---

1 谢尔·埃斯普马克，1930年2月19日生，瑞典著名诗人、小说家、文学史家，瑞典学院院士。1978至1995年间，担任斯德哥尔摩大学比较文学教授。诺贝尔文学奖评审委员会委员，于1987至2004年担任诺贝尔文学奖评委会主席。至2012年，已出版诗集11部；小说集8部，包括《失忆的年代》系列小说7部和《伏尔泰的旅程》；评论集7部，包括《诺贝尔文学奖：选择标准的探讨》等。

我将“in”翻译为“漂入”而不是“在”，是因为如果没有“早晨”，就没有“时间”。所谓时间，如此抽象。似乎人人都明白时间，但当人们要思考它时，它反而模糊不清，或者干脆溜走，或者遁入荒芜。这一点，我与奥古斯丁的体验相同。时间要变得具体可感，就必须变成“时间世”，即有万事万象的起源，以及它们在感觉系统中的绵延。诗，是时间的起源，是时间的一种表象。当然，它同时也是空间的起源，是空间表象的生发，是所谓“世界”的现身。依梵语义，“世”即时间（万物迁流），“界”即空间（万物存在的方位）。在我看来，世界（时空）并非凝固不变、按部就班的表象或本质，恰恰相反，它是变化中的“凝聚”。依佛法言，我谓之凝聚者，即是“蕴”，如五蕴之色、受、想、行、识。在我看来，“蕴”亦是漂移着的，它不断幻化生成具体的世界。因此，所谓世界，并非凝固的名词或概念，而是动词或蕴的漂移。故而，有时我将作为动词的世界书写为“世－界”。“世界”是名词，起源于外在空间，这是一种“客观主义”的说法；“世－界”是动词，起源于“内在空间”，迁流漂移为具体的世－界，这是语言漂移说的说法。“有一场雾像漂入时间的早晨”，“一场雾”生成了“早晨”，“早晨”生成了时间。此处的时间即是时空，是迁流而“暂住”的世－界。既然谢尔·埃斯普马克的“时间”起源于“内在空间”，那么，这个“内在空间”，当然是一个主体的“内在空间”。换一种说法，主体是“内在空间”的界限，也是世－界的界限。埃斯普马克的

"时间"从某种抽象的时间中漂移而出，呈现出世-界的镜像。事实上，"内在空间"既是主体的心灵结构，也是个人的心灵结构。所谓主体，也是普遍性的一个范畴。普遍性的主体是无法自我呈现的，除非它一次又一次地与个体相遇。譬如诗意的生成。主体在寻找个体的途中与某个假设的诗意摩擦，以期生成个体的诗意：

> Over the strait a freezing text travels
>
> 在海峡之上，一个冰凉的文本漂移

从"一场雾"到"早晨"，再到"时间"的事象生成，是《内在空间》组诗的第一次诗意假设。紧接着，又是"在海峡之上"和"冰凉的文本"摩擦着那个假设的诗意的"漂移"。

这就是：

> ripple by ripple.
>
> 波纹连着波纹。

"波纹"是"冰凉的文本"的形象，"by"是"漂移"之状，亦是某种推动力。"波纹"和"冰凉的文本"之间，横亘着巨大的空白。"波纹"既可以喻"冰凉的文本"，也可以喻任何物事。可以生成此诗意，也可以生成彼诗意。诗意的期待，也是对"空白"的摩擦。万事万物只有作为空相，才能漂移起来。也就是说，实相是不能漂移的；只有语言可以漂移，而语言皆为空相，这是语言赖以运动的本真维度。谢尔·埃斯普马克深谙诗之道，即诗是“能指”对“能指”的推演，是空相之真的推演。诗将事象（色）的能指激活为动词。能指在诗的推动下寻找、呼唤能指，在空白中穿越。能指既可以是一个词，也可以是一个词组，或是无数词和词组的链接与对观。能指的漂移（迁流、运动）是在一个推动力的名义下进行的，这个推动力即是诗意的假设或曰假设的诗意。也即是说，在诗歌的写作中，无论具体而有效的诗意是否生成，写作者都需要假设那个诗意的推动力。诗意之所以需要假设，不是因为本来就有一个本体的诗意，恰恰是因为没有一个本体的诗意存在。还是以佛法言之，所谓整体的、需要假设的那个诗意，其实是个空相。能指和所指既然都处于语言漂移的层面，因此，都是空相。《心经》云：“是故诸法空相。”

一位卓越的诗人，总是深谙观念、概念不能显示自身也无须显示自身的诗意真理。因为只有实相才能显示自身，而所谓实相，也是语言的假设。语言本身是空相，但可以假设实相的存在，以使诗意的漂移获得动力。谢尔·埃斯普马克诗中的“时间”和“文本”，在“波纹”的实相显现之后，接着在空白中寻找实相，以期继续飞翔（漂移）：

What could be a heron
tests its wings and lifts. The promise

of leaves in the treetops is fulfilled.

那可能是一只苍鹭

试试它的翅膀，飞起。树顶上的叶子

实现了一个诺言。

于是，我们看见“一只苍鹭”“树顶上的叶子”在生成“一个诺言”。这里的“诺言”，可以是任何虚相、任何空相，也可以是那个假设的诗意，是心灵结构之蕴的迁流。“诺言”作为蕴，需要凝聚为事象（能指）的开显，它才能显露。“诺言”显露的时刻，是它正在穿越巨大的心灵空白的时刻。在埃斯普马克的诗中，“诺言”仿佛是“我”在一个男人的躯体里复活：

And I rise slowly

out of the slumped man on the bench.

It's time to invent the world.

我从瘫倒在长椅上的男人里

慢慢地起身。

此时，是创造世界的时间。

世间本无本质或本体的诗意，但有死亡的诗意与复活的诗意。在巨大的空相（空白）之中，诗意的复活，即心灵结构的复活，也是诗意空相在实相里的复活，或反之，是诗意的实相在空相里的复活，是语词的能指在所指中或能指自身的复活。在《内在空间》的第七首诗里，诗意是被大理石的雕刻家雕刻出来的，“亚述石狮”（复活的实相诗意）、“穹顶”（实相诗意的界限）都被雕凿出来与假设的诗意摩擦，似乎发出轰鸣的声响。与此同时，各种事物都开始复活，以“创造世界的时间”：

The blackbird's song is chiselled, tactile,
and round it billows a foliage of stone.
黑画眉的歌声被雕凿出来，可以触摸，
周围涌动着石头的叶簇。

而在《内在空间》的第三首里，“冥府入口倾泻出来的黑暗”与“一种哲学”，与伟大的女诗人萨福和她创造的诗意彼此生成为漂移的“蕴”之“簇”，穿过诗人埃斯普马克的心灵，以构建一颗具体的心灵及其他与人类精神史摩擦的诗意：

The darkness pouring from the entrance to Hades
compels a philosophy into being,
and the cliff that Sappho will jump from
entices the vertigo in her poems.
冥府入口倾泻出来的黑暗

迫使一种哲学存在，
而萨福将要跳离的悬崖
诱出她诗中恐高的眩晕。

这就是说，在心灵结构的“内在空间”里，不仅有事象能指的漂移，还有文化隐喻（所指）的漂移。一位杰出诗人既要使能指有效地生成可靠的诗意，又要有清洗或澄清隐喻的能力。在语言中，所有事物都渴望得到存在的证明，但不是所有证明都有效并能显现为具体的诗意。有的事物在语言中被命名，仿佛事物已经到达了语言之中，尽管那只是一个假相；有的事物显现为意识形态的凝聚，仿佛事物中真的隐含着意识形态隐喻，其实那不过是人类语言的白日梦呓与癫狂。当然，语言中一切空相和实相的漂移都是语言的决定，是语言漂移中不能不承载着的心灵体积或重量。

在《内在空间》组诗第三十三首中，“星期日”这个时间“轮转”着的“太阳日”里，事物的“复活”与基督的复活在诗意中同时生成。文化的隐喻在摩擦事物能指的过程中隐藏了自身。“雪”与“布道”、“声响”与“流淌”、“文本的红斑”与“基督的血”，诸如此类的物事视相和隐喻作为诗意碎片彼此化有，又稀释为无。“有”和“无”摩擦为虚相，获得一种“形而中”的平衡：

In the middle of life this Sunday:

weightless snow, a silent sermon.
The naked tree is lit-up with bullfinches.
The only sound in the world
is the rustle of chewed seeds
trickling down through the branches.
The text of the day is flecked with red
paler than Christ's blood
and seed husks tumbling slowly, slowly.
Death slackens his pace.
Still no commotion among the clouds.

在生命中间的这个星期日：
轻飘飘的雪，一场无声的布道。
光秃秃的树被红腹灰雀点亮。
世界上唯一的声响
是种子被咀嚼的沙沙声
从树枝间流淌下来。
白天的文本缀满红斑
颜色比基督的血稍淡
种子的壳慢慢地、慢慢地滚落。
死神放缓了他的脚步。
云层中仍然没有喧嚣。

从埃斯普马克的诗中，我们可以领悟到，无论语词的能指还是所指，无论观念的表达式还是事物的隐喻，亦无论文化意识形态的扩张还是解构，诗意的漂移都是以碎片漂移的方式实现的。这是语言的决定。只有语言的碎片，才能在巨大的空白中摩擦着穿行，接受万物的召唤。换句话说，漂移的永远不可能是整体，而只能是碎片，只有语言碎片中才有鲜活的生命气息。那些处心积虑让“整体”（一，The One）言说的艺术，其结果只能是对观念的粗暴表达。像所有杰出的诗人一样，埃斯普马克亦懂得对“整体诗意”的拆分，让语言碎片在生成中成就诗意。正因为如此，“文本”和“基督的血”才以事物漂移着的音声形色显露出来。这种显露其实是“内在空间”（心灵结构）中的“震颤”。第九十三首云：

I feel how you think in me—a thrill
like moonlight speeding to me on water.
I reply with some definitions:
Your face is like a trembling reflection
in a bowl of water.
I want to carry it through the years
without spilling.
我感觉到你如是在我身体中思考——激动的震颤
犹如月光踏着水面向我奔来。
我用一些轮廓来回答：

你的脸像一碗水里
颤抖的倒影。
我想端着它穿过岁月
而不泼洒一滴。

诗人倾诉的对象“你”，也要化为语言的碎片才能在“身体中”被激活。碎片即形象，碎片的漂移即是对形象的诗意重构：“犹如月光踏着水面向我奔来。”那是一些“轮廓”，我们所能感悟的、所能看见的仅仅如此。埃斯普马克看见的“脸”，是“一碗水里颤抖的倒影”；他看见，“脸”和“倒影”被“端着”，完好无损地“穿过岁月”。这正是无意义虚相或空相的绽放之美，第一次“穿过”，就到达了“无限”这个穿越之途。他也让读者看见了那瞬间铿亮的“时间世”，那迷离碎片的闪烁。诚然，一切初生的语言碎片的显露，都在开始与终了的时刻。也就是说，伟大的诗意在作为碎片漂移的过程中，无论开始，还是结束，都是瞬间初生的无限。无限不是预设的，而是被语词运动撞击着的一种回响。任何心灵结构中被激活的事物，都在被这种回响召唤着去流浪。流浪是语言的宿命，也是人的宿命。

是的，远方的孤寂心灵，古往今来之缪斯的叩门之声，比如埃斯普马克，比如特朗斯特罗姆，我看见了，我又一次看见，我总是看见：世－界那个巨大的空白里漂移着的事物那么冰凉，即便我们假设万斛天光去照亮它们，它们还是那样陌生，且越来越冰冷，似乎一次又一次义无反顾地陷入困境。这一困境正是伟大诗歌的困境，也是一次次美轮美奂之诗意初生的滥觞。纯粹的心灵唯初生的诗意可以拯救、可以浸润。一切人为的价值系统都可能在诗歌中漂移，且饥饿如缀满大树的知了般齐声轰鸣，可是，当伟大的初生诗意纯净如沙漠中的最后一汪水、空谷中的最后一枝花，那些人为的价值渗透、隐喻鼓噪，都与此等诗意无关。这是孤荒地漂移着的“世-界”本身的启迪。维特根斯坦在《逻辑哲学论》即将搁笔时写道（T.6.41）：

> 世界的意义必定在世界之外。世界中一切事情就如它们之所是而是，如它们之所发生而发生；世界中不存在价值——如果存在价值，那它也会是无价值的。
>
> 如果存在任何有价值的价值，那么它必定处在一切发生的和既存的东西之外。因为一切发生的和既存的东西都是偶然的。
>
> 使它们成为非偶然的那种东西，不可能在世界之中，因为如果在世界之中，它本身就是偶然的了。
>
> 它必定在世界之外。[1]

无端的语言钻头在空白、空相、实相、无限诸多时空打钻，

1 ［奥］路德维希·维特根斯坦:《逻辑哲学论》，贺绍甲译，商务印书馆，1996年，第102页。

如天光在海面打钻。一切都是徒劳，但杰出的诗人让徒劳的一切如歌如诉。在谢尔·埃斯普马克的诗中，我感到“水”和“沙”彼此倾诉般的那种永远的隔阂，那种徒劳的清洗和摩擦。此时此刻，无论埃斯普马克还是我，当我们使用了“水”和“沙”两个形象的时候，所有的语词和它们追逐的事物，就开始在心灵结构中颤抖。颤抖也是无端的。的确，语词和事物因被天光照见而更加陌生。伟大的诗歌之所以伟大，恰恰在于它不断地用诗意证明存在的毫无意义。这就是说，词与物的存在作为“凝聚”或“蕴”，它们不得不在“内在空间”里生成，又不得不在崩溃的边缘坠入深渊，与此同时，诗人又不得不将它们打捞。打捞即是歌唱，歌声的一咏三叹里，有无穷无尽的悲戚，也有迷离的欢欣。以下是《内在空间》的最后一歌：

At last
after the harsh acids of the Baltic,
wave after wave after wave,
the singer’s head, washed up here
on the outermost strip of sand in Austre:
a bird-skull, almost weightless,
weathered white, with sand in the eye-sockets—
a well-tested insistence.
A skull that trembles, trembles

with suppressed song.

终了时刻
渡过波罗的海严酷的酸水，
波浪推着波浪之后，
歌手的头，被冲上这里
在奥斯特最远的一线沙滩上。
一个鸟的头骨，几乎没有重量，
岁月的白，眼眶的沙——
一种历经考验的执。
一个头骨，随着被压抑的歌谣
颤抖着，颤抖着。

巴尔特的“零度”与蒙特罗索的寓言

任何写作者都会与其他写作者相遇；任何理论家都会与其他理论家相遇。这是一则现代箴言。

世间的任何形象都不认识其他形象；人创造的任何概念都不认识其他概念。这也是一则现代箴言。

在文学和艺术批评中，人们不得不创造概念或使用概念去建立自己的理论体系，但几乎所有依赖概念获取文学艺术作品中“真知”的理想都在作品面前纷纷陷落。罗兰·巴尔特的结构主义诗学的陷落，正在于他苦心经营的概念之立足点的崩塌。在《写作的零度》一书中，他首先提出了“语言”“风格”和“形式”这三个核心概念。在这本书的《导言》中，他说：

> 我们在本书中企图对写作和历史的这种联系加以描述，这就是肯定一种形式性现实的存在，它独立于语言和风格；也就是企图指出，形式的这个第三维面，并非不附加一种悲剧性色彩地使作家与其所处的社会产生了联系；最后还要说

明，任何文学都具有一种语言的伦理。[1]

罗兰·巴尔特这里提出的“语言”概念，自然指的是一种“水平性”的“语言结构”，而“风格”，则是某种“垂直性”表达的“深度构造”，至于“形式”，即被阐释为超越于“语言”和“风格”的第三者。他说：“语言结构在文学之内，而风格则几乎在文学之外”；“风格永远只是隐喻”；“但一切‘形式’也都是一种‘价值’，所以在语言结构和风格之间存在着表示另一种形式性现实（réalité formelle）的空间：这就是写作”。[2]

虽然罗兰·巴尔特倡导的“中性写作”观看似可以将浪漫主义式的主观表现和现实主义式的客观模仿（反映）抹平，但他也陷入了“形式性现实”无法摆脱于“语言结构”和“风格隐喻”双重挤压的困境。也就是说，要想化“语言”和“风格”为“形式”的“零度”，事实上是不可能做到的。因为无论“语言”“风格”“形式”，还是“写作”“中性”“零度”，事实上都是一些凝固的概念企图对“事实真相”的统摄——当写作开始之时，语言中语词的所指、风格中的隐喻就会蹦跳着挤压表达系统。当罗兰·巴尔特以“写作的零度”的“形式”去衡量一个作品之时，

1 ［法］罗兰·巴尔特:《罗兰·巴尔特文集·写作的零度》，李幼蒸译，中国人民大学出版社，2008年，第6页。

2 同上书，第8—10页。

首先失效的就是这把结构主义或形式主义的尺子——当然人们也可以说这把尺子是如何现代、如何纯粹。现在我们来读一则奥古斯托·蒙特罗索的寓言，这则寓言名为《想做人的狗》：

> 没有多久以前，墨西哥城的一位富商的家里有一只狗。那狗过得非常舒服而且拥有各种器械，但是却一心想变成人并为此费尽心力。
>
> 几年以后，通过不懈的努力，它终于能够轻而易举地用两条腿走路了，所以有时候甚至觉得自己就快要变成人啦，所差的只是尚需改掉咬人、见到熟人就摇尾巴、睡觉前要转三圈、听到教堂的钟声就流口水和夜里爬上墙头对月长嚎等习惯。[1]

毫无疑问，这则作品也必须是一个“语言结构”，否则，“叙述”就无法推进，富商家里的那只狗，也无法成为一只寓言的狗——这是文学之所以为文学的前提。这个前提否定了巴尔特认为的“语言结构在文学之内”的论断。恰恰相反，所谓文学，只有在语言结构之内才能生成。或者进一步说，抽象的、本质的、超越于语言结构的文学是不存在的，所谓文学，生成于语言结构

1 本文所引奥古斯托·蒙特罗索《黑羊及其他寓言》中的作品，均见联合国教科文组织墨西哥经济文化基金会编:《拉美西葡文学大家精品丛书1》，贺晓译，云南人民出版社，1998年。

自身漂移迁流以构成文本之时，也就是文本被反复创造和阅读之时。而作为万事万象、各种价值观念“介入”的“风格”内涵，也须通过语言结构的运动在每一次“写作”（阅读）时溢出，与阅读者“交流”，形成作者、文本、读者之间不同的“交流”和“书写”（巴尔特的“写作”）关系。奥古斯托·蒙特罗索创造的这条文学之狗，就在语言结构中漂移而使“狗-人”的隐喻链得以建立起来。这个隐喻链既是顺向漂移的“狗-人”路径，同时也作为“人-狗”的逆向运动在漂移。“顺向”和“逆向”是相互砥砺、相互呼唤着的。这个隐喻链的漂移，当然是以“人”和“狗”在现实中存在的形象为出发点的。没有现实的形象，就不可能有语言结构。现实的形象永不停息地介入，既生成语言结构，又激活语言结构。文学使现实形象导向诗意；文学理论则使现实形象导向概念系统。当然，所谓诗意和所谓概念系统如果不在使用中随之激活，那么它们都处于死亡状态。在我看来，“语言结构”在语言运动中生成；“风格”作为某种“隐喻”内涵随着语言运动“介入”；而“形式”其实是语言运动的某种纯粹的、抽象的特征。“现实性形式”的这种特征将语言作为单纯的本体，但其实，那种单纯的本体也不过是一种假设，正如人生的抽象意义一样，也是一种假设。“语言结构”“风格”和“形式”三者在理论构建时可以分开来表述，但在具体作品中，三者则处于一种同构的时空视域。不过必须指出，这三个理论范畴只有溶解在作品中，作品才能成其为作品，文学也才能成其为具体的诗意表达。作为概念系统的理论不可能生成文学，但纯正的文学却在消解理论系统。罗兰·巴尔特一生倡导“中性写作”（即一种平涂写作）的抱负，就是要抹平理论文体与创作文体的界限，他的“写作的零度”，其实也是一种文体的“零度”。文体既是语言运动的出发点，同时也是归宿，这才是真正有效的“零度形式”，至于“风格”当然是必须介入的——某种漂移而至的隐喻及其对隐喻的消解——巴尔特有意回避了这一点。这种回避，我将其称为罗兰·巴尔特式的尴尬。

以语言漂移说明之，罗兰·巴尔特的“零度”，其实是文学作为诗意表达的一个“位点”，而非一种“写作”的可能。“位点”是一个被“写作”激活的暂住之所，一个出发的明确点或一个到达的显现点，但“位点”不能从理论上确定它的位置，也不能将其定格在某个概念或观念范畴之内。任何纯粹直观的形式，都负载着语词和身体的信息，每一个语词，都是包括心灵结构在内的身体的碎片。一个具体的身体犹如抽象的、整体的语言，它溢出“言语”，同时溢出表达的风格和形式。即便是想拃住“写作”这个概念的巴尔特，也不得不指出：

> 使写作与言语相互对立的原因是，前者永远显得是象征性的、内向化的、显然发自语言的隐秘方面的；而后者仅只是一种空的记号之流，只有其运动才具有意指性。一切言语都体现于字词的这种使用中，体现于永远向前流溢的泡沫

（écume）里，而且言语（parole）只存在于语言（language）显然起着一种吞没作用之处，这种吞没作用只卷去了字词的变动性前端。反之，写作永远根植于语言之外，它像一粒种子似的发展，而不像是一条直线，它表现出一种本质和一种隐秘性之威胁，它是一种反交流，它使人们不知所措。[1]

这样看来，语言的确既是“溢出”者，也是“吞没”者。但罗兰·巴尔特不明白的是，“溢出”和“吞没”其实是同时进行着的，溢出即是吞没，吞没即是溢出。在溢出和吞没同时生发的那个境遇点，即是位点。以此可知，言语运动的“反交流”，也就是“交流”。或者可以引申说，诗意生发之处，也是诗意寂灭之处。“位点”的漂移即是写作，或者说正是写作本身，写作的隐秘之处就在于此，而不在什么“现实性的形式”，更不在某个概念的内涵之中或者之外。这一点也是巴尔特没有意识到的。奥古斯托·蒙特罗索有一则寓言写到“雷电”：

有一次一个雷电连着两次袭击了同一个地方，可是，它发现第一次就已酿成了足够的灾殃，这第二次实属没有必要，所以感到非常懊丧。

1 ［法］罗兰·巴尔特：《符号学原理：结构主义文学理论文选》，李幼蒸译，生活·读书·新知三联书店，1988年，第73页。

“雷电”的第一次袭击权当是一种物理现象，而第二次袭击带来的“懊丧”就是“写作”。第一次袭击的位点和第二次袭击的位点在物理层面是同一个地方，但在文学中，则是不同的两个位点。文学恰恰在无意义的“懊丧”之处生发了其崭新的诗意。这则寓言并没有明确的“风格”（一种隐喻），但“雷电”仍然以拟人的修辞方式“介入”了人的诗与思。换种说法，雷电其实还是通过修辞方式人格化了。布封说：“风格即人。”人一旦被塑造，风格自然就被语言（言语）运动推动着显露出来。蒙特罗索有一则寓言名之曰《天堂并不完美》云：

那个冬日的晚上，人凝视着壁炉里跳动着的火苗，不无哀伤地说道：

“的确，天堂里有朋友、有音乐、有书，升天的唯一美中不足之处是那里见不到天了。”

人总要期待或仰望，但当人的精神进入一种理想化的升华境域，就会被那个期待或仰望之处吞没。“升入天堂”是一个语言修辞的路径，“天”则是一个仰望或期待到达之处的象征。路径的开掘和象征的确立，已经使隐喻悄然渗透进来。不过，与巴尔扎克那种百科全书式的渗透是完全不同的。蒙特罗索寓言的高妙之处，正在于他的写作控制在种种整体性的价值观系统渗透之前，因此，风格隐喻的介入在叙事性诗-思初生时戛然而止。罗兰·巴尔特的确聪明绝顶，他看到了百科全书式的写作使文学从诗-思飞翔的天空坠入了深渊，尽管他的“中性写作”“零度写作”在向下打捞文学时使用的那种恒定性的概念显得有些生硬、有些勉强，但他毕竟一直以文体自觉的方式在打捞，以期使写作的扩张得到控制。当然，罗兰·巴尔特的聪明之处，在于不断地在写作中创造一些次生性的概念，以使语言（言语）的运行不断地凝聚，然后又不断地展开：

> 我们于是看到一种必须称之为“百科全书形象”的诗学，如果我们同意把诗学定义为某种其意义在无限颤动（vibrations）中的领域的话，在那里心灵即是物体本身。我们可以说，没有一幅百科全书插图不是超出其指示意义之外来表现其意义颤动的。这种独特的意义颤动首先会令人惊异。当然，百科全书形象永远是清晰的；但是在我们的超出理智的内心深层，或者至少在其侧面象中，某些问题产生了，而且对其难以解答。[1]

“颤动”是一个非常好的概念。在我看来，它既不是一个主词，也不是一个宾词，而是一个谓词。在我所倡导的语言漂移说

1 ［法］罗兰·巴尔特:《〈百科全书〉的插图》，见《罗兰·巴尔特文集·写作的零度》，李幼蒸译，第89页。

里，谓词作为诗－思暂住的一个诗意位点，才是真正的“现实性形式”之“零度”在场的、诗－思颤动的“驿所”。

从奥古斯托·蒙特罗索的《不能入睡的镜子》中，我们可以看到“镜子”这个形象自我书写的“颤动”：

> 从前，有一面手镜，每当独处、没人去照的时候，就觉得极不舒服，仿佛自己不存在似的。也许它是有道理的。可是，别的镜子全都嘲笑前面说的那面镜子，而它们自己，每当夜里被人放进梳妆台的抽屉里以后，便宽心地倒头大睡，绝对没有那类神经质的忧虑。

诚然，“颤动”在心灵结构的深渊里，以语言结构漂移的方式向上推动着，正如大海的波纹被暗流的涌动推动着。“手镜”是否“舒服”和“忧虑”并不重要，重要的是它们以人的情绪被书写，成为情绪的对应物，构成了心灵结构闪亮的具体碎片。情绪被手镜照亮，手镜使不着边际的情绪稳定下来，最终使手镜成为情绪。这也许就是人的生命的物化。事实上，生命的物化，是生命以语言或言语的途径自我照亮，而生命绝非等同于物。这么说来，是语言在帮助人泅渡，帮助人在万念皆空的某个假想的心灵时空里踽踽独行。

“颤动”当然是以“凝聚”为前提的。当“颤动”成为一个观照对象时，“凝聚”之物相的清晰性语义生发就显得重要了。"手镜"是一个物相，它在使用（观照）中开显，以漂移迁流的方式凝聚着自己的幻影。罗兰·巴尔特也看到了这一点，他写道：

> 另外一个诗学范畴的例子（除怪异类外）是某种不动性。我们一直称赞绘画中的运动性。但是，不可避免的矛盾是，运动形象只可能被凝止。为了表示自身，运动必须在其路程的终端停下来。波德莱尔把这个难以置信的、不合理的休止性，称作姿态的夸张式真理，对此我们可以在指示性绘画（例如Gros的画作）中发现。我们不妨将此被停止的、多元意指性的（sur-signifiant）姿态称作"努门"[1]，因为它确实是一位默默创造人类命运的神祇的姿态，即意义。[2]

巴尔特没有阐明的是，不动性姿态（努门）既可以是"意义"的，也可以是"无意义"的，还可以是"中性"的。因为意义、无意义、中性，都在语言之流和心灵碎片的磨砺中平衡自身，且在某种潜在的或隐在的意义、无意义、中性书写的时刻自我绽开、收拢或寂灭。因此，所谓诗意的创造，既是种种观照、

1 引自《〈百科全书〉的插图》一文译者注：numen，希腊神话中具创造力的神。见《罗兰·巴尔特文集·写作的零度》，李幼蒸译，第91页。

2 ［法］罗兰·巴尔特：《〈百科全书〉的插图》，见《罗兰·巴尔特文集·写作的零度》，李幼蒸译，第91页。

漂移方式平衡的结果，也是意义、无意义、中性各种写作维度相互砥砺催生或磨平的气韵绵延。

因之，罗兰·巴尔特讲的“零度”，或许是一个只有在“写作”中才能清晰起来的暂住点，这个点随着创造力之神“努门”的驱动不断地滑翔着。他没有意识到“零度”之维的那种不稳定性，他的“零度写作”也只有在概念统摄的范畴之内，表现为一种《恋人絮语》式的冷漠，或《埃菲尔铁塔》式的解构。尽管如此，“零度写作”这样一个命题，仍然是一个伟大的洞见，它在某种程度上为语言漂移说的诞生做了前期的铺垫作业，当然，这是语言漂移说创造之后在与他相遇时的一个发现。

的确，任何理论研究和艺术创作，都必须回到“零度”，也就是回到一种虚无的、寂静的、直观的出发点。这个所谓的“零度”，是个虚无之境，一切语言的运动、风格的滋生都要在这个出发点重新创造。否则，事物没有形象，语言没有节律，风格没有力量。

奥古斯托·蒙特罗索有一则《设想上帝模样的马》：

> 不管人们怎么样，有一个由模样像马的上帝统管着的马的天堂的说法总是让人扫兴而且也不符合起码的逻辑，马曾经这样想道。
>
> 人所共知，那马继续着自己的思索，如果我们马能够为上帝设想模样的话，我们将会把他设想为骑手。

蒙特罗索的“设想”是从“零度”出发的，因而是横空出世的。

写作，能做到从“零度”出发的人，古往今来，十分罕见。只有天才能够做到。

天才没有流派，天才为艺术立法。而绝大多数人的写作，是从某种流派、某种时代风格、某种诗性文化、某种造型法则……出发的。对于天才来说，“零度”的出发点，是一个非诗意的出发点。此出发点，好比原初的大地，它蕴出了原初之山、原初之水、原初之黄、原初之红、原初之灿烂星汉、原初之风波飘摇、原初之日月朗照……这些原初之境，是直观自在的，尚且没有任何心灵、心智和文化形态污染过。在那原初形象中，每一个辞藻、每一个符号，绰约若处子，风标如芝兰。天光开显，物我两忘，清澈见底。在回归非诗意的地方创造诗意，或者在回归之途中摆脱一切诗意的束缚，因此，罗兰·巴尔特又把“零度写作”称为“白色写作”。

从蒙特罗索的恐龙到卡夫卡的甲壳虫

危地马拉作家奥古斯托·蒙特罗索有一则名为《恐龙》的寓言故事让人传诵，这个被称为世界上最短故事的作品只有一句话：

> 当他醒来，恐龙还在那里。[1]

当然，我们还可以想起许多精短的故事，比如美国人弗里蒂克·布朗写的那篇《敲门声》，被称为世界上最短科幻小说：

> 地球上的最后一个人独自坐在房间里，这时突然响起了敲门声。[2]

我又想起了《吴越春秋》中的一首古歌《弹歌》：

---

1 ［意］伊塔洛·卡尔维诺:《新千年文学备忘录》，黄灿然译，译林出版社，2009年，第53页。

2 Fredric Brown, “Knock”, *Thrilling Wonder Stories*, December 1948, Vol. 33, No. 2, pp. 138–142.

断竹，续竹；飞土，逐宍。

蒙特罗索的《恐龙》，使时间逆向飞行，将那个“醒来”的人送到遥远的恐龙身边；布朗的《敲门声》，则使时间顺向飞行，将最后一个人送到一个死亡的未来；而《弹歌》写的则是一个永恒的“现在”，一个现实生活的在场。三个极短故事写的都是时空裹挟着人和事物的漂移。或者说，是人和事物创造了时空。三则故事之美，正在于人和事物创造的时空只有“形象”而没有目的，没有概念和意义。

可以断言，伟大的作品只创造清晰、准确的**形象**。伟大作家在创造**形象**时，也创造了时空，但这里说的时空显露出来的只是“空无”。事实上，清晰、准确的形象就是个“空无”之境。法国年轻的哲学家夏尔·佩潘说：“美能够帮我们发掘人生的力量，但这需要相应的条件。康德认为，为了使判断真正是‘反思性’的，为了使审美满足是纯粹的，我们必须要达到三个条件。实际上，是满足三个‘无’才能使纯粹的审美愉悦出现：即在美面前，我们的判断应是‘无概念’、‘无利害’以及‘无目的’的。”[1]康德的“三无”凝聚为“空无”。

像那些被纯粹之美拯救的作家诗人一样，蒙特罗索在写出

1 ［法］夏尔·佩潘：《当美拯救我们：星期二的哲学课》，唐铎译，南海出版公司，2015年，第25页。

《恐龙》这个故事的一瞬间，他的心灵和心智、他创作的激情和智慧，正好处于“空无”之境，也就是罗兰·巴尔特所谓之“零度”状态。或许有人想要阐释《恐龙》的真义，可一切阐释都将是徒劳。因为“空无”之境本身是反对阐释的。也就是说，任何阐释都是对“空无”之境的污染，除非以空无之境再造空无之境，形成空无之境的幻相游移。正因为空无的幻相之境呈现出了阐释的失语，看似简单的一个句子，才能使人产生栩栩如生却扑朔迷离的困惑。最清晰、准确的形象漂移最使人困惑，就像贾岛的《寻隐者不遇》一诗，阐释是多余的：

松下问童子，言师采药去。
只在此山中，云深不知处。

“寻隐者不遇”的玄妙之处在于“不遇”。越是单纯素朴的文学，普通作家越难以企及。某些作家或许能写出如下句子：“当他醒来，我还在那里”；“当他醒来，牛马还在那里”；“当他醒来，大灰狼还在那里”……但很难写出“当他醒来，恐龙还在那里”这样的句子。写出《恐龙》那样句子的人，需要横空闪烁着多么勇敢、多么坚定的一颗心，需要蕴有多么深邃而又平淡的一个心灵秘境。伊塔洛·卡尔维诺在哈佛大学“查尔斯·艾略特·诺顿讲座”的一次演讲中说：

简洁只是我要谈的这个问题的一个方面，而我将仅限于告诉你，我梦想把浩瀚的宇宙学、萨迦和史诗全都缩成只有一句隽语的大小。在甚至比我们现在还要拥挤的未来的时代，文学必须追求诗歌和思想所达到的最大程度的浓缩。

博尔赫斯和比奥伊·卡萨雷斯合编过一本选集，叫作《短小而非凡的故事》(1955)。我也很想编一本故事集，搜集只有一句话、甚至只有一行的故事。但至今我找不到任何一篇足以与危地马拉作家奥古斯托·蒙特罗索那一篇匹比的故事："当他醒来，恐龙还在那里。"[1]

《敲门声》和《弹歌》或许可与《恐龙》媲美，但《敲门声》对未来的虚构太悲而滞重，而《弹歌》对当下在场的描写虽充满欢喜，却又太实而流于轻欢，唯有《恐龙》不悲不喜，是真正的不以物喜、不以己悲的空明穿越。或者说，《恐龙》的穿越没有重量之下垂，没有心灵和心智之激扬飘荡，甚至也没有物哀，只有穿越本身之自在。穿越就是纯粹诗意的生发，是为真正开阔、绵延、"无智亦无得"的"空无"。

蒙特罗索的《黑羊》也在"空无"之境里被创造：

很久很久以前，在一个遥远的国度里，曾经有过一只黑羊。

1 ［意］伊塔洛·卡尔维诺：《新千年文学备忘录》，黄灿然译，第52—53页。

那只黑羊被处决了。

一个世纪以后，羊群后悔了，于是为它在公园里竖起了一尊威武的马姿塑像。

自那以后，每当有黑羊出现，那黑羊立即就会被处死，以便新一代的普通羊可以学习雕塑。[1]

《黑羊》是一只黑羊和所有黑羊的穿越。穿越是虚构，但虚构之所以成立，是因为“空无”之境为语言提供了漂移迁流的途径。空无，是语言或言语漂移的途径，也是语言或言语创造纯粹美的归宿。目的即过程；目的、过程和合为美的道路。纯粹之美是一言论的直观之美。既然纯粹之美是美创造的最为高级的目的，那么它也就是空无之蕴。一只黑羊和无数只黑羊作为穿越者，它们形成了一个穿越的诗-思链条：一只黑羊被处决——羊群后悔——立起黑羊的马姿塑像——黑羊又被处决——黑羊们学习雕塑。一只黑羊和所有黑羊重复着同样的命运——语言运动中的命运将人生的具体命运召唤到门槛边，但不让它任意进入门槛，以保持语言漂移迁流的纯粹性、开放性。这就是虚构在“空无”之境中漂移的因果链。由于因果本身也是“空无”之境中的虚构，所以，黑羊们的“命运”也是“空无”之境中的语言

1　本文所引蒙特罗索寓言均出自《黑羊及其他寓言》，见联合国教科文组织墨西哥经济文化基金会编:《拉美西葡文学大家精品丛书1》，贺晓译。

游戏。

在纯粹之美得以创造的语言游戏中，语言的附着性隐喻都是多余的——它们一直在门槛之外咋呼着想进来。当然，有时候，为了推动语言游戏在“空无”之境中的运动，语词中跳动的隐喻，亦好比“雷电”一样能够充当某种推动力量。不过，无论雷电如何轰鸣闪烁，都是源于“空无”而寂灭于“空无”。在纯粹之美的形式里，“空无”作为一种诗－思滑翔之蕴，总是反抗“意义”的侵入。“意义”挎着概念奔突，而纯粹之美总是将概念推出门槛。

早期人类欣喜若狂地使用语言，寻找自认为可靠的表达方式。寓言，是人类最早的叙事性文体。每个民族最早的叙事性文体，都是寓言，与韵文的诗－歌相对。寓言里残留着人、语言、世界交流的原初痕迹。在寓言的创作里，人成了讲故事的人和虚构故事的人。

寓言分为“所指性寓言”“能指性寓言”和“漂移性寓言”三种表达维度。可是，必须指出，如果把语言或言语生成的作品看作一种“静态”的文本，那么，古今寓言的书写实际上只有能指性寓言和所指性寓言两维，但若将语言或言语的书写看作一种动态的过程，一种被激活或穿越的过程，那么有效的书写，事实上都是“漂移性”的——作品中的所有语词和句子，都处在“无目的的合目的性”漂移途中。

所指性寓言是有指向的，即有一个明确的主题，其主题或用于教化，或导向意义的猜想与创造。比如《伊索寓言》就多为所指性寓言。《农夫和蛇》即是一例：

> 冬天，农夫发现一条蛇冻僵了，他很可怜它，便把蛇放在自己怀里。蛇温暖后，苏醒了过来，恢复了它的本性，咬了它的恩人一口，使他受到了致命的伤害。农夫临死前说："我该死，我怜悯恶人，应该受恶报。"

能指性寓言没有明确的表达目标、主题或意义，这种寓言的写作，就是一种"零度"的写作。从作品的"静态"层面看，蒙特罗索的寓言、卡夫卡的寓言属于能指性寓言的范畴。此以弗兰茨·卡夫卡《驯蛇》为例：

> 可爱的蛇，你干嘛离得那么远，过来，再近一点，行了，就待在那儿。对你来说是不存在界限的。你不承认任何界限，我又怎么让你听命呢？那将是个艰巨的工作。我做的第一件事是，请你盘起身来。我说的是盘起来，可你却展了开来。你听不懂我的话吗？你显然听不懂。但我说得很明白啊：盘起来！不对，你没有明白。我用棍子指点给你看。你得先盘成一个大的圆圈，然后在里面紧挨着再盘上第二个，如此以往。如果说你现在还仰着小脑袋，那么等会儿，随着我吹出的笛子的旋律慢慢地沉下去，停止演奏时，你也就静

下来，届时你的脑袋将正好处于最里面那圈。[1]

驯蛇没有驯出“意义”来，这就是《驯蛇》的高妙之处。在能指性寓言尤其是现代寓言中，某种来自各种价值观系统的阅读期待是失效的。

能指性寓言亦有传统寓言和现代寓言之分。被视为“静态作品”的卡夫卡的《城堡》和《变形记》，都是具有现代文学表达方式的能指性寓言。当然，我说过，伟大作品中的语词和句子都处于漂移迁流的表达途径中，因此，也可以说，卡夫卡和蒙特罗索的寓言，又都是漂移性寓言。漂移性寓言，是指言语在所指和能指之间漂移迁流，摩擦着所指的隐喻和能指的形象，以生成诗-意的寓言。也必须指出，伟大作品中的所谓隐喻，绝不是某种意识形态或概念、观念对语言、言语的粗暴利用，恰恰相反，伟大作品中的隐喻生成亦是“曲水流觞式”的灵魂漂流。在伟大的作品中，所有语词的“能指”形象和“所指”意义都是“水-酒”的彼此溶解关系。

伟大的作品从书写到阅读，都是漂移性的寓言。

所以，从语言漂移说的书写看，《恐龙》《黑羊》《驯蛇》这等寓言，既非“零度写作”，亦非“意义写作”。我们读完这些

1　叶廷芳主编:《卡夫卡全集·第1卷》，洪天富、叶廷芳等译，河北教育出版社，1996年，第524页。《驯蛇》一篇为叶廷芳、黎奇译。

寓言作品，既无法获得明确的主题（意义），它也丝毫不引导我们进行审美文化或概念的诠释。

是的，在伟大的现代寓言作品中，读者渴望文化参与的心智，已经不再有意识地、习惯性地蹦跳，因为一颗能创造纯粹美的心灵无须找到“意义”的入口。也就是说，面对伟大的现代寓言，意识形态的审美的确已经失效了。一种“失效”的审美，以罗兰·巴尔特的诗学看，即是一种“零度”的审美，而以语言漂移说来看，则是溶解于“空无”的漂移诗蕴——不但是纯粹的，而且是穿越的。

因此，艺术创作的“零度”是某种“漂移的零度”。是否能使书写的“零度”漂移，是衡量一个人诗-意创造才智高低的一个标尺。那种动不动就被文化审美裹挟而走的人，动不动看见高尔基的《海燕》就想鄙视“企鹅”，想起戴望舒的《雨巷》就想撑起一把小伞在雨中找到“丁香”的人，是无法欣赏卡夫卡和蒙特罗索的。

语言漂移说之“漂移的零度”，是反概念、观念表达的一种纯粹直观书写，或者说是一种绝对直观显露。这种纯粹的直观或绝对的直观，很难用语言表述，因为概念性的语言表述没有这个能力。但是我们可以用诗-意或者用艺术作品的方式呈现。每一个纯粹直观作品的呈现，就是纯粹直观——没有概念直观、观念直观或逻辑直观，只有作品直观。蒙特罗索的《天堂并不完美》可为一例：

那个冬日的晚上，人凝视着壁炉里跳动着的火苗，不无哀伤地说道：

“的确，天堂里有朋友、有音乐、有书，升天的唯一美中不足之处是那里看不到天了。”

这则寓言生成了语境“那个冬日的晚上”，接着又生成了“人”“凝视”“壁炉”“火苗”“哀伤”“天堂”“音乐”“书”等。这个语境的营造似乎让人毫无理由地“相信”其存在，相信“天”和“天堂”存在——一种被语言表达推动着的诗-意相信。相信，是寓言作品之所以为作品的出发点，也是归宿。由于相信是莫名的，所以是超逻辑的。相信，无须真、善、美的参与。真、善、美这样的范畴作为概念一旦不参与进来，概念审美、价值观审美之类的审美途径自然就失效了。“失效”之美犹如彩云丽天、万流归海。

相信，是相信语言（言语）漂移中生成的一局棋或无数局棋。

相信一个莫名的语境描述，也就呈现了纯粹直观的描述。

相信看见的，清洗遮蔽的，使真、善、美去除概念的空洞和凝重，变成可以漂移起来的动词（谓词）。动词的真，已不是真实，而是直观的超真；动词的善，已不是凝固的善，而是直观的超善；动词的美，已不是停留的美，而是流动的超美。所谓的“超”，即是穿越。穿越，是对失效的真、善、美概念的诗-意拯救。“失效”亦即拯救。

伟大的艺术需要有伟大的欣赏，某种在真、善、美失效之时拯救它们的欣赏。“失效”是诗-意“退却”和“新生”的磨砺与激荡。有效的诗-意创造，在诗意的退却与新生之间生成。

万物之美不在“美”，而在万物被看见与被想象；万物之美不在万物，而在万物之为语言（言语）的诗-意漂移迁流。

当审美文化的真、善、美在“退场”之时，与它们配对的假、丑、恶也在退场。我们再来看蒙特罗索的另一则寓言《梦中的甲壳虫》：

> 有一回，一只名叫格里高尔·萨姆沙的甲壳虫梦见自己是一只名叫弗兰茨·卡夫卡的甲壳虫，弗兰茨·卡夫卡梦见自己是作家，作家梦见自己在写一篇关于一位名叫格里高尔·萨姆沙的小职员的文章，格里高尔·萨姆沙梦见自己是一只甲壳虫。

显然，奥古斯托·蒙特罗索这个人，他深受弗兰茨·卡夫卡的影响，不仅是《梦中的甲壳虫》这则小小的寓言写到了卡夫卡的《变形记》，写到了《变形记》中由人变成甲壳虫的格里高尔·萨姆沙，更重要的是，蒙特罗索用他的寓言书写，与卡夫卡的寓言在一种审美失效的“无端”之域对接。那是源于轰鸣的一种沉默的呼应，亘古以来，伟大的写作者之间都有这种呼应。

在《梦中的甲壳虫》这篇寓言里，核心动词是“梦见”。作品中的角色在梦见写他的人；写作品的人，在梦见作品中的角色；人在梦见虫，虫也在梦见人。这种“梦见”的神秘性，事实上也就是语言表达（漂移）的神秘性。语言（言语）在“梦中”因某种节奏而流动。没有目的、没有归宿的流动，使语言、言语在自身漂移的时刻，捍卫了自身的完美与自足。

蒙特罗索书写的仅仅是一个语言漂移之梦的连环。这个梦的连环，看似最简白、最直观地表现为对一系列“梦”的虚构，其实在虚构之时，书写中的“梦”，也只是一个比喻性的谓词。比喻之梦对接现实之梦，语言如飞霞流丹，自在开显，自由滋生。李森有一则寓言《甲壳虫之叹》略可作为互文性诗-意连环之铺陈：

> 昨天晚上夜深人静的时候，有一只大甲壳虫在它的书房里感叹道：“自从弗兰茨·卡夫卡过世之后，再没有一个作家变成过一只像样的甲壳虫！”说完，它缓慢地向窗子爬去，好像要遁入无穷无尽的黑夜。
>
> 这时，有一个声音叫住大甲壳虫说：“啊，卡夫卡先生，慢些走，等等我吧。”大甲壳虫回头一看，果然有一只小甲壳虫跟在它的后面。
>
> “你是谁？你从哪里来？你到哪里去？”大甲壳虫问。
>
> “我是李森。好不容易才来到你的另一个梦境当中。”小甲壳虫回答。

大甲壳虫很兴奋，它活动了一下自己的颈椎，然后问道："你也是一个作家么？"

小甲壳虫说："不，我是你的另一篇作品中的另一个格里高尔·萨姆沙。我一直在寻找你的踪影。"

大甲壳虫望着小甲壳虫迷惘的目光嗟叹不已。过了一会儿，它们突然飞起，破窗而出，消失在茫茫夜色之中。夜已经黑透，但还没有下雨。

语言之梦的虚构，似乎在客观地昭示着或呈现出现实观照中人与物之间、人与人之间的存在逻辑。但在卡夫卡和蒙特罗索那里，梦之虚构与价值关怀的确毫无关联。在纯粹诗-意的表达系统中，主词、谓词和宾词都因其"失效"而得以脱缰奔突。

伟大的作家在训练所有的辞藻，以使它们自我脱缰奔突、自在放逐。卡夫卡有一则寓言名之《驯鹤》。他"驯鹤"，就是在训练辞藻。"我"晚上回家，看到家里有一个很大的、大得异常的鸟蛋，这只鸟蛋已经孕育完成。"我"小心翼翼地把蛋剖开，里面跳出一只像鹤的鸟。然后，"我"开始用小鱼、蚯蚓喂养它，训练它飞翔，期待将来它载着"我"到南方去，为此，"我"还用它的鸟喙蘸上墨水，帮助它写下了保证。寓言在反复训练像鹤的大鸟的滑稽场面中结束。这则寓言充分体现了卡夫卡式的冷幽默，那种一丝不苟的盲目和正儿八经的荒诞。

"意义失效"的虚构竟然自成诗心逻辑，竟然创造了一种横空出世的“无端之美”，有智障的意识形态机心岂能证悟。伟大的诗－意创造只有少数人可以参透，犹如李义山《锦瑟》之音声形色的“无端”风吟：

锦瑟无端五十弦，一弦一柱思华年。
庄生晓梦迷蝴蝶，望帝春心托杜鹃。
沧海月明珠有泪，蓝田日暖玉生烟。
此情可待成追忆，只是当时已惘然。

横空出世的诗－意即“无端之美”。“无端”抛弃了所有的主题，截断了主题生发的路径，也抛却了“主观—客观”二元结构的对垒。

我们不得不指出，在“主观—客观”“形式—内容”二元对局的理论模式中，但凡主张内容大于形式的，形式被利用；主张形式大于内容的，内容被利用；主张形式和内容等量齐观的，形式和内容都被利用。伟大的艺术，既不利用形式，也不利用内容；伟大的艺术，自我生成不加遮蔽的直观诗－意；伟大的艺术生成于语言在漂移中被激活的时刻。

艺术作为漂移迁流、生生不息的诗－意，对于造型艺术来说，它源于形色被激活的时刻；对于时间艺术来说，它源自音声律动被激活的时刻。恰似李商隐之“身无彩凤双飞翼，心有灵犀一点通”，伟大的艺术即灵犀慧眼的闪现，也就是“揭谛揭谛，波罗揭谛”的智慧穿越、语言震荡、生命咏叹。因此，伟大的艺术诞生于概念、观念生成之前，逻辑演绎失效之处。

李森有一则名为《无题》的寓言姑且可参：

> 有一只喜欢油墨味道的虫子一直在书房蛀书，它蛀书有个习惯，即总爱先蛀每部书的最后一页，因为在它看来，最后一页的味道最浓。在这只书虫累死之前，它终于蛀到了路德维希·维特根斯坦《逻辑哲学论》那本单薄的小册子。不过，由于它尖嘴上的锯齿早就磨钝了，因此，尽管费尽心力，也只蛀完了该书的第七个命题。好在那个命题只有一行字："对于不可说的东西我们必须保持沉默。"在那只蛀书的虫子毁掉了维特根斯坦的忠告之后，人们开始疯狂地吸吮谎言、滥用命题，以至真实而朴素的世界几乎被语言蚕食殆尽。

惊惶的碎片[1]

法国哲学家吉尔·德勒兹《批评与临床》一书第八章《惠特曼》开篇写道："惠特曼十分坚定而平静地说，写作是碎片式的，美国作家应致力于碎片式写作。他仅仅向美国发出呼吁，仿佛欧洲在这条道路上已经停滞不前，正是这一点令我们感到困惑。"[2]可有自嘲意味的是，沃尔特·惠特曼这位伟大诗人的写作，恰恰被认为是宏大而又整体式的。在宏大叙事与碎片叙事之间，看似矛盾，可如果从自我心灵结构的生成与语言的表现方式而论，所有写作能呈现的，都只能是一堆堆语言碎片。欧洲近代以来的宏大叙事写作，是古希腊理性主义，尤其是亚里士多德衍生的一个看似必然的结果，而事实上，柏拉图的《理想国》作为一个哲学诗剧，其写作也是碎片式的。日喻、洞喻、线喻、床喻，作为柏拉图"理念"的表达方式，即便不是寓言的，也是诗的。也许惠特曼在谈论碎片写作的时候，是以心灵结构中诗意生成和语言的局

---

1 林建法、林源主编:《2015中国最佳中篇小说》，辽宁人民出版社，2016年，序言。

2 ［法］吉尔·德勒兹:《批评与临床》，刘云虹、曹丹红译，第114页。

限为出发点的。也许在他看来，那部宏大的《草叶集》也是诗意生成的碎片，或碎片生成的诗意；也许他怀着深深的惊惶想过，心灵结构中并非存有“宏大”这种东西，存有的只是对“宏大”的虚幻想象。事实上，《草叶集》是一位脆弱的硬汉不断书写的结果，感觉与感知系统中的所有碎片不停地在心灵的天空中生成，又不停地在呼吸的节奏中化为乌有。阅读惠特曼，领略他强大的信念。可是他越坚定，越让人感受到他的惊惶。因为那团起源于惠特曼想象力的巨大能量，总是先抛弃了他，又自我化解，在语言通往世界的门槛上哭泣。这是一种不可为而为之的痛苦。因为信念的崩溃在语言之中，从无例外。不过，后来者不得不承认，惠特曼为这个世界中生成又寂灭的心灵结构唤醒了一种凝聚能量的方式，以使在随时随地“暂住”的心灵有了某一种诗意漂移的动力。

从无例外。所有艺术，那最有价值的东西，就是诗意的漂移。如果艺术作品反映或表现的是凝固不变的诗意，那么，艺术就转化成了死亡的概念，比如变成了所谓美学。艺术作为漂移的诗意，生成于概念之前。诗意的漂移，是事物的碎片与语言符号的碎片同构的漂移，也是心灵结构和感觉系统同构的漂移。整体是不可能漂移的，漂移的只能是时刻分崩离析、时刻生成新的心灵碎片的碎片。在甫跃辉的小说《秋天的告别》和林白的小说《西北偏北之二三》中，同时出现了茨维塔耶娃的诗歌。这位伟大诗人的诗句，像岁月迎来了万壑春风，将小说中的辞藻唤醒。

好作品中的每一个辞藻，都是一朵花或一片叶，一块石头或一朵云。它们在守望着自己的门槛和窗扉，向着天空和大地，也向着人类生活静默地打开。即便是喧闹的、飞翔的辞藻，也被静默的深渊牵引着摇曳，喧闹和飞翔终归于无奈。诗意是层层叠叠的，犹如万物峥嵘。看一眼，似乎有一种清晰、明白的稳定，而再看一眼，就已经模糊不清，锈蚀斑斑。清晰和模糊，好像白昼和黑夜一样在刀锋上交替，轮番舔舐着温馨的或凛冽的白光。所不同的是，诗意漂移的方向和诗意漂移着摩擦的路径。所有有效的叙述，都是诗意路径的开掘和生成。甫跃辉《秋天的告别》中的音乐老师、美术老师，还有那个乐队的所有成员，包括他们演唱的歌曲，都是在稳定的主流价值系统之外漂移的。诗意的漂移不存在危险，但具体生活中的人生经历则危险重重。甫跃辉的小说人物必须与危险相遇，在死亡的黑暗高地和堕落的无边泥沼那里碰撞，然后发出回声。诗意参与了甫跃辉在文字和故事中驱动的一切，但诗意是无辜的。甫跃辉让音乐的舞台与生活的舞台同时崩塌，他让生命和生活宣告终结。甫跃辉是一位终结者，诗意在断弦之处溢出，顷刻被取消。

诗意被驱动。从茨维塔耶娃和帕斯捷尔纳克的诗意望过去，林白《西北偏北之二三》中的人物在诗意漂移中纷纷失踪。或许在她看来，无论作为群体，还是作为个人，人本质上（如果有本质的话）都是失踪者。她写道：“人终有一死，失踪把死的空间变大了。”主人翁的旅行，也是向背后那个消逝的世界的自我失踪。仿佛世界总是假设了一些遥远的地方，比如旅行的一个个目的地，而比遥远的地方更遥远的是那些飘忽不定、不知所终的人和人群；仿佛世界总是假设了一群不得不隐去自身的人，而比这群人的隐去更急速的，是单个的人。失踪者之所以失踪，是因为他们必须失踪。人存在的真相只能是自我描述的真相。他人无法描述真相。人也无法在生活中自明其身。失踪者总是被一种力量牵引着，这种力量之大，超过了返回出发点和自身的力量。林白让失踪者显现了瞬间，以诗意的名义，但她也顺从了那个力量的牵引。不得不顺从。除此之外，一位作家能做什么呢。

梦幻重现，凄凄沥沥。结局在返回开端的途中。小说和生活一样，充满了迷局。一个迷局连着一个迷局，看似陈陈相因，实则支离破碎。我突然回忆起，多年前就在梦幻中阅读过王小王的《倒计时》这篇小说。我常常在现实的某个场景中印证过去的梦境。当然，梦幻中的故事碎片没有作者，所有的作者都是阅读者自我，梦幻者自我。故事从结局向开端回溯时，死亡的人纷纷复活。复活的当然不仅仅是人，而是生活的历程。所谓生活的历程，所谓生命的人，就是一连串、一堆堆似乎毫无关联又彼此映照的碎片。王小王在回溯故事时，探讨了死亡。或许在某个瞬间，这位年轻的作家真的认为死亡是可以超越的。超越死亡的一个路径是，将死亡作为一个出发点回溯生，将时空按思维穿越的通道逆转；另一个路径是，既不执着于生，也不执着于死，修炼好观察的角度，将实相化为虚相；也许还有第三个路径，将生和死喻为诗意倾听的两只耳朵。哀悼死是自我哀悼，也是自我拯救。《倒计时》的主人翁帮助“父亲”和医院的病人结束生命，是一种超越了伦常的行为，因为“生”需要“死”，主人翁要顺从这一法则。顺从这一法则的另一个心理支撑，是“生”需要“死”，“死”需要“生”，即向死而生。这是人生应该领悟的神性内涵。也就是说，生命无辜的存在，应有生命自身的神性来拯救。每个人都存有这种神性，而对这种神性的遗忘，带来了生命无穷无尽的惊惶。惊惶需要人自我存在的神性平复惊惶。

向物倾诉，接受它们的馈赠。阿来的小说《蘑菇圈》写了一个村子（还是机村）的人们与蘑菇的故事。民间有谚语：鱼上三两各有主。万物都是有主的，这种神秘的泛神论让人心保持着持久的温馨。人存在的惊惶既是时代的，也是超时代的。人的惊惶需要物的安宁来呵护。人和物都是时空碎片，他们相遇在语言中，也在语言之外。“开会的蘑菇”与人相遇，是蘑菇的故事与人的故事漂移的相遇。这种相遇并不需要语言，可语言是打捞者。各种人物的故事碎片与蘑菇的故事碎片在撞击着，生成新的故事碎片。阿来不断磨平对时代批判的视觉，让故事回归故事本身。这是中国小说故事总是向着意识形态隐喻向上漂移的逆转。小说中某种靠批判获得的快感，变成了惊惶而无辜的诗意表达。

等待，生生世世的等待，永无终结。等待不断地替换角色，人成了等待者。王璞的小说《西湾河》写的是等待。在所有等待中，对爱情的等待最为惊心动魄。所有事件的书写，都是为等待结局服务的，包括小说中引申出来的对书写的书写。等待是灵魂的申诉，而结局却并不存在。任何等待的申诉都将被时间驳回。等待是无意义的，正是在这一点上产生了微弱的意义。等待是对生命中一件事情的续写。等待者总是渴望将一个故事写得圆满，而等待者并不知道，在等待中的故事续写与人生意义无关，只与小说叙事有关。等待还有另一个微弱的意义，即等待者将自己变成了小说的主人翁。个人的生活，是自己在书写小说，他人也在用自己的材料书写小说。通常，小说书写的目的，是将事件变成人，但事实是相反的，小说的书写却将人变成了事件。

在心灵结构中，现实的事件和小说书写的转换，都是为了消除惊惶。普通人用事件的书写充盈心灵，替代惊惶，犹如心灵内涵的替代种植；觉悟者以化出事件的方式使心灵充盈，以化解惊惶，犹如碧空澄清寰宇。等待是时间性的消耗，却被空间款款紧逼的寂灭阴影追赶着。时间是冰冷的光阴之河，空间的吸盘不断将河的流淌蚕食为零。从人的感觉系统、生存视野来看，被蚕食的时间之河有两个流淌的方向。一个方向顺流而下，不停地以结束流淌而创造生活，创造人恍如隔世的面貌碎片；另一个方向是逆流而上，它欲将所有人类的故事吞没，然后生成小说的碎片。在王璞的小说《西湾河》中，所有人物都参与了书写，所有书写都力图接近生活的原书写，但都失败了。的确，事物或事件在时间和空间中都是惊惶的碎片，书写的人和书写都不可能控制碎片，因为他们自身也是被书写的碎片。卡夫卡写道：“许多逝者的影子成天只忙于舔死人河的水流，因为它是从我们这儿流去的，仍然含有我们的海洋的咸味。出于厌恶，这条河流将水翻腾倒流，把死者冲回到生命中去。但他们欣喜万分，唱起感恩歌，抚摸着这愤怒的死人河。”卡夫卡的“逝者的影子”即是惊惶的碎片。“逝者的影子”是唯一可以被书写的。如果小说家不能意识到这一点，那么他的书写只能“源于生活而低于生活”。

本体的生活在哪里呢？没有这个生活。小说不是对生活的反映，它也反映不了生活。生活本身是小说的第一障碍，因为生活的时空绵延与小说的时空推进完全不同。生活的时空与小说的时空不能同步或同构。生活是一堆比喻。它可比之大海，小说只是几条鱼、几只船或几层浪。语言是小说反映生活的第二障碍，语言从来没有开通过通往生活的可靠路径。因此，对于那些敏感的心灵来说，通常的情况下，语言的使用，造成的是心灵的惊惶，而非心灵的宁静。因为你一使用语言，世界就离你而去。但小说可以创造“非生活”。“非生活”是语言漂移的生活景观，它使生活不可撼动的深渊以语言的碎片形式漂移起来，犹如船帆在大海上漂移，而船帆与大海并非同一种事物。我们注视着船帆，它们帆帆竞渡，在辽阔中化为灭点。

小说中只有“非生活”碎片的漂移。那个生活的大海，那个作为深渊的整体，以文学的方式进入心灵结构，因此，心灵结构中充盈的东西，既是“非生活”碎片的，又是文学。这就意味着我们对生活一无所知。语言促成了“非生活”碎片的诞生。想象力、感知力和逻辑衍生能力，不断地以其强大的能量说服人，让人相信心灵中的“非生活”碎片即是生活。人一旦发现心灵结构中充盈着“非生活”碎片的内涵，便惊慌失措，不敢正视。事实上，人的孤独感和荒寂感首先是来自人对心灵内涵真实性的怀疑。文学让人抓住一根根救命稻草，先自我说服，而后渡人。

小说，是“非生活”裹挟着生活事象的旅行书写。旅行作为行为书写，是“非生活”碎片景观进入心灵结构，以疗救心灵的方式之一。邱华栋的小说《墨脱》写一位为了解决夫妻生活障碍的旅行者徒步旅行墨脱秘境的故事。墨脱一词在藏文里是“花”的意思，墨脱秘境被喻为“隐秘的莲花”。小说家利用了这一“莲花”的象征，使语言的“非生活”碎片漂移起来，以书写一阙心灵的自救之歌。小说的主角徒步走向“隐秘的莲花”，完成了一次危险而浪漫的旅行，解决了心理障碍，蒸发了醋意，回到了自己的家。可这种解决心理障碍的方式，事实上是一种心理找补。心理找补是心灵疗救的重要渠道。找补，是心灵结构中语言碎片之间的内涵替换；碎片替换，是语言对心灵的拯救。旅行滋生故事，故事替换故事。人类的心灵史只能是个语言碎片不断刷屏的历史，这就是替换的真义。旅行本质上是“非生活”的，它的真实内涵，在于我们设计了一个个目的地，但从未到达。《墨脱》看似有一个欢喜的结局，但又一次隐藏了更多的伤痛。

德国诗人格奥尔格有一句诗：“词语破碎之处，无物存在。”而我却相信：物存在于词语破碎之处。一切企图抵达人或物的语言，都是虚妄的绽放，如影子过冈。记得我在村子里给逝者烧纸钱的时候，总是念着：欢喜领拿，欢喜领受。焚烧纸钱，即是焚烧真实的事物，以建立语言的通途。说到底，焚烧是语言的焚烧。你相信这条语言的通途，你就可以成为一位小说家。每个人都被自己的故事裹挟而去，小说家力图挽救。你要相信小说家的努力。

复兴诗意的文学心灵

2017年，经林建法先生推荐，我的书稿《法蕴漂移——〈心经〉的哲学、艺术与文学》在辗转了几个出版社之后，终于被商务印书馆上海分馆总经理贺圣遂先生、总编辑鲍静静女士相中了。2018年5月，《法蕴漂移》在昆明举行首发式，贺圣遂先生、鲍静静女士莅临，并请来了哲学家孙周兴教授。这是我第一次面颜“商务人”。贺先生跟我说：“你来上海，我给你推荐一位大才子，他就是鲍鹏山。我们刚刚出版了他的《中国人的心灵——三千年理智与情感》。”我说知道有个鲍鹏山，他在喜马拉雅电台上讲孔子、庄子、《水浒》，但还没有读过他的书。阅读《中国人的心灵》[1]，才知道这部书从写作到出版（2007年复旦大学出版社出版时名为《中国文学史品读》），本来就是贺先生“写一本独特的文学史”的策划。按鲍鹏山的说法，写作此书是他的老师贺圣遂社长给他布置的一个任务。

1　鲍鹏山:《中国人的心灵——三千年理智与情感》，商务印书馆，2018年。

一、“重写文学史”的尝试

显然，作为复旦大学文学教授的贺圣遂先生，对20世纪80年代发声于上海学界的“重写文学史”的呼声是认同的。鲍鹏山是贺先生认为可以“重写文学史”的人物之一。为什么要重写文学史，台湾学者龚鹏程先生的见解可以大体概括学者们的认知。龚鹏程先生认为:“近九十年的文学史论述架构，主要是努力把中国文学描述为一种西方文学的山寨版。”他认为我们的文学史书写在以下五个方面受西方论述架构的影响：一是不顾民族文化历史的差异，套用了西方基督教史学的历史分期法，以耶稣生命为线索划分历史，遵循教会和上帝的旨意；二是套用了广义的进化论和历史定命论，五个社会形态必须一应俱全；三是套用西方启蒙运动的现代意识，把它作为论述文学先进性的理论坐标；四是套用浪漫主义、现实主义学说，古今通吃；五是套用西方现代文学文类小说、戏曲、散文、诗歌的四分法，把中国古代鲜活而丰富的文类（文体）排除在外，与中国文学文体的情况不相吻合。[1]基于这样的看法，龚鹏程自己也写了一部《中国文学史》。

不管以何种方式重写文学史，大体而论文学史的写法分为两种：一种是以“集体”的视觉书写的文学史；另一种，则是以“个人”的视觉书写的文学史。尽管“集体”和“个人”的出发

1　龚鹏程:《龚鹏程述学》，商务印书馆，2019年。

点和视觉很难界定，往往“集体”非集体，“个人”非个人。但可以判断，“集体”视觉的书写，是以看似客观的知识谱系为出发点和逻辑演绎导向的；而“个人”视觉的书写，则是个人对历史的判定或审美体验。鲍鹏山的这部书虽冠名《中国人的心灵》，但他在《后记》中是这么说的：“它确实是一本特别的别致的我一个人的文学史，里面有我对历史上那些文人和他们作品的心灵感应。”其实，所谓“中国人的心灵”，首先也应是个人的心灵，因为只有个人的心灵才有清晰、准确、具体的内涵。相反，凝固如山的集体心灵，可能只是支撑着知识谱系、逻辑框架的一堆堆概念或观念。

需要举一个例子明之。有关汉乐府民歌《陌上桑》的评论，游国恩等主编的《中国文学史（一）》说：“特别值得注意的是《陌上桑》。从精神到表现手法都具有较明显的现实主义和浪漫主义相结合的因素。诗中的主人公秦罗敷，既是来自生活的现实人物，又是有蔑视权贵、反抗强暴的民主精神的理想形象。在她身上集中地体现了人民的美好愿望和高贵品质。十分明显，如果没有嫉恶如仇的现实主义和追求理想的浪漫主义这两种精神的有机结合，以及现实主义的精确描绘和浪漫主义的夸张虚构这两种艺术方法的相互渗透，是不可能塑造出罗敷这一卓越形象的。”[1]鲍鹏山是这样评价罗敷的：“她正义在胸却并不动用正义，道德在侧

1 游国恩等主编：《中国文学史（一）》，人民文学出版社，1963年，第196—197页。

却并不依仗道德——她几乎是凭借自己天赋的聪明和与美丽俱来的自信，就挫败了强大的对手。我要强调说，她并不需要社会道德体系对她进行维护，她有足够的自卫能力，谈笑间，樯橹灰飞烟灭。如果贞洁是美丽的最好伴侣，她拥有了……这首诗不是在高唱道德赞歌；它既不歌唱道德对好人的庇护，也没歌唱好人的道德，它高唱的是美的赞歌。"（《大地的歌声》）文学史从"恨的书写"转为"爱的书写"是一种进步，进而提升为"美的书写"，则是文学自身的回归。所有与文学之美无关的书写，最终都会清零。

二、对"以知识言诗"的质疑

文学史的"集体"书写模式，就整体框架而言，是"以知识言诗"（"诗"在这里与"美"和"艺术"等同）。要写文学史，自然离不开文学知识，但问题是，文学艺术的核心命题并非知识而是审美，是美的创造，并非砌墙自封的学术，而是破壁而出的光芒。如果文学知识就是文学，关于文学的学术研究就是文学，那么，在学科划分上，文学就应该属于社会科学而非人文学科。社会科学是可以用科学的方法和模型（比如数学方法和模型）来演绎的。可是，美的创造，却是直觉、经验和精神性最隐秘的语言漂移、情感呼吸过程，它恰恰反对任何凝固不变的书写模式、复制模式。

自然，鲍鹏山的文学史书写，首先要破除我们所熟知的那种用知识和学术概念来演绎的教科书写法。那种教科书写法并非没有其合理性，只是它通常被人们忽略了的那个“前提”，让人们不得不警惕其是否与人的生命有关——它需要假设一个整体的、客观的，甚至科学的知识论或知识进化论谱系，假设一个“本质”的出发点，其写作才能前后左右照应，才能自圆其说地从起始描绘到结束，都循着将文学作为知识的生产和发展的逻辑展开，仿佛文学史的发展，都是学科知识演进的结果，而这种结果，早就包含在前提之中。那是一种全知全能的写法，其目的是建构放之四海而皆准的话语系统。《中国人的心灵》从写《诗经》开篇，就想撇开了那种写法：“正如一位绝世佳人，她吸引我们的，是她的美丽和风韵，而不是她的身份、背景。我们爱她，只因倾倒于她的风韵和美丽，却并不是了解到了她的出身，也并不一定是‘学术’地探究到了她美之为美的原因——事实上，正如苏格拉底早就警告过的，‘学术’在‘美’这样的问题上是无能为力的。正如除非我们的联姻是为了政治、经济等利益考虑，我们爱一位美丽的女子并不一定看她的门第和背景。纯洁的爱情是没有背景的，真正的文学欣赏，也可能正是没有学术的。我们是否被感动、被感染，是文学欣赏是否发生的唯一标准，而我们是否还能被感动，或被感染，正是我们是否具有欣赏能力的重要标志。正如一个人对他所追求的绝世佳人身份背景过分关注会让我们怀疑他的真正用心一样，过分学术化的文学研究，也让我们怀疑他是否有‘爱’文学的能力，甚至是否真的爱文学，还是仅仅因为这种‘学术研究’能给他带来世俗的好处。”（《一个民族的情怀》）的确，鲍鹏山质疑的以学术研究替代审美创造和体验的方式，已经大行其道，它的出发点是相信学术为“真”，即相信学术研究可以获得文学真理，即获得可靠的文学知识——很少有人反省学术逻辑语言演绎的欺骗性。

显然，“以知识言诗”的文学史写作的方法论依据，是西方逻各斯中心主义知识论的话语体系，是工具理性主义对诗意审美领域的强硬渗透。若要问这种方法或学理的来源，远的可以追溯到西方第一位统编教材的写作者亚里士多德，近的可以追溯到黑格尔。黑格尔是最相信概念的逻辑演绎的，制造他认为可靠的概念，是其精神哲学的目的。德国黑格尔专家克劳斯·费维克在复旦大学演讲指出：“在黑格尔看来，亚里士多德对精神和认识的思考，特别是其研究灵魂的著作，‘作为对灵魂思辨的兴趣的成果，时至如今仍然一直是最为杰出且独到的’。（Hegel, *Enzyklopädie*, TWA Bd. 10, s. 11.）与此相应，将概念再次引入有关精神的知识应当是一门精神哲学的唯一的和最终的完成。从当下知识理论的视角来看，黑格尔鼓吹逻各斯（Logos）这一具有2000多年历史的概念，并顽强固守‘知识的逻各斯’（Logos des Wissens）、‘认识论中的逻辑’（Logik des Epistemischen）这可能显得非常不合时宜。”[1]克劳斯·费维克的一点点反省，也许是迫于学术时代潮流的压力，但就德国哲学而言，在尼采之后，再通过概念构筑“统一性”语言牢笼的做法，的确是不合时宜了。鲍鹏山未必在哲学上意识到了概念、知识、逻辑牢笼对审美心灵的钳制，但他阐释古典作家和作品的见解，却处处显示出突围中爆发出来的能量。

三、复兴“以诗言诗”传统的可能性

事实上，工具理性知识论的泛化，也违背了西方传统学术对不同范畴划分的精神。康德对知识理性和审美感性的甄别即是一个有力的说明。康德以其三大批判分别确立了人类知识理性判断（《纯粹理性批判》）、实践理性判断（《实践理性批判》）和审美判断力判断（《判断力批判》）的三种不同维度。这是人类文明智性和情感演绎出的“知识”“德性”和“审美”之“一鼎三脚”。三只脚在不同的方位受力，缺一脚势必倾覆。

在中国古典的审美批评传统中，从孔子的诗教伦理（“兴于诗，立于礼，成于乐”）、刘勰的《文心雕龙》到王国维的《人间词话》，都是紧贴作品的诗意文心来探讨审美问题的，即便其中

1 ［德］克劳斯·费维克:《黑格尔的艺术哲学》，徐贤樑等译，商务印书馆，2018年，第31页。

涉及知识问题、价值观问题和创作的技术与风格（“主义”），也化为了审美（诗、美、艺术）的观照（比如《文心雕龙·原道》、钟嵘《诗品·序》）。也就是说，鲍鹏山《中国人的心灵》一书破除通行的文学史书写的抱负，是要回归中华传统“以诗言诗”（非以概念言诗）的文体写作，使文学史书写从冷漠的知识理性窠臼中解套而出，激活理智与情感催生的富有中国气息的温润心灵之美。

为了复兴中国文学传统以诗意创造参悟或比赋诗意创造的“东方审美”，这部书在文体上的创新，表现在对“诗意的历史”“散文的历史”和“道德文章的历史”三个范畴的文学心灵书写之中。

首先，鲍鹏山把《诗经》作为“一个民族的情怀”来解读，让我们领略到“诗何以成为历史”“诗意成为历史”的民族诗意心灵史特质。他说:“《诗经》是我们民族最美丽、最缥缈的传说，可它离我们那么近，‘诗云’与‘子曰’并称，在相当的历史时期内几乎成为我们日常生活中的圣经，左右着我们的思维与判断，甚至我们表情达意的方式都蒙它赐予——所谓‘赋诗言志’。但它又总是与我们保持着距离——此曲只应天上有，人间哪得几回闻？我们已经对‘子曰’完全历史化，孔子其人其事已经凿凿可信，铭刻在历史之柱上，而作为‘诗云’的《诗经》却一直不肯降为历史——虽然我们也曾经认定它与其他经典一样，是史，但那只是我们的一厢情愿。它本来就不是描述‘事实’，而是表达‘愿望’，如果说它是我们的心灵史，那倒很准确。其实，文学史就是心灵史。”（《一个民族的情怀》）我们总是说祖国是个“诗国”。这样的判断肯定不是以诗歌创作的数量来衡量的。我们相信自己的民族心灵结构中浸润着诗意风华，我们甚至以诗意的方式思维与万物对话。

其次，鲍鹏山把《春秋》，以及“春秋三传”（《左传》《公羊传》《穀梁传》）和《国语》《战国策》作为“散文何以成为历史”“散文成为历史”的诗意叙事元点（悬搁了《尚书》），从中我们可以看出从《春秋》到被鲁迅誉为“史家之绝唱，无韵之离骚”的《史记》散文体叙事文风的形成。他说：“《史记》把这种文风发展到空前绝后的高峰，成为中国古典散文的典范作品，影响深远，滋溉久远。”（《历史何以成为散文（下）》）就中国传统文体而言，散文的叙述宽度和广度，其能量是从韵文中释放出来的。中国传统的文论、文学史论是一种“诗话体”散文或韵文，比如司空图的《二十四诗品》，说白了，它本身也是一种文学创作。当代人或认为中国的逻辑学不发达，对概念体系的建构和应用不如西方，但人们可能忘记了道家和释家思想的出发点中，对语言这个“第三者”的怀疑。（“道可道，非常道；名可名，非常名。”“所谓佛法者，即非佛法。”）鲍鹏山《中国人的心灵》这部书的文体，自然是一种散文文体或曰文人文体，是“我注六经”，而非“知识注我”。

再次，把“道德文章何以成为历史”“道德文章成为历史”作为价值观对诗意审美的渗透和穿越来考察。必须指出，鲍鹏山关注的“道德书写”并非是某种说教，他是对文学史的“概念书写”或“观念书写”进行反省的。他的洞察点不仅从作品出发，也从具体的人性和诗意创造出发。真实的人、非知识和概念的生命才有心灵。在他看来，只有个人的书写才能构成“心灵史”栩栩如生的形象，也只有具体的“形象”才是美的，这是诗意审美必须恪守的“感性哲学”。他说：“在先秦诸子中，孟子和庄子最偏激，最钻牛角尖，但他们的文章也因此最好看。如果说，庄子是人生的悟者，那么，孟子就是人生的迷者。悟者的文章因为超脱与透彻而好看，迷者的文章因为热情与天真而好看。如果用孔子对人的分类来说，庄子是狷者，孟子是狂者，要读一流的文字，‘必也狂狷乎’！”（《道德文章》）鲍氏在评论《孟子·公孙丑下》“天时不如地利，地利不如人和”那段雄辩滔滔的文字时说：“孟子这一段正气浩然的道德之论，虽有极大的感染力，以至于两千多年来成为对莘莘学子进行思想教育、道德培养的必读章节，但逻辑上却并不大讲得通。”又接着说：“其他如对一些历史、地理知识，孟子也往往不大较真，他所描述的历史，往往是他想象中的历史，而不是真实的历史，他所提及的地理，也有不少错误。奇怪的是，这种粗枝大叶的毛病，虽然损害了他文章的科学性、严肃性和学理上的正确性，却不仅无损于他文章的文学性，更有助于他的文学性；不仅无损于他的学术人格，反而增添了他的人格魅力。”（《道德文章》）孔子、孟子、庄子、屈原、陶潜、李白、杜甫、辛弃疾等作为具体的人，都是“天地精华”而非说教楷模，他们的锦绣辞章，本身就是“天地奇观”。南朝钟嵘批评只注重理论玄想的诗“理过其辞，淡乎寡味”，故提出“滋味”说；清代袁枚有鉴于程朱理学对文学之美的伤害，提出“性灵”一说。文学一直在自我矫正。

四、诗意的人间爱

由此观之，鲍鹏山的书要写的，是文学之美何以成为美的心灵史。书中一咏三叹的声音从个人的理智和才情溢出，忠实于个人心灵的审美觉悟，与为考试服务的“刚需”教材无关。他的写作有一个古旧的、渐渐被“学院派”教条写作者遗忘了的目的，那就是蕴成人的审美教养。自然，在他看来，文学审美是富有生命体温的人性审美。当诗意创造作为生活的歌谣，无论是诗的、散文的，还是不得不凝聚为道德概念或观念的，都必须被可靠的诗意之美稀释之后，才能滋养人的心灵结构，将渐行渐远的概念心灵呼唤回天空之下、大地之上重新种植。不能被诗意创造稀释的概念或观念，或许就是一种心灵结构的病灶，一种堵塞诗意漂移迁流的智障。鲍鹏山对概念或观念强制性“升华”为作品内容的路径很不以为然。在《天地词心》一文中，他说：“‘升华’得不当，都不免有‘虚伪’之嫌。”又接着说：“‘道理’等等，与诗歌又有何干？”

事实上，并没有凝固的概念或观念之美。空洞的理论范畴，如果不经过作品和阅读化为生命和生活的歌谣，只能是口号与口号的逻辑堆积，自欺欺人。鲍鹏山评价陶渊明说：“他不是生活在崇高的道德境界中，以自苦为极，他是生活在闲适的艺术境界中，以自乐为美。他确实不是一般意义上的隐士，我看古人或听今人说他是隐士，感觉怪怪的。我们真的误会了他，我们自以为拔高了他，其实是贬低了他，贬低了他的境界。我们想让他可敬，却损害了他的可亲可爱。一般而言，隐士是使生活道德化，而陶渊明却努力使自己的生活艺术化。”（《南山种豆》）鲍氏批评古代士大夫“仕”与“隐”双重人格的虚伪与功利，认为陶渊明非“仕”、非“隐”，是本真的诗-心同构、知行合一的人。“孟夏草木长，绕屋树扶疏。众鸟欣有托，吾亦爱吾庐。”“托身已得所，千载不相违。”这样的诗句，浸透着日常的诗意生活的欢欣，这样的生命自觉，才是鲍鹏山倾慕的人生那种“美妙的精神之旅”。

中华文化弦歌不辍的诗意精神之旅，或源于“仁爱”的一元论——一种“人间爱”。孟子承传孔子的思想说：“仁者爱人。”（《孟子·离娄下》）“仁者爱人”中的“爱”，不以“恨”形成黑格尔式二元的矛盾辩证法结构。这种人间爱，正是贯穿鲍鹏山五十二篇美文阕阕相随的“文学心灵史”的主线。“人间爱”的确不能从道德说教生发诗意，不能从“恨”生发诗意，而从美好人性、日常生活和事物的音声形色中生发诗意，生发“天人合一”的诗意东方之美。从“人间爱”这个视点看透古今，于是“大众歌手”柳永，在鲍鹏山的眼里，成了北宋词“当之无愧的第一大家”。理由是，他不仅看到词作为“非学院派”“流行歌词”的文体要义，更重要的是，从诗意创造的文学史视野看，他发现了柳永词对士大夫词那种固态的、陈旧的诗意复制的冲击力量，因为一种美一旦在文艺创作中凝固、复制，它就已经病入膏肓。

民族心灵史的哺育，需要诗意的创新、语言的激活。鲍氏以宰相晏殊嗤之以鼻的《定风波·自春来》分析柳词之美：“温庭筠一句‘懒起画蛾眉，弄妆梳洗迟’十个字，在柳永这里，改变成了整个上阕五十个字。他多了心理刻画，多了情态描摹与环境烘托，‘绿’前多了‘惨’，‘红’前多了‘愁’，‘酥’前多了‘暖’，‘云’前多了‘腻’，难怪晏殊把‘针线闲拈伴伊坐’记成了‘彩线慵拈伴伊坐’，‘彩’写线之色，‘慵’则写人之情态，晏殊记错的地方，正是他对柳词特征把握很正确的表现——如果让晏殊来写模仿柳永的词，他会写得比柳永还柳永呢。问题就在于，晏殊他们拒绝这样写，因为他们有士大夫‘雅’的坚持。而柳永没有这样的坚持，他就是‘俗’，并且决绝到底，俗到家了。”（《大众歌手》）“雅”与“俗”若不以具体作品论，本是两个空洞的概念，柳永之“俗”对文学史的贡献，岂非大雅耶。而“奉旨填词”的柳三变为此却丢了仕途，是耶非耶岂不明了。

五、诗意人格的生成

诚然，以“雅”或“俗”的概念看诗意创造的高下，毕竟只是一个视点，鲍鹏山对伟大作品的评价远远超越任何概念系统，此是本书对读者的最大真诚，也是最可信之处。他对辛稼轩的评价可视为本书的一个诗学支点，一个旋转心灵中锦绣风云的诗学重心。鲍氏认为，稼轩是两宋第一词人，也是中国文学合各种诗意法度而为一的高峰，并赞同比辛稼轩稍晚的南宋词人刘克庄的评价。刘克庄说：“公所作，大声鞺鞳，小声铿鍧，横绝六合，扫空万古，自有苍生以来所无。”（《辛稼轩词序》）鲍鹏山说：“‘绝不作妮子态’的辛词，六百多首，组合而成的辛弃疾自身形象，英雄气盛而又儿女情长，慷慨纵横而又柔情万种，豪宕而又精致，跋扈而又无奈。果毅之资、刚大之气、妖媚之态、体贴之状，这种文学形象，不仅在词史上，即在中国所有体式的文学史中，都是绝无仅有的。东坡有其磊落光明而无其悲凉慷慨，屈原有其忠愤而无其超脱，杜甫有其沉郁而无其豪放，李白有其恣纵而无其小心，陆游有其低回豪雄而无其放荡明丽……这是说他的词，却也是说他的人。”（《英雄泪》）是的，是“英雄泪”，而非“英雄恨”。鲍氏之言，书斋英雄们或有“所见略同”之叹。因为稼轩此人和他的词，符合本文作者有关为人、为文的“三观”：“英雄义，儿女情，般若心。”赋得如是“三观”的文学艺术，超越“现实”“浪漫”“古典”“现代”等“主义”范畴，亦超越了“豪放”“婉约”等风格规约。每次诵读，如读青山——“我见青山多妩媚，料青山见我应如是，情与貌，略相似”；如赋江水——“郁孤台下清江水，中间多少离人泪，西北望长安，可怜无数山”；如沐春风——“珮声闲，玉垂环，个里温柔，容我老其间”。凡天下芝蕙芳心，岂不咏叹自况以自救也。

在我们采葑采薇、饮兰坠露、餐菊落英的灵魂故乡，鲍鹏山的《中国人的心灵》是可以诵读的。反复诵读，可以凭自己的心灵节奏，复苏万涧风物与你对观，呼唤古人的高蹈之心与你合唱。当你的诵读渐入佳境，你会感觉到，风雅颂的朝阳仍然暖和，人间世的红楼夕照余温尚存；而那书卷英雄，还在书中；那慷慨悲歌之士，或许还在衣胞之地，呵护着灵魂作逍遥游。

零度写作

论“艺术等于零”

艺术等于零。这是我讨论艺术现象学时的一个重要命题。这个命题是非本质主义艺术现象学的理论核心。因为艺术、美、诗三个概念是可以同构的，所以，“艺术等于零”这个命题，也相当于言之“美等于零”和“诗等于零”。

提出“艺术等于零”这个命题的目的之一，是切断本质主义对“艺术是什么”的种种阐释途径——当然这种阐释也是关于“美是什么”和“诗是什么”的阐释。艺术本质主义总要追问“艺术是什么”，事实上，“艺术是什么”也是学院派本质主义教头们最喜欢纠缠的话题。学院派们滥用逻辑，各种概念搅来搅去，却从来没有讲清楚艺术是什么。为什么讲不清楚呢？因为从本质主义的角度出发去讲，艺术什么也不是。即便艺术有一个什么稳定的本体，语言的表述也无法到达。

吴冠中先生有一个很著名的命题“笔墨等于零”，不过这个命题与“艺术等于零”是不一样的。我认为吴冠中先生关于“笔墨等于零”的论断是错误的，因为笔墨是艺术表现的一种质料和方法，质料和方法是不可能等于零的。只有本质主义的观念才可以等于零。《芥子园画传》上关于笔墨有几句话：“古人云，有笔有墨。笔墨二字，人多不晓。画岂无笔墨哉？但有轮廓而无皴法，即谓之无笔；有皴法而无轻重、向背、云影明晦，即谓之无墨。”[1]皴法、向背、云影明晦，这些都是艺术表现的方法，与质料的应用有关。有方法有质料，才有人们所认为的、作为作品的艺术，所以笔墨不能等于零，也就是说质料和方法不能等于零。至于笔墨意趣，那是另一个诗性创造的复杂问题。如果质料和方法等于零，那么创作本身也就等于零。所以吴冠中先生说的“笔墨等于零”是错误的。

“艺术等于零”则不同。我说“艺术等于零”的时候，是不是说就没有艺术存在呢？当然不是。这里是说，当一件作品没有创作的时候，或一件作品已经创作完成而没有被欣赏和阐释的时候，艺术是不存在的。艺术不是一个超验的存在，也不是一个恒定的存在。所谓的艺术是对具体作品的创作和阐释。离开了具体作品的创作和阐释，艺术是不存在的。换句话说，是没有一个本体的、恒定的艺术样式或形态存在的。

荷兰画家杨·迪比思（Jan Dibbets，1941—　）说过一段话：“我从来没有能够向人们把某些事阐述清楚，因此我也从来不知道艺术应该是什么。对于我来说，我知道的只是，艺术是一个阐述的过程。如果你把事情弄得复杂，那么你就不可能接近关

1　陈洙龙编著:《芥子园画传》（图解本），中国人民大学出版社，2009年，第5页。

于生命或其他任何事物的真理。”[1]迪比思这段话有一个核心内涵，就是艺术是一个阐述过程。“艺术是一个阐述的过程”这个命题，并不是为了解释“艺术是什么”的论断，这个命题的核心内涵，也就是艺术——作为本质主义的艺术——等于零的意思。迪比思关于“艺术是一个阐释的过程”的命题，是从阐释角度来揭示艺术存在的不稳定性的，当然他也指出了艺术是在阐释过程当中产生的这样一种关于艺术的思想。针对迪比思的命题，还应该加上一句：艺术是在一个作品创作过程中的诗意表现。我们应该从创作和阐释两个方面，来对艺术存在的不稳定性做出描述。我们也可以指出，艺术的创作和阐释，也是对同一个问题的不同描述方式。因为创作本身，事实上也就是艺术的一个阐释过程，而阐释，也是一个创作的过程。也即是说，没有不经过创作和阐释而存在的艺术，而创作和阐释本身，已经是艺术的目的。如果换一个角度来描述这个问题，就是：艺术的创作和阐释过程呈现了艺术，但绝对不是反映了艺术，也不是到达了艺术的本体。这是因为，艺术的创作和阐释不是一次性的，而是时刻发生着的，这又是回答“艺术等于零”的另外一个视角。一件艺术品不等于艺术。不经过阐释的艺术品，也就是不经过重新创作的艺术品，不成其为艺术品，它最多只是一堆质料，一堆死亡的形色、事象、音声、物质。

1 杨身源、张弘昕编著:《西方画论辑要》，江苏美术出版社，1990年，第726页。

美国现代艺术家索尔·勒韦特（Sol Lewitt，1928—2007），是一位观念艺术家，他对艺术的论述非常精到："一件艺术作品可以理解为一根由艺术家的心灵导向欣赏者心灵的导体，它可以永不到达欣赏者，也可以永不留在艺术家的心中。"[1] 一件艺术品的复杂诗意，可以导向某一个欣赏者，也可以导向一个欣赏者的群体，但是很难导向所有的人。事实上不能证明，世界上有一件艺术品的"艺术"可能导向了所有的人。有时候一件艺术品只导向创作者个人，当然创作者个人，也非纯粹的创作者，因为当他完成了一件艺术品以后，他同时也成了一个欣赏者。包括创作者在内的所有欣赏者，都会对一件艺术品产生误读。关于艺术的不同看法，会同时在一个人身上发生。比如一个艺术家创作完一件艺术品后，他酷爱这件艺术品，他沉迷于其中，这时，创作者和阐释者的角色，会在同一个人身上达到高度统一。可事实上，一个创作者和一个阐释者在同一个人身上达到高度统一的那种痴迷的、迷幻的状态是很难持久的。过了一日或一月，这个创作者往往变成了另外的阐释者，甚至走向另一个阐释的极端，或从痴迷状态变成了厌恶或否定的状态。艺术的创作，一个作品的生成，从来就不是一个完美的过程，也非一次艺术的终结。一个作品，尤其是好作品，从来就没有结束过它的艺术生成。艺术的生成，

1　杨身源、张弘昕编著：《西方画论辑要》，第727页。下文中关于勒韦特的引文，均出自该书第728页。

是一个作品之所以为一个作品的持久的、永恒的状态。那么艺术在哪里？如果有艺术的话，它就在这个持久的、永恒的、被阐述的状态当中。非本质主义的艺术是美的漂移，而非美的确定。

为什么我们在讨论“艺术是什么”这个问题的时候，永远无法用语言做出一个大家都信服的阐述？因为这样的阐述根本就是无效的。关于“什么是艺术”或“艺术是什么”阐述无效的论断，除了以上说的艺术本身是一个在作品中不断阐述、不断生成的过程以外，阐述它的方法、途径，即语言的方法和途径本身，也是没有这个能力的。语言没有能力阐述一个事实存在的本质，即便这个事实具有某种本质。语言只能阐释、表述某种状态和某种现象，而语言对事实存在的所谓的本质永远无力揭示。维特根斯坦《逻辑哲学论》中著名的第七命题云：“凡是能够说的，都应当说清楚；凡是不能够说的，就应当保持沉默。”大海是沉默的，不断地泛起并消失的浪花不是大海，但那是大海的幻象，是大海深渊之上的迷离之花。一个受过当代西方思想或中国古代思想熏陶的智者，从来不会说哪个作品揭示了什么、反映了什么。为什么不说？因为破壁而飞的智慧之花是反深度构造的，即便是柏拉图的理念，那个奠基西方文明的深度构造，他也一再在《理想国》里声明其来源于假设。一个教授，如果在讲台上讲作品揭示了什么、反映了什么，他绝对是个不懂“艺术”为何物的人，说到底是个背教材的教授。其实，艺术从来就没有解释过什么、反映过什么。艺术在深渊之上，而不在深渊之中。正如巴赫的大提琴曲、中提琴曲、钢琴曲等伟大的音乐语言，反复地咏叹，找不到主音音乐，听不懂的人，还以为作曲家是个疯子，因为他老是重复，像大海的波涛浪浪相许，像清空明月寂静地演奏有声和无声的复调。巴赫不是重复，而是用弓弦琴键不断地与灵魂摩擦，无休无止，从开头到结尾地摩擦，甚至没有开头和结尾，没有高潮，全是平铺直叙。只有大人物的灵魂，才如此从容不迫。小人物就爱搞起承转合。一个指挥家，你看他的招式，就知道他懂不懂艺术的阐释。不懂的，就是一大堆花哨的招式或动作。大指挥家的手势是有质量的，有重量感的，有难度的，是跟空无在摩擦着的，也在跟其他的灵魂摩擦着。大指挥家的手势，是救赎，也是召唤。大作曲家面对一块钢板、几个琴键创作，其实是与一头头狮子在搏斗。正如巴赫，他慢慢地驯服一头狮子，两头狮子，无数头狮子。是他与狮子的搏斗生成了音乐这种东西。伟大的创造，永远是第一次的精神发育。因为正是在那个时刻，光阴呈现了智慧或情感的般若。万物第一次葱茏，伊甸园里，第一次闪亮了人类的秋波。

索尔·勒韦特说:“假若使用语言并通过语言使思想转变为艺术，那么语言就是艺术而非文学，数字亦非数学。”他意思是说，思想也可能通过语言转化为艺术，如果这个转换成功了，语言本身也是艺术。他接着说:“假若思想与艺术相关并符合艺术标准，那么所有的思想都是艺术。”这里是说，如果思想能够转换成艺术，思想和艺术能产生一种关系，致使作为观念的思想退场，那么思想本身就是一种艺术，思想不能从艺术中脱离开来，构成思想和艺术的二元关系。勒韦特继续说："人们之所以曲解过去的艺术，是因为他们常常用现有的艺术习惯来理解过去的艺术。"艺术作品改变作为动词或作为心灵心智的艺术习惯，而不是反过来，不是欣赏习惯改变了作品。我们的欣赏习惯是作品创造的，而不是先天的。当然，或诚如埃德蒙德·胡塞尔的观点，人或有一种先验的主体性。可是，大部分人，他们的欣赏习惯一旦形成，就无法改变，他们试图去改变栩栩如生的新艺术形态，这当然是艺术灵魂死亡的标志。比如古典主义的、巡回画派的或印象主义的欣赏习惯，那种欣赏习惯一旦形成，就无法改变了。普通的心灵、心智，其实是一个牢笼，或一个牢笼连接着另外一个牢笼。

有没有人喜欢牢笼？回答是，多数人喜欢。因为在艺术阐释、文化形态的牢笼中，有的人会感到非常安全和快乐。或许每个人身上，都带有很多牢笼，只是他不知道。当他用牢笼的标准去套别人的时候，他不知道他在使用牢笼。

勒韦特说："成功的艺术依靠我们改造了的感觉来转变我们对习惯的理解。思想的领悟力引起新的思想。艺术家只有完成了艺术作品后，才能想象他的艺术，才能看见他的艺术。"创作和阐释就是对艺术形式的追求。创作和阐释都是从"零度"开始的，这一点，罗兰·巴尔特有过精到的论述。创作和阐释从"零度"开始，并不等于说其创作和阐释，可以找到艺术的所谓本质。恰恰相反，是始于“零度”而终于“零度”。“艺术等于零”，是说只有“零度”是艺术的稳定、安全之所。

英国画家马尔科姆·莫利（Malcolm Morley，1931—2018）说：“由于绘画的真实能量就是你手中笔的能量，因此绘画是一个物理过程，绘画是我自己的身体。”[1]在某种时刻，创作和你个人的灵魂结构是同步的。因为在那一时刻，你已经处在了忘我的状态。平时的你，或者庸俗不堪的你，被暂时移开了。你个人的灵魂结构凸显了出来，成为一个创作的物理过程。莫利还有一个很重要的命题：“一幅画的含义是在作画过程中发现的。”这些论断都不同程度地、从不同侧面，指向了“艺术等于零”这个总命题的可靠性。弗兰茨·卡夫卡有一句箴言：“你对这些话的领会程度，取决于你的孤独有多深。”

“艺术等于零”其实还有一个时间性的概念，即是说存在本身是不可靠的，是转瞬即逝的。我们永远只能抓住存在的瞬间而不是永恒。瞬间的存在，瞬间开显的时刻，恰恰是抛弃永恒的。“永恒”对我们来说只是一个概念，我们可以假设有个“永恒”，但我们不能把握“永恒”，因此，我们也可以说“永恒等于零”。零并非无，而是一个混沌，一个不可言说的沉默领域。从另一个角度看，永恒和瞬间，是一个彼此生成的存在链条。这个存在，可以认为是一个逻辑的关联，一个瞬间连着另一个瞬间、一个

1 杨身源、张弘昕编著：《西方画论辑要》，第731页。

白天连着一个晚上，但实际上所有的逻辑关联，都是建立在我们生命感悟的假设之上的。即是说，我们的生命感悟认为世界的这种存在形式是相连的，它才是相连的，不然，世界就解体了。因此，我们对世界的看法，是对单个瞬间的逻辑感悟，因为有了对单个瞬间的感悟，生命才是可以感悟的，就像呼吸一样，其奥秘，在于呼吸的间隙产生的节奏，这种节奏即是生命的节奏。

由此观之，关于“艺术等于零”的时间性的、心灵感悟的生命阐释，即世界是一个个碎片，而非整体。整体是我们假设出来的假象。存在就在作为碎片之世界的缝隙中，而不是在古希腊哲学家巴门尼德的实心球中。

昨天、今天、明天，你永远只能把握住此时此刻的瞬间，把握住瞬间的不同长度。但瞬间又是在不断地崩溃、解体中呈现出瞬间。所谓的艺术，也是千千万万个瞬间组成质料的、音声形色的诗意光华，人们进一步将之阐释为美或丑。

我们也可以假设大写的艺术作为普遍性的存在，但这永远只是一个假设，人永远不能抵达。就像人永远不能抵达美，人也永远不能看见一座高山，只能通过想象力看见一座高山的整体，而这个整体，是由无数视角侧面或碎片组成的。

瞬间不断地崩溃、不断地解体，因此人类才产生了用语言构建、阐释整体世界的妄想，就像阐释艺术本体的妄想。我们读各种各样的教科书，还有那些信誓旦旦的艺术理论和所谓的美学，每个理论家都试图构建出一个或几个艺术本体论体系来，似乎在某种潜意识中，也是为了挽救瞬间不断崩溃的苦楚。当然，“艺术等于零”这个命题，对于不能破壁而飞的人而言，其实也是无效的，人类就是在无效中想方设法地生出有效的阐释。只可惜，每一个逻辑的阐释都是一个牢笼，因为知识和肉身就是牢笼。纯粹的般若绽放，是一个接一个的梦幻之境——艺术可能的形式之象。

艺术现象学之“空”与“白”

卡夫卡有句名言：“我们乃是进入上帝头脑中的虚无主义思想。”这句神秘莫测的名言，像一朵久违花黄的凋谢之声，在我的思绪中开出了另一朵花黄的声音：“上帝乃是进入我们头脑中的空白。”还有另一朵：“我们乃进入上帝头脑中的空白。”

今天讲诗文中的“空白”。或许我讲的也非诗文中的空白，而是天的空白，地的空白，天地间的空白，人心的空白。语言隐去的空白或人隐去的空白。那空白在高处哗哗作响，却看不见它的飘扬。它像无限的蓝，正在抛弃我们。

“空白”是个现代辞藻。在古代书面汉语中，没有“空白”这个词，只有“空”与“白”，两个单音词，各自呈现，就像没有“鲜花”，只有“鲜”和“花”。“鲜”和“花”相互挤压，中间是空白。从空到白，犹如从鲜到花，遥远而又陌生。

在古汉语时代，用文字书写的，统称为诗或文。诗是韵之语，文是非韵之语。若是诗——歌，也可称为章，章是一阕完整的音乐，包括歌词。古只有“诗”或“歌”之说，没有“诗歌”。《尚书·尧典》云：“诗言志，歌永言，声依永，律和声。”

所谓诗歌、散文、小说、戏剧等，是现代人的文体分类。古代的中西方，均无此划分。近代无聊学者们为了混饭吃，搞出了许多无聊学术的框框套套，今人深受其害。若要划分，柏拉图的系列对话录，是戏剧而非哲学，《老子》《庄子》《论语》也只能算散文随笔，不能算学术文本。

今人谓之“文章”，是非韵文类的通称。其实，文和章，不是一回事，但也有共同的渊源。从词义（意）的起源上看，诗、文、章都颇为相近。诗，即志也，是记录、描绘，引为志趣；文，即涂鸦的纹理，是象之交叉纷纭；章，既是歌诗之乐，也是彰明、显露，呈现的意思。诗、文、章，皆人之绣，而非天之绣。但天绣之自然与人绣之锦帛，何尝不是彼此生成。何处生成？皆成于空白。

从诗、文、章三个辞藻的起源看，作为文学的语言艺术，作为音乐的时光流淌艺术与作为美术的视觉空间艺术，都来自人的心灵、心智与自然万象交流的原初象意（义、喻）。各种艺术正是从原初之象意（义、喻），开始了文化创造的历程。空白是个襁褓，原初之象如游魂，在空白襁褓之中吸吮。空白的力量超过一切物。

有时，我看见一堆青色的词，向一个山峰攀登，发出咩咩之音；有时，我看见瓣瓣红黄，瓣瓣绿风，在博物馆里喧闹，不停地敲打窗户；有时，旋律会长出苞谷的牙齿和棉花的容颜，纷纷渡河。

最早的艺术创造，是心灵和心智与万物事象的语言摩擦。心之结构与万物事象纹理之间，有种隐秘的关联。这种关联或表现为形-象，或表现为韵-律，一事一象，一波一纹，一声一息，皆如影随形，如云丽天，似玉生烟，栩栩如生。

在文化意义上处于原始时代的初民，像一个人的孩提时代，与事物的交流是那种天然的直观交流，那是一种贴着事物原初之象的滑翔。我们不能说一个孩子看待事物，完全是一种能指化的观看，但绝对不能说是一种深度观看。赤子无隐喻。赤子心智的空白，是自在之花，拨弦之泉。

贴着事物滑翔，就是在心灵和心智的空白上滑翔。这种滑翔或许也有惊恐，比如第一次闪电或雷声的惊恐，但那种惊恐正是生命的原初惊恐。这种惊恐并没有隐喻的深度，相反，恰恰因为空白而惊恐——心灵和心智的空白，万象纷纷的空白，是存在的无辜。

空与白，是诗文创作的出土之墒，也是一切原初艺术创造的新墒。

人们误以为语言的原初表达是具象的，因为人似乎穿梭于具象之中。事实恰恰相反，语言的原初表达是抽象的表达，因为具象写真几无可能。这一点，初民凭借直觉意识即已明白。所有面向事物的涂鸦，皆是抽-象，从象中抽出形式。

具象表达（写真）的无效，使语言与事象之间产生了另一种空白。在这个无限渺茫的空白里，每一颗心，每一个事象，每一个辞藻，都是孤立的。生命是一个个孤立的小小宇宙，犹如一朵花与另一朵花，一个石头与另一个石头，一个涂鸦之象与另一个涂鸦之象。

万物孤立，人亦孤立。孤立在空与白中，空与白亦孤立。茕茕孤立，犹如垂云之声。

诗与文的生命呼吸，与具象和抽象无关，而与空-白的渺茫声色有关。物事与人心执迷于空-白，就像两个彼此追踪着、弹跳着的音符，一个是肯定，一个是否定。

物事与人心在肯定与否定之间穿梭。肯定与否定，在诗与文中弹跳。肯定与否定是旋律的重量，诗与文是语言的乐谱，语言是世界的乐章。

卡夫卡说："摆在我们面前的任务是完成否定，肯定已经是已知项。"

可是，肯定也需要完成，因为肯定与否定二维都在蚕食着空-白。

文字书写，绘画涂鸦，音声歌唱，都在空与白中生成。如果不在空与白中，就有可能在逻辑框架或价值体系中，在功用或功利中，在语言统摄的牢笼中……失去诗意创造的自由。因此，空与白既是出发点，也是终点。

艺术精神的自由创造，在出发点轮回，如琴声在琴上轮回。

人们或许认为，艺术创作的出发点，是一种具体的事物、一种具体的形象，或者像亚里士多德在《诗学》里说的，是一个生活的长度，像黑格尔说的是感性世界的理念的显现，这种种说法当然不错，可是无论从何处往后一步，都是空白。鱼的确在水中，但水在空白中。

“空”是“无”吗？有一个词叫“空无”。“空”不是“无”。“空无”这个词，暗含着一个意思，即“无”本身也源于“空”。那么“空”是不是“有”呢？姑且造一个词叫“空有”。“空”也不是“有”。“有”也是从“空”生发出来的。反过来说，空也可以从“有”和“无”生发。由是，我们领会到了空、有、无相互生成的生命意趣幻化之境。

《心经》讲的空与色同构，空、有、无亦同构。当我们诵“色即是空，空即是色”的时候，“空有”已经诞生，同时还有“空无”生。空有，也就是“妙有”。

空与有，空与无，有与无，有时候人们从主体意义上看，有时候从客体意义上看。“我思故我在”，是从主体意义上看的；模仿说或反映论，是从客体意义上看。因之，人们陷入了主客二元论的框架。事实上，空、有、无同构为一元，才是存在的真谛，这是佛的思想。因为一切都是缘，是缘之象（相），缘起性空，象（相）即是自性之显明。这种显明，是象（相）与悟的同构，是“妙有”或“空有”。

空有如花，其绽放顿然开显，没有来由，没有归宿，来无影也去无踪，无须追踪它的来，也不需根究它的有。它是突然间的绽放和升华，突然间的洞见或寂灭。

一个有慧根的人，与另一个有慧根的人，可以彼此洞见空有或空无的锦绣辞章，是因为他们有一条彼此照见的通途。这条通途，就是“空白”。

春天，万物葱茏。可谁能说出春天吗？只能说出春天的事物，而不能说出春天，因为春天只是一条万物葱茏的通途。这条道路即空白。人们在空白之路上，传递春天具体开显的物事形色。

一个外延无穷大，内涵等于零的存在，是“空”，是道路，是虚无的呼号。

柏拉图的理念，即是空白，一个无法把握的普遍性。可柏拉图不承认那是个空白，他说那是个存在的本质。其实所谓的理念，也只是心灵与心灵交流的通道，生出逻辑，又抹去。

语言在空白之路上摩擦而行，创造世界。人类通过语言创造一个文明，与自然平行而立，但不是改造自然，也不是征服自然。

那么“白”呢，我们一般认为它是一种色彩。我们说到“白”的时候，我们首先想到的是一种色相，这种色相呈现出的感觉，被命名为“白”，一个色相分类。在这里，色和相是同构的。色即是相，相即是色。也就是某种叫“白”的事物，或事相，或事态存在的样式。“白”是形与色的一个范畴，我们一般这么认为。

“白”与“空”联结起来，叫“空白”。“白”在“空”后，“白”来源于“空”，也就是说，“白”源于人与人相互照见的

"空"的道路之中。"白"就是在这道路之中呈现出来的，作为色相的一个范畴呈现出来。而"白"，这个色相的范畴，它反过来又隐喻了"空"。

这就是为什么"空"和"白"需要联结。"白"源于"空"这条道路，而"空"滋生出"白"，"白"和"空"在哲学或诗意上，进行了"空即是白，白即是空"的同构。

在普通人的观念中，"白"是最基本的一个素色、单色，所有色当中最素的一个色。可是，这种观念的认知，与自然的本真存在毫无关系。然而，观念是存在的，甚至在普通人心中，观念就是真实。人类把"白"塑造为一个最基本的色相，认为它有高度的纯粹性和单纯性，所以"白"又是所有色相当中的第一素色。

为什么"空白"可以形成一个现代词组，因为"白"无限地靠近"空"，它是最有可能与"空"同构的一个色相。"空白"这个词，你把重心放在"空"上，那么"白"服从"空"，它使用了"空"的隐喻内涵；当它的重心放在"白"上的时候，"空白"使用了"白"的隐喻内涵。比如说"这面墙壁很白"，重心在"白"，而不在"空"，"空"服从了"白"。

我之所以把"空"看作一条慧根绽放之路，是因为此时此刻我在横过空，古往今来的空，在语言、图像或声音中扩展。我拈花微笑，我是微笑之象的开显。

"空"作为我的道路，它就是诗与思。那么，"空"不是一条自然道路，而是一条隐喻之路。“空”是隐喻，路也是隐喻。这是诗学的关键所在。

当然，“空”这个词本身，并非凭空而造。这个词，利用了自然空间中的物理存在，从物理存在的状态嫁接过来，引申到隐喻空间。所以在我看来，“空”和“诗”，都是动词而非名词。

“诗”和“空”的隐喻是漂移着的。它没有本质，也没有客观存在。它漂移着绽放为“空”。如果人心之缘起性空，人就是行动着、漂移着的“空”；如果一朵花之形色是缘起性空，它就是绽放的“空”、开显的“空”。

由此可以引申，美也是个动词。“诗”“空”“美”，都是动词。的确，“美”既不是形容词，也不是名词，在我的诗学里，“美”是动词，是漂移着的隐喻，或反隐喻，或无隐喻。

我早言之，作为人的行为书写，“美”是行动；作为语言书写，“美”就是诗意的漂移；作为造型书写，“美”是向着空与白漂移的涂鸦；作为歌唱或演奏，“美”是音声吟咏复踏缤纷的情愫。除此之外，什么也没有。

你能体会到“空白”吗？你能体会到“空”与“白”吗？你能体会到作为行动的、动词的，作为绽放、开显的“空”与“白”吗？你若能体会，那说明你的慧根发育得非常好。或者说，你的慧根遮蔽得很少，污染得很少，戕害得很少；说明你的慧根是开显的，是绽放的。

“空”与“白”，是一篇好作品存在的一个诗学源泉。人之所思所想，人之万千诗意，无不根植于“空”与“白”的隐喻与反隐喻之途。因此，我们可以说，“空”与“白”的诗性意味，是“观看”成其为可能的空明之境。

是故，“空”与“白”的“观看”，实则是自我观看。看艺术，看自然，看古今精神世界的无限延展，即是自观。六祖慧能在《坛经》中所言：“内外不住，去来自由，能除执心，通达无碍。”是为审美最高明之艺术般若。

论空与色之诗

艺术之现象学，乃是空与色的诗思之学。

佛学之“缘起性空”与“性空缘起”，可解现象学“现象即是本质”的思想。“现象”不是理性的材料，而是理性本身。而那“现象”，是空与色的诗性显现。空与色作为现象，即是心灵结构。人类饱含情愫的诗意，将空与色的现象升华为生命精神。因此，生命的自在，本质上是诗意的咏叹。可这种咏叹，本身又是“缘起性空”的诗意咏叹。咏叹有欢欣与寂寥二维。欢欣，即欢乐心；寂寥，即寂寞心。

黄宾虹《题画山水》云：“连江雨气初沉白，隔岸山容不断青。却为吹云风力动，轻阴冉冉度幽亭。黄山潜口至汤池途中所见写此。”黄宾虹先生的画之所以好，“石涛以后，宾翁一人而已”（傅雷），并非他画出了什么理论，什么观念，什么概念，他画出的恰恰是山容色青、轻阴幽度的诗意。这诗意，乃是空与色同构为“相”（象）、为般若心（欢乐心与寂寞心）的飞翔。

概念对于艺术是无效的。譬如时间，它是个概念。在概念之维，时间是不存在的。如若时间存在，即是现象（事象）在生命中的存在。譬如光阴寸断之象（相），我谓之寂寞心。光阴寸断是一个比喻，唯喻可言之，犹如色空雁阵，横过一切，显现为“形”和“相”的断裂，也是声音、节奏、意蕴在内的语言的断裂。语言的断裂，是时时刻刻都在发生着的事情，是物的事情，也是心的事情。心和物在语言中最难确定，却是语言运动的引擎。

现象，即是事象，生发为语言。语言永远是一个谜——文明之谜，心灵之谜，个人之谜，时代之谜，永恒之谜，瞬间之谜。以佛学而言之，语言本身是人造的“业”，人造的“业”有“身业”“口业”“意业”。这个谜，像万物一样蓬勃生长或凋零，涅槃或新生，永无止境。一切艺术都在广义的语言（包括符号）之中，因此，也在谜团一样幻化的物事生成或凋零中。

语言之“静”，被“动”旋转着，如银河旋转的漩涡；语言之“动”，被“静”瞬间牵引着制服，犹如果核将果肉聚拢。

心与物之在，好像动与静之在，相互依存而呈现为一体。心与物之在，是结绳记事般的结点。不是一个结点，而是无限多的结点。结点连着结点，像鼓钹对着花红柳绿击打的节奏，如李森的诗句“橘在橘旁”。

涅槃与新生是一体。心与物在语言的所有结点上交汇，成为语言符号的一个音节（一个质量），或者无数个音节（无数个质量）。这音节（质量），既可以是能指，也可以是所指；既可能是个表象，也可能是个语义深渊。

李商隐《中元作》有句咏：

曾省惊眠闻雨过，不知迷路为花开。

我一直在“迷路花开”中潸然泪流。“迷路花开”，是我的“相”，是我的心，是我。

古往今来所有语言表达之机缘生成，皆在“相”，这个心物交汇的结点。“相”等于“象”。相，是一个具体的物，也是一个音节（质量）。

中国最古老哲学的观念生发，到“相”为止，若再引申，就会脱离存在的可靠性而成为语言妄想。可在西哲中，柏拉图的“相”，是个抽象的理念，是个普遍性。这是东方的心物哲学与西方的逻辑哲学或曰观念哲学之分野。此一分野，非同寻常，是“天问”之后的智慧决断，是文明基因的决断。

老庄是“道法自然”，坚持“道”——观念，不能超越自然——语言只能摩擦着自然运动，贴着自然以成为自然的一部分；而柏拉图是“自然法道”，不相信感觉系统能感知到的自然为真——感觉系统感觉到的自然，只是真的假象，观念系统成了自然背后普遍的原因。文明基因一开始就分道扬镳。“道法自然”和“自然法道”，是两种文明走向不同道路的核心之结。解开此结，就打开了通向不同文明的第一扇门。

佛学，是地地道道的东方哲学。佛经中的色空或空色之论，亦是“道法自然”。

自然之相者，“缘起性空”；自然之道者，“性空缘起”。

作为哲学的佛学，有三个核心概念：色，空，相。佛陀关于存在一观念，到色、空、相为止。色、空、相，亦是造“业”。此为佛陀的伟大洞见，也是佛教哲学或诗学的源泉。《心经》的主要内容虽为观自在菩萨所言，但也是佛陀的思想。《心经》上说的“阿耨多罗三藐三菩提”——无上正等正觉，从一切邪念、挂碍中解脱，正得最高智慧，达到清净涅槃，也正是对色、空、相自在之真的觉悟。

《心经》的玄奘译本（节译本）虽然只有二百六十个汉字，却是“诸经之胆”。《心经》最著名的命题即是色与空的关系之论：

> 色不异空，空不异色，色即是空，空即是色。

紧接着，《心经》又云：

> 是诸法空相，不生不灭，不垢不净，不增不减。

色与空，是二维同构，是心物存在的元初契机。恰如正与反、上与下、里与外、光与明、黑与暗等。色空二维之同构是什么呢？其实就是“相”。分开来说，色即相，相即色；空即相，相即空。

观念的生发到色、空、相为止，这是一种直觉主义的诗学。

直觉主义是反逻辑推理的，尤其是反演绎法的理性粗暴。逻辑主义是诗学的障碍，更是艺术创作和审美的障碍。意大利诗学家克罗齐说：“艺术即直觉。”他认为知识有两种形式，不是直觉的，就是逻辑的。艺术是反逻辑推演的。逻辑推理本身是一种思维或方法，它并不一定指向事实。而即便逻辑能推演出事实的真，那也不是艺术。

荷兰画家蒙德里安倡导的“纯粹抽象”，是一种不折不扣的直觉主义。他在关于《新造型的对话》一文中说：

> 是精神使人成为人。但艺术的天职是表现超人的东西——直觉。它是对一种无法理解的力量的纯粹表现。这种我们无法理解的力量是普遍活动着的，因此我们可以称之为普遍性。
>
> 我说过，“艺术就是直觉”。艺术的表现必须是有意识的。只有当心灵有意识地辨识出直觉的真正特性时，直觉才能以纯粹的方式发挥作用。[1]

诗（艺术）到色、空、相为止。从色、空、相出发，直觉会滋生出某种恰如星辉虚静、弓弹浪花一样的直观隐喻。

1 ［荷］蒙德里安：《蒙德里安艺术选集》，徐沛君编译，金城出版社，2014年，第52页。

色、空、相之于我，是“迷路花开”，是修“无挂无碍”，“无挂碍故，无有恐怖”。

艺术是通过直觉对“造业”恐怖的心灵补救。

艺术到色、空、相为止。意思是我们不能利用形与色。在视觉艺术或所有艺术中，形与色都是目的，而非手段。这是纯粹创作与价值观创作之别。纯粹创作，色、空、相即目的；价值观创作，则利用色、空、相达到目的。

大艺术家以形色的直观呈现为美，小艺术家利用形色表达某种价值观，某种隐喻的深度。

对大艺术家而言，形色即是本体，除了形色之外，没有本体。

当然，随便举一幅画，它里面或有价值关怀，那么就要考虑到，谁主谁次。有些价值关怀本身就附着在形色等语言系统中，创作或欣赏的活动，总是“拔出萝卜带出泥”，形色等形式语言，把某种观念带了出来。比如一块布，涂上各种颜色，成为旗帜；比如一块布，它在旗杆上的“飘扬”。这也是语言没有办法的“深度滑翔”。因为在通常的情况下，语言已经失去了它的纯粹性。语言已经被意识形态污染或戕害。

有时候，语言是脏的。

我们的语言系统中住着魔鬼。

魔鬼在任何语言系统中作祟，在任何艺术中作祟。“拔出萝卜带出泥。”带出来的东西，绝对不是艺术“本质”的东西。艺术没有本质，只有诗意的滑翔。诗意，也有脏的诗意或干净诗意之分。

色是什么？色就是感觉系统的直观自在。视觉系统最直观的、不加遮蔽的形，就是色。你看见一个形，首先看见的是色。

“五蕴皆空”中的“五蕴”，就是色、受、想、行、识。第一个“色蕴”就是形－相。

李叔同填词的学堂乐歌《送别》：

> 长亭外，古道边，芳草碧连天。晚风拂柳笛声残，夕阳山外山。
>
> 天之涯，地之角，知交半零落。一斛浊酒尽余欢，今宵别梦寒。

弘一法师光阴寸断的寂寞心，赋予“送别”。五蕴，色、受、想、行、识，如斑斑落红，在夕阳下的树梢、空谷剥落。《送别》之所以美，全在于色蕴的飞翔。“知交”和“梦寒”，亦是色是滑翔。

弘一法师的这颗寂寞心，与原曲调创作者的寂寞心，还有我的寂寞心，三颗寂寞心在色、受、想、行、识五蕴中交汇，表现为旋律，一种“无助”的滑翔，一种冷灭般若的缤纷。

五蕴皆空，首先是有五蕴，才有空。如无五蕴，何来皆空？因五蕴而空，所以，寂寞心是返向五蕴的途中呈现的寂寞心。是色、受、想、行、识五蕴到达寂寞心的途中，呈现出的寂寞心。

“五蕴”各“境”，彼此寻找，如如空落。

色蕴，是形相；受蕴，是情愫，欲望；想蕴，是意念，思绪；行蕴，是行为；识蕴，是认知的生发。它们姑且就是，这些飘忽如梦的“业”和“缘”。

“五蕴皆空”，“诸法空相”，如“光阴的河，寂寞的歌”，不断演绎，幻化成诗。

色、空、相有不同的面-貌。

我为什么常常使用单音节词汇？这是古代汉语的用法，只观照物事存在的“一面”“一貌”，那最清晰的、最可感的部分。古汉语的感觉系统，是最纯正的感觉系统，天然地抵达不加遮蔽的直观色相。譬如现代汉语之“光阴”，在古代汉语中，光是光，阴是阴。阴是光的另外一种色相。光在呈现的具体“境”中，产生了“阴”之形。阴，左边是耳旁，意为山之凹。小山凹旁边，悬着一轮明月。阳，则是山凹旁悬着一轮太阳。繁体字的阳，是山凹旁一个“易”。易，是太阳照耀的状态。万物的形色，变化万千，蹉跎不止，这就叫易，来自光照耀的直接结果，引为万相更替。

光阴寸断，以一个具体的度量单位“寸”，来衡量“易”。于是，诗便从混沌的状态中变得清晰起来，寸寸清澈，节节飘摇。断，是事物之“易”的一个具体状态、具体形式。

没有形-相，没有形-式，也就是没有色-相的意思。寂寞心先呈现为色－相，再呈现为诗，最终呈现为释怀的欢欣。

所有的观念，都起源于具体的形和相。空，起源于天空，起源于广大、高远、无边的一个空间。这个空间就叫空。这个具体之空的存在，不是因为空本身自现，空本身不能自现，空必须通过具体的形和相表现自己。当你坐飞机飞得很高的时候，你看不见大地，因为有云层，你不知道飞到哪里了，失去了形－色、形－式。没有参照物，就不存在“空”。空是以实、相而存在的。因此，空是形空，是色空，没有无形、无色之空。空是“日月不住”留下的空，也是“日月常住”留下的空。这就是空、色之辨，也是有无之辨。

唐代禅师黄蘖，有一首诗偈云：

尘劳迥脱事非常，紧把绳头做一场。不经一番寒彻骨，怎得梅花扑鼻香。

最后两句非常有名，引为励志名言。“寒彻骨”和“扑鼻香”皆为隐喻，隐喻“苦”与“甜”两个观念。观念不能自我呈现，因之要用梅花之“境”来表现。佛家称色、声、香、味、触、法六者为“六境”。“寒彻骨”和“扑鼻香”均在“六境”之中，或与各“境”均有关联，就看你感受形式和情态的不同。说到底，这些都是“缘”，正如“不经过风雨哪能见彩虹”之诗偈。

梅花不知“寒冷”这种概念，但人的“业”，使“梅花”

和“寒冷”成为“缘”，因缘际会而引申为诗意。诗是“缘”的翅膀。

冰雪消融不知温情，瑶华千顷不知春风，互不知也。正如君等不知我，我亦不知君等然也。因不知故，要用具体的“形”和“相”来传递。“形”和“相”是诗意的信使。

“六境”的形-相之维，是诗的信使；概念（观念），是理——论或理——义的信使。两个信使，我宁愿相信诗的信使，而不愿相信概念的信使。何故？因为诗更接近物事之真，而概念通常只是逻辑演绎的筹码。好诗是温润美人，而概念是粗鲁汉子。

相信诗，是相信色空诸相之真，而非逻辑之真。

一二等才智的人相信诗，三四等才智的人相信理论。当然，这是最高层面的心灵选择。美好的生活，是歌谣，而非一堆理论。说到底，理论，尤其是艺术的理论，是个“执念”，也是看似高级实则无用的一种“智障”。

《古诗源》第一首古歌《击壤歌》云：

> 日出而作，日入而息。凿井而饮，耕田而食。帝力于我何有哉？

素朴之“境相”，单纯之“业缘”，人与物事并肩而生，而行，而歌。亦如《弹歌》：

断竹，续竹；飞土，逐宍。

“断竹，续竹”就是把竹子砍断，做成弹弓；“飞土，逐宍”，即用土做成弹子，然后打出去，捕获猎物。不说逐鸟、逐兔、逐兽，而是逐肉，多么直接、准确。

古老的歌谣，用事相说话，弹出言词。色相与言词，浑然一体。因缘聚散，色空如花。

艺术现象学之空色之思，之诗，此是一阕宣言。

论回到初心的艺术

假设人有初心，我们能回到初心吗？

假设有回到初心的艺术，谁能创造这样的艺术？

话说那超凡的人，比如尼采、塞尚、毕加索、蒙德里安、维特根斯坦、卡夫卡，一方面要接受各种知识，另一方面又要成为一个反知识的战士，这是一个悖论。但一位灵魂活着的人，必须在二者的夹缝中破壳而出。有人在知识层面上折头而反，在知识的高墙下服帖皈依；有人则无视知识，直接磨砺反知识的锋芒，以期直奔一个创造力挥戈四顾的领域。

从灵魂结构的存在而言之，人是一个接受的主体。人人都在接受知识，也可能在生发智慧，孕育人文之花。也就是说，人不管有没有学习过所谓文化，其灵魂结构都是一个知识和智慧的通道或栖居之所。一个文盲，也有审美，也有自认为正确或错误的价值观系统。譬之审美，有人觉得有难度，不明美为何物；有人觉得美是简单的，因为它就是他们认为美的那种样式。前一种人的审美灵魂是活着的，因审美作为问题而活着；而后一种人的审美灵魂处于死亡状态，因美之为美没有问题而僵死。多数人的审美灵魂处于死亡状态，因美已经是某种固化的认知。我呼唤前一种人，尤其是那些莘莘学子来就我，也许他们还可以挽救。

美（艺术）是看世界的方式，是灵魂结构中的诸相之一，但不是美学逻辑程式的认知。美学的逻辑程式是背离初心的。

柏拉图在《大希庇阿斯篇》中有一个千古之叹："美是难的。"（或译"所有美的东西都是难的。"）这也许是苏格拉底之叹。柏拉图讨论美的本质，可无论提出的是"美是恰当（和谐）的"，还是"美是有用的"，抑或"美是视觉或听觉的快感"，都没有找到美的本质。柏拉图的"诗剧"（对话录）试图以苏格拉底和希庇阿斯的口说出"美是什么"，但他失败了。不是柏拉图的认知水准不高，而是他没有预料到语言的表达式根本无法演绎出"美是什么"。自毕达哥拉斯以来，所有用逻辑程式回答这个问题的人都失败了。

"美是难的。"因为"美是什么"在永恒的追问之中，只能成为追问。此种追问，是"美"在活着的灵魂中的漂移方式。说到底，"美是什么"作为追问，并不指向一个具体的目的。换句话说，如果"美是什么"能指向一个具体的目的，那么，所谓的美，就变成了任何一个语言表达式，而美绝对不是语言的表达式。当然，美之本质也绝对不是一个美人、一架竖琴或一个陶罐之美。

因此，美的存在，或者说审美的存在，首先是反对任何与美或审美有关的语言表达式的。也就是说，美的创造、审视、演绎首先是反美学的。美（艺术）反美学，即反任何形式的逻辑演绎。

美（艺术）在美学崩溃之处生发。美是漂移着的愉悦形式，它可能“暂住”，但绝不凝固，绝不会成为科学公理。这就是说，“美是漂移着的愉悦形式”这一语言表达式也是毫无意义的，因为美已经在漂移中自我空相，为空相不断覆盖之空相。

当然，我的底线是不能反对美的创造，也不能反对审美，即便创造和审美亦作为空相漂移。美（艺术）是漂移着的妙有或漂移着的“妙无”。妙有即妙无。这一点不能不以表达式说出来。美在此破开语言表达式而出。

在初心的审美创造中，空相与实相融为一体，实相亦空相。

“美是难的”，因为“美的创造”，包括审美亦作为某种美的创造，它永远处在反对美的知识和创造美的知识的夹缝之中。浸润初心的艺术即反艺术。按艺术成规去创作艺术，最多只能创作复制的艺术。复制的艺术是集体的艺术，这种艺术说到底是灵魂结构中的艺术暴力。

美的创造在反对美之观念（语言表达式）的实践中进行。在各种美之蕴（美之凝聚）生成的实践中，美以具体的作品（形式或形态）呈现出场，但它只在反艺术的途中“暂住”。

美即艺术；美是艺术的初心殊相。它作为某种直观的形式，在破除美的知识（美的成规）遮蔽的途中自我现身。这种现身即是妙有奔向妙无、妙无奔向妙有的暂住。暂住，也在漂移中幻化如泡影。《金刚经》说：“一切有为法，如梦幻泡影，如露亦如电，应作如是观。”

就美的创造或审美活动而言，任何人的灵魂都被置于远方，被抛置于美（艺术）的知识、艺术（美）的文化之彀中。活着的灵魂需要从那个巨大的彀中出来，以期实现从死亡的灵魂向活着的灵魂的自我拯救。所谓活着的灵魂，有时候是一种灵魂漂移着的角色，一种看世界的途径。我认为一位杰出的艺术家，首先应该是一位行动的哲学家——有一种哲学家凝聚万象之力。在此，哲学家是个灵魂漂移着的动词。自我是表现着的行动。美、艺术，都是动词。法国哲学家阿兰·巴丢在《爱的多重奏》中提出了成为哲学家的四个条件："学者、艺术家、战士、爱者。"我依此提出成为艺术家的四个条件："学者、哲学家、战士、爱者。"人的每一种角色，都是一种漂移的蕴。人处于蕴的漂移状态中，人在此状态中方能创造。艺术家作为动词，在创造中凝聚，同时也是反凝聚。在美凝聚的时刻，艺术与艺术家在活着的灵魂这一角色上同构。

任何艺术创造（包括审美）都是蕴的凝聚，蕴是灵魂绽放的法。而蕴作为法，源于人的感觉系统，包括已经凝固的知识智性系统。但美的创造不是知识的创造，也非知识的阐释。

作为凝聚之蕴的艺术，如果它是有意义的，那必然是被初次"看见"（被体验）的。只有源于"初心"的看，才能凝聚为不加遮蔽的艺术真实。

真实，与初心同构。可令人悲伤的是，真实或初心，都是假设。也就是说，没有本原的初心。或者说，已经没有本原的初心。人已经在抛弃初心的途中向着所谓的艺术沉沦。

所谓初心，也只是个动词，只能是个动词。初心在漂移，在磨砺，钝得失去了棱角；初心在漂移，灵魂之蕴在流血，流干了最后一滴血，像十字架上的基督。

当艺术给人以愉悦感受之时，未必是初心的开显。通常，知识表达式的漂移混同于初心的漂移。其实，艺术知识表达式的漂移往往是逆初心以行的。

回归初心是难的。初心已经困在知识的荆棘丛中罡满血痕。

初心，当其与有意义的艺术创造形式同构时，它是某种原初感动的蕴。而原初感动也是难的。对艺术知识、艺术表达式的感动，混同了对初心的感动。

众人把初心送去囚禁。就像柏拉图《理想国》里洞喻中的那些被缚的人，他们固执地把事物反复漂移的影子视为真实。当真实的事物被影子替换，影子就成了初心的存在形式。

回归初心是难的。

回归初心，有时在诗意去蔽的途中；有时在诗意初次凝聚的时刻。当艺术已经成为一种美学范式，回归初心，即是走上了一条反美学的道路。

美学是一堆笑话。

语言，比如绘画语言，其在面对事物之时能回到初心吗？很难。因为写生并不可能，语言并不能“真实”地直陈其事。语言面对事物，有种永远的障碍，这个障碍首先是语言的障碍，是语言自身的局限。模仿，是面对障碍的模仿，它无法获取真实。模仿并不能抵达事物；反映，也不能抵达事物。这是语言自身的宿命。

在天才的灵魂结构中，作为成规或程式的美和艺术的崩溃是必然的；而在庸才的灵魂结构中，那种众人倾情的美和艺术凝结为美学——一堆严肃的笑话。

美学是一套或无数套关于美的逻辑程式，对于具体的艺术创造而言，显然它是个谎言。人的灵魂结构中的谎言旗幡飘扬、重岩叠嶂，遮蔽着初心。

初心已经被置于最深处，或最远方。没有现成的通往初心之路，只有自我开掘通往初心之途。所谓“深处”和“远方”亦在灵魂结构中。其实也没有“深处”和“远方”。

在假设的初心中，有美和艺术的欢喜。但这欢喜也源于灵魂在妙有和妙无之间的情窦初开。

初心，是一个具体而荒诞的空无，或者说是一系列蕴的空相。初心是空相，是澄澈无蔽的音声。那音声，犹如雨打芭蕉的那份情缘正在奔向梨花。与此同时，梨花也在奔向雨中芭蕉。它们作为空相在奔向空相。

虚构的事物在语言的空相中奔突。因之，事物亦是空相。若事物非空相，它就不会在语言中奔突。在语言中，实相不动，空相漂移。

语言是空相的棋局。语言创造了人，创造了人可能的初心。初心在语言通往初心的途中显现出来。初心是语言的自我清洗，自我拯救；语言即人，抵达初心，是人的自我拯救。杰出的诗人、艺术家在抵达初心的途中。诗和艺术，是抵达初心的道路，是从任何地方启程的无数条道路。

我再次重申：语言即人。

比如那个海神波塞冬，它被一次次地创造出来，它源于空相，自身也是个空相。就像弗兰茨·卡夫卡的那颗初心在语言中又一次创造了波塞冬。初心、艺术、美、弗兰茨·卡夫卡、豪尔赫·路易斯·博尔赫斯、奥古斯托·蒙特罗索、伊塔洛·卡尔维诺、李森等等，都是语言中虚构而漂移的途径，正如卡夫卡在1920年9月15日创造的那位《海神波塞冬》：

> 波塞冬坐在自己的办公桌前，伏案计算着。管理所有的海域，使得他的工作十分浩繁。他本来可以随意要他所需要的助手，而且他的确有一大批助手，可是由于他对自己的工作非常认真，他总是把所有的账目亲自查看一遍，所以他的助手们对他很少用处。谈不上他喜欢这项工作，他之所以干它，仅只因为这是他的一种义务，的确，诚如他所说，他曾多次申请调换一件较为愉快的工作，可是每当人们向他提出各种各样的建议的时候，他总感到不中他的意，还是他目前所担任的职务更适合于他。总之，要为他另找一件工作，也是非常困难的。人们毕竟不能派他去主管某个特定的海洋；这是因为，那里的计算工作不少，但更为琐碎，除此之外，

伟大的波塞冬毕竟始终只能担任一个起支配作用的职务。再说，要是给他提供一个与海洋无关的职位，这个想法就会引起他的反感，他神圣的呼吸就会变得急促，他古铜般的胸膛就会上下起伏。顺便提一下，人们其实并没有认真地对待他的抗议；当一个强有力的人感到痛苦的时候，别人必须装出对他让步的样子，尽管在这种事情上双方都毫无希望；从来没有人真正考虑过把波塞冬从他的职位上撤换下来，从太古时起，他就被任命为海洋之神，这是无法更改的，只能是这样。

最使他生气的是——这也是引起他对自己的工作不满的主要原因——他听到了人们对他提出的各种意见，例如说他经常手持三叉戟，驾着马车在海潮中巡游。事实并非这样，在这期间，他倒是坐在世界海洋的深处，不停地算账，偶尔旅行到朱匹忒那儿，目的仅仅只是为了打断单调，而且通常总是怒气冲冲，扫兴而归。就这样，他几乎没有查看海洋，只是在匆匆攀登奥林匹斯山的途中，飞快地瞥上一眼，而且他的确从未在海洋里航行过。他常说，他以此等待世界末日的来临，到那时候，也许会出现一个安静的时刻，就在末日快要来临之前，在检查完最后一笔账之后，他还来得及做一次快速而短暂的旅行。[1]

1 叶廷芳主编:《卡夫卡全集·第1卷》，第403—404页。《海神波塞冬》一篇为洪天富译。

奥林匹斯山上的诸神并不存在。居住此山上的十二主神之一的海神波塞冬也不存在。但是，包括波塞冬在内的诸神在语言中存在，创造了诸神的历史，进入了人类的灵魂结构。如果“语言即人”这一命题可靠，那么，诸神也作为人在语言中存在。卡夫卡虚构了波塞冬，波塞冬其实就是卡夫卡。每个人都是语言创造的神的历史一页，或者说，每个人都是神祇的一个语言碎片。我们与人交往，是与语言的碎片交往，除此之外，人对人一无所知。时至今日，我们很难说人的初心是在哪一个出发点上显现的。初心也可能在卡夫卡重新创造波塞冬的时刻显现，也可能在博尔赫斯看见的一把锈迹斑斑的弯刀上显现，也可能在某一缕春风中的一瓣桃花上显现。

通往初心的路径可能是教堂的一个彩窗，可能是海洋上旋转的一块明镜，也可能是深井里的一窝欢乐的星星。

初心是种种假设，它们作为语言的碎片在漂移。在艺术中，人假设了各种初心漂移的途径。回归自然本真，是途径之一。这是语言作为人的一个渴望，一个梦想。

初心是语言的梦想。我在呼唤初心时，已在梦中。

当克劳德·莫奈在吉尔维尼（Giverny）花园经营他的池塘，种下他的睡莲，他就把自己放到了一个梦想之中。池塘中的睡莲如何成为语言的初心，是他奔向的一个目的。在莫奈奔向初心的时刻——无数个时刻，莫奈即语言，语言即莫奈。每一个时刻的莫奈都是语言的碎片。只有碎片才能向着初心漂移。其实，初心就是语言漂移本身。

莫奈的睡莲并非睡莲。莫奈越想获得睡莲的真实，睡莲离他就越远。这是因为，他的睡莲已经成了一个观看的对象，一种艺术创造的企图。睡莲没有初心，是莫奈企图让睡莲引领他抵达初心。

莫奈的初心，是睡莲上初次抵达的光影。犹如梦中的神祇，她就是那初在的光影。初在的光影在抟着各种形式、各种空相。

法国哲学家加斯东·巴什拉在《梦想的权利》一书中写到克劳德·莫奈，他根据希腊神话中勒达与天鹅的故事，想到莫奈在问自己：

哪只蛋是睡莲在夜里产下的？

睡莲在夜里开放。睡莲在想象中完全可能产下一只蛋。睡莲存在于寓言之中。那只蛋，当然是众神之王宙斯化作天鹅在勒达的怀里产下的。那时，美女神阿芙洛狄忒化作鹰，正在追逐天鹅，勒达在沐浴时将天鹅抱在怀里。卡斯托斯、海伦等从蛋中破壳而出。莫奈的睡莲在想象力的漂移中被喻为神圣、美丽的性器官。这是人类想象力的初心绽放，它在美、诗意的牵引下，顺从语言自身幻化的力量生成具体的表现形式。

寓言是事物的空相，事物也是寓言的空相。

在卡夫卡的另一则短篇故事里，也许正是那只天鹅（宙斯）

的蛋，变成了鹤蛋。一个初心的绽放，化为另一个初心的绽放。好像“蛋”这个形象真的就源于宙斯（天鹅），源于阿芙洛狄忒（鹰）的追逐，源于勒达赤裸的胸怀。宙斯、天鹅、阿芙洛狄忒、鹰、勒达、蛋，都是空相。

因为只有空相才能生成万物，才能让万物在想象力的空明中漂移。

弗兰茨·卡夫卡的那则故事写于1918年，名之曰《驯鹤》：

我晚上回到家里时，看到一个很大的，大得异常的蛋。它差不多跟桌子一样高，鼓得圆圆的。它轻轻地来回晃动。我感到很好奇，把它夹在两腿中间，用小刀小心翼翼地剖成两半。它已经孕育完成。蛋壳皱巴巴地碎了开来，从里面跳出一只鸟，它像只鹤，还没有羽毛，用它那太短了一些的翅膀拍击着空气。“到我们的世界里来想要干什么？”我很想问问它，我在它面前蹲了下去，注视着它害怕地眨动着的眼睛。可是它离开了我，沿着墙边跳着，不时扑打着翅膀，好像脚痛似的。“人人相互帮助。”我想道，于是从桌上打开我的晚餐，向那只鸟招招手，它这时正用它的鸟喙捅着我的几本书。它马上就来到了我这儿，显然已经有点习惯了，在一张椅子上坐了下来，开始发着鸣叫声的呼吸嗅我放在它面前的肠块，可是刚刚啄起来，又扔了下去。“我犯了个错误，”我想，“当然了，刚从蛋里蹦出来，怎么能马上就吃肠子呢。这里需要有女人提供经验了。”我目不转睛地盯着它，想看看是否能从外部看出它想吃什么。“如果它是来自鹤的家族，”我想起来了，“那么它一定会喜欢鱼的。甚至要我去给它弄鱼来我也干。当然不是白干了。我的收入允许我养一只家鸟的。如果我做出这样的牺牲，我就要求它做出同样价值的具有维持生命意义的生活服务。它是一只鹤，那么等它长大了，被我的鱼养肥了，它就能载我到南国去。我早就想到那儿去旅游了，但由于没有鹤的翅膀我至今只能搁下这个愿望。”我立即取来纸和墨水，把它的鸟喙蘸上墨水，挥喙写道（这整个过程中这只鸟都没有反抗）：“我，像鹤的鸟，在此保证，在你用鱼、青蛙和蚯蚓把我喂养到能飞之时的前提下（后两样东西我是因为想到它们更便宜而加上去的），让你乘坐在我的背上飞往南国。”然后我把鸟喙擦干净，把这张纸又拿到它眼前放了一会，才折叠起来，放入皮夹子中。接着，我马上动身去买鱼；这回我不得不付出高价，但那小贩对我说，今后将始终给我准备好价格低廉的臭鱼和足够的蚯蚓。也许南国之行不至于太贵。看到这只鸟那么爱吃我带来的东西，我很高兴。只听它格格响着把鱼吞了下去，填满了浅红色的肚子。日复一日，与人类的孩子没法比，这只鸟很快地生长着。尽管臭鱼那令人无法忍受的味道不再离开我的房间，不断地发现鸟粪并清除掉也不是易事，再说寒冷的冬天和煤的涨价不允许我进行必不可少的通风——可是一旦春天到来，我在轻盈的空气中游向灿烂的南方，那该多美。翅膀长了起来，铺上了羽毛，肌肉开始变得结实，是开始进行飞行练习的时候了。可惜没有鹤的母亲在场，如果这只鸟不太情愿，我的教授水平肯定是不够的。但它显然看出来了，它必须用高度集中的注意力和最大的努力来填补我教学水平的不足。我们开始练滑翔了。我跳起来，它就跟在后面，我张开双臂跳下去，它便振动翅膀往下落。后来我们越过桌子，再后来我们越过大橱，可是所有的练习都得有系统地重复许多遍。[1]

卡夫卡的初心在驯鹤，希望那只鹤长大后载着他到南国去。那颗置于寓言中的初心多么孤独啊，我们完全有理由认为这种孤独既是源于文明的激发，也是源于个人的情愫。一般认为这里说的孤独，是个人生活或生存境况中的孤独，此种孤独使卡夫卡变成了甲壳虫，但我认为这孤独感的最深层语义，是存在的空相。存在作为一个辽阔的范畴，是个空相，存在物也是空相。这就是说，空相在空相中存在，人在空相中无可抵御地被化为虚无。

人不能不以诗意自救，但自救是无意义的。人是那么飘忽不定，那么支离破碎；人已经无法到达远方。这就是想骑鹤飞翔的卡夫卡，这就是李森和他的缪斯妹妹。

1 叶廷芳主编:《卡夫卡全集・第一卷》，第548—549页。《驯鹤》一篇为黎奇译。

当人类创造的主体性的历史和客体性的历史双塔崩塌的时刻，人们开始寻找初心表达的皈依之所。这是现代智者的灵魂境遇。从此，人类按某种价值系统和逻辑书写的群体的历史终结，个人书写的历史开始。回归初心，即回归个人的历史书写。与此相对应的是具体事物重新绽放的历史书写。曾经风行的、那种书写集体真相的雄心，已在少数精英的创造力驱使下，向着钟情个体真相的书写初心之维过渡。

语言即人，人和语言都如泡影般漂移。

巴什拉认为莫奈在述说“水中之花短促而又热烈的历史”。他说：“有时，一个奇特的气泡从水之深处冒出：这气泡，它在平静的水面上结结巴巴咕哝着，植物在叹息，池塘在呻吟。画画的遐想者念及宇宙间的不幸，悲悯之情油然而生。恶就深藏在这花的伊甸园之中吗？……但是，让这哲学的云雾飘散吧。和我们的画家一起回到生机勃勃的美之中。”花之美在语言中漂移的历史，在哲学家语言视相中漂移的历史，在画家心中漂移的历史，各种语言的碎片组成重重叠叠、云山雾罩的历史，就像各种乐器不停地发出各种声音，各种节奏，各种声部，各种流动的光影及它们的欢欣与哀怨。

局部真实并不一定是初心的真实，但初心的真实一定在局部呈现（看见）之时。

接着，巴什拉又翻开了观看莫奈池塘中的睡莲和《睡莲》的一页：“世界要被看见：在‘看’的眼睛存在之前，水的眼睛，静水的大眼睛已在观看花朵怒放。而正是在这反射中（谁说不是呢？），世界获得对自己的美丽的最初意识。同样，从莫奈观看过莲花以来，法兰西岛（Île-de-France）上的莲花就更加美丽丰腴。莲花花瓣重叠，更加平静地漂浮在河面上，乖巧得犹如一幅幅莲花-孩子图。不记得在哪里看到这样的描写：在东方的花园里，为了让花儿开得更美，为了让花儿更快、更稳地绽放，人们坚信花儿的美，有足够的耐心和爱心在会开出鲜花的挺拔花茎的前面放上两盏灯和一面镜子。这样，花儿可以在夜里看到自己，因此也可无尽地享受其辉煌。”[1]

当“睡莲”被莫奈“看见”之后，睡莲就成了它自我的“看”乃至印象主义的“看”、法兰西的“看”、现代性的“看”。每一个“看”，都是一个初心的“看”，尽管那曾经替换某种灵魂结构的“看”，已经显得有些苍老。

“看”在苍老，不得不苍老。

就艺术创作而言，回到初心，是重新出发的一种态度或一种新艺术生成的力量。正如法兰西艺术家在19世纪的巴比松、梦特芳丹的探索，云南大学的一批艺术家也到了离昆明120千米的石林圭山，寻找艺术的初心，珍视“无智亦无碍”的欢喜。长达十年的“原野教育”，使圭山成了名播遐迩的中国当代艺术创

1 ［法］加斯东·巴什拉：《梦想的权利》，顾嘉琛、杜小真译，华东师范大学出版社，2013年，第19—20页。

作的一个实验区，那些年轻的艺术家被导师毛旭辉命名为“云南种子”。

在圭山，每一粒“云南种子”的创作都面向回到初心的困难。陈旧的艺术观念，陈旧的色-彩和造型，已使世界变得无法再“看”。他们清洗色-彩上附着的艺术文化隐喻，破解造型的各种程式。他们要重新冶炼色-彩，重新构建造型，重新训练观看世界的能力，以期艰难地回归初心。这是一种美丽的抛弃执障的执着，仿佛醉心在事物的呼唤之中。

慢慢地，“云南种子”们明白，回归初心是难的——要回归，首先要假设一个初心，因此，他们开始在万物的呼唤中创造单纯自我的初心。于是，某种新的语言表现的初心，在圭山那种自救式的语言环境中铿亮地、不受遮蔽地开始突围，犹如一种色-彩在语言中捍卫“梦想的权利”。

巴什拉说：“的确，夏加尔把光线置于我的耳朵之中。”我要说：“的确，云南种子将初心的种子置于泥土之中。”种子在泥土之中的梦想，是灵魂又一次飞翔的梦想。于是，种子在灵魂结构中的又一次梦想，构成新的艺术灵魂漂移的结构。

色-彩梦想语言。比如对“绿”的审看，是一种“超绿”或“偏绿”的审看。毛旭辉在《偏绿》一文中写道：

偏绿——

确实不是一个哲学问题

它可以是批判性的

作为一个视觉语言作用于充满矛盾和危机四伏的世界

……

偏绿——

达到绿的方式是很多的

它甚至不使用绿

如果直接简单地使用绿那只是简单的做法

事实上它呼唤内在的力量和智慧

它甚至表现为一种生活的态度

一种行为方式[1]

毛旭辉的《偏绿》一文像通向“绿”的一个漫长的走廊。在这种看法中，“绿”作为南国自然中一种宏大的色-彩视相，它并非一个单纯的色-彩视觉。在这里，“绿”是抛弃一般视相中绿的一种初心凝聚，它就是灵魂结构中的一个“蕴”，一个漂移着的动词。“绿”，可以化为万千妙有，也可以化为万千妙无。

任何色-彩和构-成都是语言，圭山艺术实验被我称为“形景主义”。我曾在《形景主义新艺术的纯粹造型理想》一文最后写道：“犹如‘偏绿’，让自然和生活中的某种质料浸润着人的艺

1 毛旭辉、陈玲洁主编:《偏绿：一种与自然相关的态度文集》，云南大学出版社，2016年，第10—11页。

术才能旅行吧，在精神世界中旅行，并擦亮自身。独立不羁地穿越，熠熠生辉地自我命名。”

圭山艺术实验让“种子”破壁发芽，目的在于唤醒人被所谓艺术屏蔽了的感觉系统。因此，种子重新被置于“眼”“耳”“鼻”“舌”“身”“意”六根里。这是佛的召唤吗？是的。

回到初心，即是创造初心。

论诗中之寂寞心

今天给大家推荐一本书:《中国古典诗词感发》。这是顾随（羡季）先生的讲课笔记，记录者是叶嘉莹，乃顾随先生的受业弟子。叶嘉莹，创作与理论兼修，既是个诗人，又是古典诗词研究专家，海内人望，颇有情愫。今天我们能够领略这本书中顾随先生讲解诗词的精义，全靠叶嘉莹这位好学生。叶氏一生海内外辗转几十年，一直把老师的授课笔记带在身边，珍藏至今。顾随先生与叶嘉莹师生相遇，是文坛的一个佳话。韩文忠公感叹“千里马常有，而伯乐不常有”，其实，伯乐也是常有的，而千里马更难寻觅。我阅叶嘉莹的笔记，如临顾随先生课堂之感。说实在的，顾随是中国当代学术界一个几乎被遗忘的人，因为太优秀而被遗忘。一位非常重要的文人。我个人，经常使用“文人”这个词，是因为不喜欢用“学者”这个词。今之所谓“学者”，好像是一个，或者是一批满肚子灌满知识的人物，专门搞“依附”的。文人，是不一样的。文人，是能够化知识为智慧、化智慧为才情的人，是能够融会贯通的人。文人是有立场的。文人呢，我认为要高于学者。

顾随对古典诗词和传统学问一些领域的理解和阐发，其情韵所至，在当代罕有其匹。而且，他的文体，也是中华传统诗性批评文体的一个延续，是从老子、孔子、庄子，一直到太史公，到刘勰，到司空图，一直到王静安这个传统的延续。就我个人以为的"文体即神韵"这一点而言，顾随，王国维之后一人而已。现如今，诗意批评这一条脉络已经断裂了。实际上，在王国维先生以前，是不存在当今这种学院派的论文体的。当今盛行的、已经变成人文学术恶行的学院派文体，当然是从西方引进来的。这是西方18世纪以后，科学主义负面因素对人文学的伤害。作为负面因素的科学主义，是一种泛滥的逻各斯主义。但实际上，并不存在绝对的科学逻辑这种东西。所谓科学逻辑的形式，没有人性，更没有生动的、温婉的人类精神意蕴。我之所以给大家推荐顾随，按顾先生评陆放翁的说法，"便因他是我们一伙儿"。顾先生不是别人，是我在民国的"忘年交"，我们是一伙儿的。我读顾随的诗文，读到了万般惆怅，这惆怅，就是一颗寂寞心。这颗寂寞心是学院派概念系统和人格教条中没有的。

自古天才多寂寞。莫说是天才，侠义肝胆之士，有情有义之人，皆有寂寞心。因为寂寞心是一种非常高级的人性，是对人生与万物无辜存在的自觉。花到红，月到圆，风到树，水到蓝，春到冰，夏到喧，秋到果，冬到枯，都是寂寞心。寂寞心虽无处不在，可既是"高级的"，就非每个人都有。顾随先生在谈到唐代诗人王绩（无功）时，谈到了"寂寞心"。顾先生引证，寂寞心一词，是金末元初文学家元遗山（好问）的发明。元遗山《论诗绝句》第二十首云：

谢客风容映古今，
发源谁似柳州深？
朱弦一拂遗音在，
却是当年寂寞心。

元好问诗中说的谢客，指的是谢灵运（王右军的外甥）。谢灵运小名“客”，人称谢客。南朝刘宋时，谢灵运曾被贬为永嘉太守。灵运“脚踩谢公屐，身登青云梯”，咏遍永嘉山水，开创了山水诗派。钟嵘《诗品》中说谢客诗：“名章迥句，处处间起，丽典新声，络绎奔会。”王勃（子安）《滕王阁序》赞谢客云：“邺水朱华，光照临川之笔。”元遗山说的寂寞心，既赞永州司马柳宗元（子厚），又叹命途多舛的谢灵运。顾随将元遗山的“寂寞心”推而广之，演绎为一切好诗的“诗心”。此一演绎，深得我意，不然怎么可以说“我们是一伙儿”的呢。顾随说：

> 不论派别、时代、体裁，只要其诗尚成一诗，其诗心必为寂寞心。

羡季说的，凡堪称诗的文学，其中必然有寂寞心，这颗诗心。羡季说的，当然不仅仅是诗，他其实说的是诗人。一首诗，当诗人缺席时，那诗即诗人。诗代表诗人出场。即便是诗人在场，诗也往往是代表诗人出场的。诗人是个小小的宇宙，或深渊，无论是喻之为宇宙者，还是喻之为深渊者，都是无法出场的。即便诗人就在你面前，你也未必知道诗人是谁。肉体只是一个表象。语言代表诗出场，诗代表诗人出场，这就好比一树红花，世人只赏花，而忽略了树。欣赏树而放下花的人当然有，那是极少数。花和果，自然把草木分辨得更清晰，这种清晰，是人心和物形的相遇，成为诗，即是寂寞心的开显。寂寞心或如花红，或如玄铁。羡季接着说：

> 最会说笑话的人是最不爱笑的人。如鲁迅先生最会说笑话，而说时脸上可刮下霜来。

鲁迅的寂寞心，是玄铁。就是说，鲁迅的幽默，其实是因为内心的寂寞，内心在磨玄铁，冷光闪烁，却似人间笑靥。天才的心，是磨砺的心，是绽放的心，是卓尔不群的心，因此它是寂寞的，寂寞得无处自处。好作品中，渗透着、浸润着万古寂寥的人间情愫，它代表寂寞的人心来表白。当然，这种情愫，不是每个人都能看得见、听得到的。寂寞心之间互相倾听，相互印证。寂寞心是哀歌，也是欣慰。寂寞心当是一种特殊的才华，是相互倾听、相互印证的才华。或者是一种根本听不见的才华。风在天空借助云印证水，水在湖里借助光印证蓝。诗可以这么咏叹，但真要听起来，却听不到。

在大诗人看来，万物枯荣，均有寂寞心——诗人创造的诗心。大诗人，是天地间的寂寞心，好像神祇的一抹阴影，在晨曦中遁入鱼腹，在夕阳西下时翻山越岭，遁入星光背后，又显现为星光。这是诗的写法，真要看却也看不见。

古往不灭的寂寞心，浩瀚如渊。生命在吸吮，也在吐纳。无缘无故。

建安文学之父曹孟德，谁知道他的寂寞心呢。我是知道的，他也是我们一伙儿的。那个学院派的乐师、雅乐规范的守成者师勖，理解不了曹孟德，也不谙音乐之本真。电视剧《三国演义》描写，赤壁大战前，曹操屯兵长江北岸，喝醉了酒，横槊赋诗，歌一曲《短歌行》：

> 对酒当歌，人生几何？譬如朝露，去日苦多。慨当以慷，忧思难忘。何以解忧？唯有杜康。青青子衿，悠悠我心。但为君故，沉吟至今。

歌罢，孟德踌躇满志问师勖：“你看这诗怎么样？”师勖说：“您这首诗好是好，但是不符合雅乐的规范。且唱出了‘月明星稀，乌鹊南飞。绕树三匝，何枝可依？’很不吉利。”操非常生气，这师勖不但学院派，而且还“乌鸦嘴”，一槊就把他捅死了。或许曹操平时就讨厌师勖这个学院派。作为国家豢养的中央音乐院的乐师，他整天雅乐、雅乐、规范、规范的，实在令人不爽。大才是为古今艺术立法的，因之都讨厌学院派的桎梏教条。小才，没有办法，只有委身规范，搞依附，搞歌颂，套项目。孟德横槊赋诗，痛快淋漓，真醉还是装醉当不可知，然而求贤若渴之呼唤，却铿锵在耳。这是英雄的呼唤。操之诗，是英雄之诗。操呼唤英雄与之对话，是因为他的寂寞心之重无法释然。所谓“青青子衿”之唤，千古之唤也；所谓“悠悠我心”，如波浪浪迹古今；所谓“但为君故，沉吟至今”，此“君”之于我，乃我燕王也。

如果寂寞心有分量，英雄的寂寞心，其重超过了诗人的寂寞心。寂寞心当然有轻重，薄纱一缕，与玄铁一块，自不相同。谢灵运说：“天下才共一石，曹子建独占八斗，我得一斗，天下共分一斗。”够狂的。谢康乐之狂，正说明他有寂寞心。狂，是因为承受不了寂寞之重，古今文章狂徒，莫不如此。我当交此狂徒以自娱，可惜我生也晚，今无狂徒矣。可曹植之才、谢康乐之才，乃是才子之才，而非英雄之才。英雄之才合才子之才而于一身者鲜矣。

孟德也，叹“青青子衿”难遇，人才难得，对话者难寻。英华丽天之才，要么一心要自立山头，做独立为王的大买卖，如刘玄德是也。《三国演义》曹操煮酒论英雄：“天下英雄，唯使君与操耳。”吓得刘备箸子砰然落地。要么大才已经落入他人帐下，如关云长、诸葛孔明、周公瑾是也。有个郭嘉（奉孝），深得孟德之心，可惜天妒其才，死得太早。当然，孟德身边，也是有人的，也不能伤了文武们的心。因之，《短歌行》（对酒当歌）中还是引了《诗经·小雅·鹿鸣》中的句子：

呦呦鹿鸣，食野之苹。我有嘉宾，鼓瑟吹笙。

不过这里“鼓瑟吹笙”的“嘉宾”，当然不是中央音乐院搞规范音乐的师勖们。孟德此诗的寂寞心，在后面四句中溢溢而出：

明明如月，何时可掇？忧从中来，不可断绝。

要把月亮都摘下来的人，非英雄而何？诗中的这种英雄气概，太白也是有的。只是太白没有英雄业绩，没有打下过地盘，诗与人生不能互证而已。试问，有多少英雄可以逐鹿天下，饮马河汉？太白寂寞心中的英雄气，深受孟德影响，其诗无论形式或气宇上，均师法屈原和曹操，白之古诗，尤为明显。《宣州谢朓楼饯别校书叔云》一诗，其诗意可以说直接从曹操之《短歌行》（对酒当歌）化来。诗意重写，而语言形式则有别于汉乐府：

弃我去者，昨日之日不可留；
乱我心者，今日之日多烦忧。

长风万里送秋雁，对此可以酣高楼。

蓬莱文章建安骨，中间小谢又清发。

俱怀逸兴壮思飞，欲上青天览明月。

抽刀断水水更流，举杯销愁愁更愁。

人生在世不称意，明朝散发弄扁舟。

太白《宣州谢朓楼饯别校书叔云》中“明月”一词，有两个版本。一个是乾隆十六年进士孙洙（蘅塘退士）《唐诗三百首》，选用的“日月”；另一个是北宋蜀刻本《李太白集》，选用的“明月”。我以为太白用的是“明月”，一是因为对“明明如月，何时可掇”的呼应，此为寂寞心、英雄气的呼应；二是因为“明月”更加具体而温润，“日月”则太空洞。览（揽）明月，是把“明月”抱在怀里，珍之，惜之，犹如美人。很温存，使“明月”不能不从。这是英雄的暧昧，即便飞上天，也要流露出来，将“大我”之美，化为“小我”之怜爱。

李义山的寂寞心就不同，义山不会想象着要去摘明月，或者把明月揽在怀里。“嫦娥应悔偷灵药，碧海青天夜夜心。”玉溪生的这广寒宫，寂寞、冰冷得有点可怕。当然，李商隐的这首《嫦娥》，因有了前两句而变得温暖了许多：“云母屏风烛影深，长河渐落晓星沉。”义山的寂寞幻象，是在屏风烛影中的幻象。好诗者，不管是大寂寞，还是小寂寞，是寂寞之苍茫，还是寂寞之沙粒，总要有个落脚处。树高千丈，要有根须，方有叶绿花红；弱水三千，要让人能取一瓢饮，才是活水。

曹操的这首《短歌行》有四句，是人间烟火的落脚处："越陌度阡，枉用相存。契阔谈讌，心念旧恩。"宾朋从四面八方、越过阡陌交通而来，与之对饮，有人情味，甚至有温酒的香气。不过，光有温酒的香味是不够的，还要有"山不厌高，水不厌深。周公吐哺，天下归心"的引申。引申，诗意要飞翔，但飞去也，还要飞回，如梁上之燕，飞于广阔田野，呢喃于片瓦屋檐。上天立地，言词在天地之间、在人海之中络绎峥嵘，这是好诗的醇厚气象。我的《春水》组诗中有一首《童年》，其中有两句，或可一喻：

我的青天下有一棵树，披着一个黄色的斗篷
我的村里有一群乌鸦，正在攀登一缕炊烟

燕王何其寂寞也，但有时也很温暖。顾随在论李长吉（贺）诗之篇章中说："诗人的幻想非与实际的人生联合起来不可，如能联合才能成为永不磨灭的幻想，否则是空洞，是空中楼阁，Castles in air。德国歌德《浮士德》中之妖魔虽是其幻想，乃其人生哲学、人生经验；但丁《神曲》游地狱、上天堂，亦其人生哲学、人生经验，故能成为伟大的作品。"好诗中既有飞翔，又有人情味，二者兼得，实属不易。

诗是寂寞心的面貌，也即诗人的形象。庄子的形象是一只大鸟，其名为鹏。这只鹏鸟，是鱼变的，变之前叫鲲。《逍遥游》开篇就说：

> 北冥有鱼，其名为鲲。鲲之大，不知其几千里也。化而为鸟，其名为鹏。鹏之背，不知其几千里也。怒而飞，其翼若垂天之云。是鸟也，海运则将徙于南冥。南冥者，天池也。

好诗，即是寂寞心的逍遥游。庄子的《逍遥游》如果只有上天入地的“飞翔”，飞来飞去，终将空洞，可是，庄生用与惠子的对话收住了全篇。在庄生的心里，飞翔如鲲鹏者，也是“无用”的，然而正是这“无用”，而变得“有用”。《逍遥游》乃千古奇文，悲情至极，演为欢欣。不是那种又哭又闹、又恨又妒、又打又骂的文字，让人看了心烦，仿佛要让读者也跟着受煎熬似的。且看《逍遥游》最后一阕，将鲲鹏的“怒而飞”化为乌有：

> 惠子谓庄子曰：“吾有大树，人谓之樗。其大本拥肿而不中绳墨，其小枝卷曲而不中规矩，立之塗，匠者不顾。今子之言，大而无用，众所同去也。”庄子曰：“子独不见狸狌乎？卑身而伏，以候敖者；东西跳梁，不辟高下；中于机辟，死于罔罟。今夫斄牛，其大若垂天之云。此能为大矣，而不能执鼠。今子有大树，患其无用，何不树之于无何有之

乡，广莫之野，彷徨乎无为其侧，逍遥乎寝卧其下。不夭斤斧，物无害者，无所可用，安所困苦哉！”

《逍遥游》是一首伟大的寓言诗。李义山《锦瑟》：“庄生晓梦迷蝴蝶，望帝春心托杜鹃。”晓梦春心，蝴蝶杜鹃，皆是寂寞心之化有。伟大的诗，不但寂寞心要化为万物之妙有，而且还要从妙有化回“妙无”。“妙无”，是我造的一个词，与“妙有”相对应，好似两朵莲花、无数朵莲花之间的空隙或空白。妙有和妙无，是一个词中对称的耳朵和眼睛，也是一首诗中对称的耳朵或眼睛。妙有主阳，妙无主阴，阴阳合，万物具，心著之为文，风咏之为华。

《庄子·外篇·至乐》中记载：“庄子妻死，惠子吊之，庄子则方箕踞鼓盆而歌。”惠子说庄子这样做太过分了，而庄子则弄出一套生死有无的说法来，“是相与为春秋冬夏四时行也”，把人生的悲苦、寂寞、生死离别给消解了。理性和情感，这个巨大的跷跷板，要踩在中间，顾及两头，实在是不容易的。庄子的“至乐”，即是寂寞心的当阳面。当阳面姑且是暖和的，因为有个背阴面冷得发颤。

《逍遥游》这首寓言诗将小我、私我之寂寞心与大我高远、鸿蒙的寂寞心合二为一，化为一体，这当不是一般人之力道可逮。这种胸襟和情愫，是超圣人才能做得到的。孟德之建安骨虽馨香，但太硬，治国平天下之心尤重，甚至有点太急迫。兹当不是诗之硬，而是操之人格太硬——“老骥伏枥，志在千里。烈士暮年，壮心不已。”（《龟虽寿》）如果建安骨只是“风骨遒上”，无须多说也，然孟德乃攻城拔寨的大英雄，其势大力重，有驾驭群氓、以小天下的气势，对于诗来说，这不好。儒家打天下的价值观太强，是会伤害诗的。太白和工部，一仙，一圣，太白太飞扬，工部太实在，两者的毛病都很明显。今人读李杜，都读其选本中的精妙之作，虚实比较均衡，对此说或有不服。然而，若细读李杜全集，当膺服我言。

太白《赤壁歌送别（江夏）》：

> 二龙争战决雌雄，赤壁楼船扫地空。烈火张天照云海，周瑜于此破曹公。君去沧江望（弄）澄碧，鲸鲵唐突留余迹。一一书来报故人，我欲因（观）之壮心魄。

李白此诗不好，就因其太空，气势太大却没有落在实处，没有人间烟火味道。人间烟火味，是一种内敛的、浅唱低吟的味道。《三国演义》写三顾茅庐写得精妙。诸葛孔明第一次见刘玄德之前（第三顾），在卧龙岗草堂中刚刚睡醒，自己咏了一诗：“大梦谁先觉，平生我自知。草堂春睡足，窗外日迟迟。”此诗写出了诸葛亮沉着而高远、淡泊以明志的胸襟。什么是人杰的寂寞心，孔明这般不急不躁、不骄不横的心灵与心智，即是人杰的寂寞心。

寂寞心即人。孔明一出场，就那么平淡，那么随意而安但又不放弃、不故弄玄虚。若只有空洞的大志而没有淡泊的内敛和自持，人就会变成疯子。换一种说法，一个大英雄，如果用纯粹的理想主义或浪漫主义口号打天下，或可取得人心，骗得群氓“赢粮而景从”，但如果用纯粹的理想主义或浪漫主义口号治国，就会变成疯子、莽夫治国，贻害无穷。文武之道，一张一弛，作诗著文，经世济道，无不如此也。

杜工部的绝句：

江边踏青罢，回首见旌旗。风起春城暮，高楼鼓角悲。

甚好。有一种平淡的寂寞心。寂寞心的最高境界不是疼痛，而是平淡。平淡无奇，犹孔子说的“绘事后素”。能将寂寞心写到平淡，却非一般诗才可为。太白的“举头望明月，低头思故乡”，也是平淡的杰作。白乐天的“绿蚁新醅酒，红泥小火炉。晚来天欲雪，能饮一杯无”（《问刘十九》）乃平淡中的平淡，素朴之极，微妙之极。

相反，工部的诗，也有空洞的，比如《八阵图》：

功盖三分国，名高八阵图。江流石不转，遗恨失吞吴。

此诗赞颂诸葛亮，也有惋惜之意。但此诗与太白的《赤壁歌送别（江夏）》一样，气贯长虹，咏叹三国英雄，可惜与自己心灵体悟无关，既没有寂寞心，也不温润。从才气的类型看，苏东坡即宋代的李白。其诗词气势大则大矣，然亦有空洞、缺乏内敛的毛病。东坡词《念奴娇·赤壁怀古》一词，如果没有如下句子："故国神游，多情应笑我，早生华发。人生如梦，一尊还酹江月。"那么，这首词收不住了。东坡咏周郎，乃是自况也。高调布局，低调收官，一咏三叹，欲哭无泪，千古寂寞心，引为千古绝唱。

论光阴寸断之寂寞心

窗外，风动万壑，山因隆起而孤立，此心亦然。我们上次讲了寂寞心，现在这颗心仍然折磨着我。上次，我满脑子的建安文学，李杜和小李杜，今天我先想到了一位2011年获得诺贝尔文学奖的瑞典诗人特朗斯特罗姆[1]。我刚刚重读了他的一首诗。

我躺在敏锐的屋里。
许多人想穿墙而入
但大多数人被挡在了外面：

他们被遗忘的白色喧嚣吞没。

这是特朗斯特罗姆《画廊》一诗中的几个句子。他写的，就是我此时此刻的感受。“他们”，也是“我们”，也是“我”，此时此刻的我，也在“吞没”之列。“白色喧嚣”如空明似风的幕

1　本文所引特朗斯特罗姆的诗作均选自《特朗斯特罗姆诗歌全集》，李笠译，四川文艺出版社，2012年。

帐，也恍如“白色的宁静”，喧嚣与宁静是同构的一种力量。此时此刻，这白色的喧嚣，就是光阴，是明媚的风幡之动。我是被吞没者，也是吞没者。我是光阴的弦上花瓣，向红迈进的黄，向黄对饮的红，也是绽放的锈迹。

还有墙，那个空明的障碍之喻，仿佛智慧从高天向下倾泻。我在墙之内，还有许多人在墙之外，他们的声音如棉朵一样堆积。还有眼耳口鼻、手掌和脚掌，各自行动，有的抚摸，有的亲吻，有的在轻轻敲打。

墙外的光阴在喧嚣，墙内的寂寥在擦拭越来越薄的空明。

紧接着，特朗斯特罗姆那几支像长笛一样横陈的句子，又在奏鸣中生出了另外几支长笛：

> 匿名的歌声没入墙壁。
> 没人想听的羞怯的敲门声
> 长长的哀叹
> 我那爬行的无家可归的台词。

这些台词，即是光阴寸断的物语，像阿炳《二泉映月》中的台词。你听得到吗？在这样的物语发声之时，人只有沉默。人沉默，铜和铁，才开始打造它们古老的镜子。此乃天地之事，而非人事。

天籁与人慧，各自孤立，此心亦然。文辞那么虚妄。撒豆成兵的言词，只有在光阴潮湿的泥土中吸吮。

特朗斯特罗姆感叹：

因此空白处最后
越过自己的边界
淹没文本。

光阴寸断，一首好诗、一篇好文、一个好的艺术作品，都是透明的寂寞心。

寂寞心即诗心。这颗诗心，可以用不同的范畴来分解或阐释它。寂寞心，是阐释诗的一种方式，如燕燕于飞之于春。诗中的寂寞心，和个人具体心灵中的寂寞心是不同的。具体个人的寂寞心，只有你自己知道，或不知道。诗文自我孤立。

诗是寂寞心的化解。寂寞心是虚妄，因而它生发诗意。光阴寸断，是它生发诗的一种形式。比如李森的一阕《春还在》：

春还在，那只雨燕不能歇下来
它抱着一小盏白光在屋脊上盘旋
春不在，那只雨燕也不能歇下来
它抱紧一小团黑告别犁铧而去

忧伤的雨燕即春。只有创作，把混沌之寂寞心转化成诗性表达之寂寞心，所谓寂寞心才能共赏、供有心者参悟，如钻木取火。寂寞心不是空，而是意趣皆空，越是伟大的诗人，越是伟大的艺术家，人之寂寞心向诗性寂寞心的转化，越贴近某种具体的形式。诗自我疯长，此心亦然。

只有贴近一种具体形式的寂寞心，其形式达到一种无遮蔽开显状态的寂寞心，才可以被另外的寂寞心所参悟。是故，个人的寂寞心，用诗性表达也就是具体作品中的寂寞心，乃是有相之无相，无相之有相，殊相之殊相。

寂寞心踽踽独行。它是一种纯粹的参悟，或与真善美无关。作为某个价值系统的真善美，与具体作品中的真善美殊异。寂寞心不是一种概念。世人把美学概念中的真善美，理论形态中的真善美，与具体作品中，人们自认为的真善美二者等同，此是一种理论狂想症。美学家以美学概念阐述作品，虽不失为一种方式，但毕竟是个笑话，是个大谬特谬的笑话。

纯粹诗性之表达，没有一个具体的目标，如我窗外风的花红。它不具有形而上的逻辑意义。在作品中，纯粹的表达，必然是贴近事物和事态的表达，绝对不是贴近概念的表达，也不是贴近某种文化形态、某种价值观系统的表达。纯粹的表达，是一种直观的表达，无限地面向事物，犹如风在割草，却找不到镰刀。有寂寞心的表达者是无辜的，犹如特朗斯特罗姆《画廊》中的诗句：

他试图在水底叫喊

世界冰冷的液体

涌入他的鼻子和嘴。

多么无辜的一个人、一颗寂寞心。像特朗斯特罗姆，个人的寂寞心在通往具体作品的寂寞心途中，有着巨大的障碍。两颗寂寞心之间，巨大的障碍，犹如大地，与横过它的云层。

当然，理论概念本身就是个障碍，价值观系统是个更大的障碍。

在艺术中，低俗的社会学价值观系统，是个老式厕所。

或者有人问：我之所言，与教科书讲得太不同？教科书上总是讲，这篇作品反映了什么什么时代的内容，表现了什么什么时代的诸多问题。比如一篇小说的人物形象多么深刻。然而，殊不知一个深刻的内涵，只是一个隐喻内涵而已。这个隐喻内涵，或许就是一个观念内涵，一个概念的内涵。被美学弄得百孔千疮的小说也永远只是小说，只是一堆堆虚构。这种虚构，比起现实的残酷与真实，永远是那么浅显、简单甚至无聊。小说不是现实，但也绝对不高于现实。如果现实是一个个真相，那么这个真相永不可知。置身于一个时代，也不知道这个时代的真相，这是个人的命运。如果有谁说他知道时代真相，那么，他不是个可爱的疯子，就是个美学家。

人只是河中的一撮飘萍，一个石头，永远不知道一条河。人或鱼，游向鱼饵。钓鱼者是谁？下饵者是谁？人，正如特朗斯特罗姆在《画廊》一诗中描绘的那些中国、日本的面具，它们挂在明亮的墙上：

在遗忘和记忆做交易的
我的内心深处
有的在互相借用特征，互相交换面孔。

它们从遗忘涂过的表层的
白墙里挤出
它们消失，归来。

这些面具，不是人，却又是你和我。多么寂寞和无辜，连审美都不是。那些动辄就审美来审美去的人物，肯定是文艺教头，他们一个个，满身都挂满理论灯泡，行动起来叮当作响，不停地发光发热。

我突然看见，理论和概念的狂热者，在特朗斯特罗姆的门前站岗放哨。托马斯在屋内弹他的钢琴，他咏了一个俳句：

上帝在身边。
锁着的门在鸟声
隧道里打开。

伟大的诗人都知道，审美的概念系统，是地狱的房屋。文字被利用了，作为地狱的建筑材料。文字像蝌蚪的僵尸，黑压压地一堆接着一堆，沿着地狱的烟囱吐出来。

诗或艺术，是直观的表达，寂寞心无挂无碍的时刻，光阴寸断，花与石同时呐喊的时刻，美才呈现。

所谓审美的评价系统，与美无关。美是形式的开放或凋谢，是摆脱概念的自我拯救。

可是，很不幸，所谓审美的文化已经生成。审美价值观系统，已经是人类文明中重要的一种文化内涵，生米已经煮成熟饭。

可是，价值观系统本身，还是不能作为审美标准。它的内涵表达的所谓深刻性、生动性，还是不能作为纯粹审美表达的依据和目的。只因为价值观系统是政治、社会、伦理、文化等层面的系统，它不是审美的系统。美是铁，是铁锈，不是刀具或投枪，正如美是红，而非鲜血；是幽兰，而不是魔鬼影调。

康德也说过：

> 美是不依赖概念而作为一个普遍愉快的对象被表现出来的。[1]

山中美玉，永不受美玉审美概念的污染。美玉只是美玉的自

1 ［德］康德：《判断力批判·上卷》，宗白华译，商务印书馆，1964年，第48页。

在，它在山中，与光缠绵时梦见水。

在2013年青海湖国际诗歌节上，我写了一篇文字《诗歌的价值观写作与纯粹写作》。在中华文艺复兴论坛第二届论坛上，我亦演说之。价值观写作与纯粹写作之区别，在我们的教材里，在我们的美学体系里，是看不见的。文中云：

> 在我们这个时代，价值观的诗歌写作，以及与之对应的诗歌史写作，已经控制了所谓的诗坛，豢养了成批的批评家、学者、教书匠、诗歌混混、江湖油子。写作者们互相抚摸，彼此武装，像腐水中的一群群蛆虫一样，个个晶莹剔透，模仿着一组组肥胖的弹簧。

所有理论都是创作。人岂能被理论所创作。不过对理论或概念的创作，也是人的决定，但不是人的本体。伟大的康德，是位创作理论系统的大作家。在他的《判断力批判》里，提出两种美：依存美和纯粹美。康德如是说，也丝毫没有改变美的自在，没有改变美在个人心中生成的历史。我倡导纯粹美，那种单纯的、非概念的美，犹如万物之自在，那么单纯，不受概念亵渎。康德明之，纯粹美，是一些纯粹的线条，纯粹的涂鸦，或一些纯形式的、细小的事物，比如花朵或蜂鸟。

按照索绪尔的符号之思，康德所言者，难道是一些小小的“能指”吗？

我心中的纯粹美，比康德讲的范畴要大，甚或可以说我将其引申到广阔的领域。万物皆可作如是观。康德也，为什么大的事物中就没有纯粹美呢？比如高天的蓝，蓝得无穷寂静，可比上帝心灵纯净的深渊，亦可什么都不加比赋，自在之高蓝，亦可纯粹观之；又比如高山隆起自身，向上天节节笋立，描绘着的悠远轮廓，多么纯粹的形色涂鸦，光影颂歌，当可以纯粹之美观之。

纯粹的自在，呈现纯粹美的范畴，不论大小，只在于心灵和形式的诗意抉择。所谓单纯和大小之别，之于辽阔的自然，本应作相对观。小非小，大亦非大；心小则小，心大则大。康德“纯粹”与“依存”的划分，非常人之见地，可惜康德阐释不到位也。康德有理论创作的惊世绝伦，却没有艺术创作的深切体验，引为缺憾。

“浩浩乎高山，汤汤乎流水。”在光阴寸断，赋以形式之时，纯粹美在语言表达当中，正与各种各样的文化系统、价值观系统进行对抗、博弈，它呈现出了一种直观的静穆，自性的确证。观念系统的语义空间内涵越强大，其形式离美越遥远。

在一幅作品里，有无数颗寂寞心的存在。我假设，作者有一颗寂寞心；我又假设，作品里有第二颗寂寞心；我的第三个假设是，读者有一颗寂寞心。三颗寂寞心，在相互靠近、相互倾听、倾诉的过程中，彼此生发，生出无数颗寂寞心。无数颗寂寞心，正如道生一，一生二，二生三，三生万物，万物生有无，有无生纯粹的诗意。

我等欣赏一作，或呈现出了第三颗寂寞心，读者的寂寞心。可多数文学理论家、批评家关心的是第一颗寂寞心，即创作者的那颗寂寞心。他们最善于对此寂寞心的挖掘。可这种挖掘是徒劳的。

因为语言（符号）作为生命，它在创造人。我们被语言创造，我们是诗，是语言之诗。语言是上帝，我们是语言的仆人。

我们创造了语言，当它离我们远去之时，我们无法驯服它。

语言是酣睡的猛兽，乜斜着迷离之眼。

语言成就人，也矮化人。光阴是语言的刀锋，人被折叠成纸鹤随波逐流。

理论家挖掘的工具，要么是价值观系统，要么是美学、文艺理论系统。挖呀，挖，挖掘作品里隐藏的内涵、深刻的主题。挖曹雪芹及《红楼梦》这块“石头”的学，叫红学；挖钱锺书的学，叫钱学；好“挖掘”者，不断制造出各种学来。

还有对第二颗寂寞心的挖掘。挖呀挖，挖出作品的各种结构，甚至用上了科学及其主义的方法。如果不能塑造或重新创作出第三颗寂寞心，这种挖掘也是徒劳的。

绝大多数的审美，就是对前两颗寂寞心的挖掘。然而，真正的有意义的审美，纯粹的审美，就是通过第三颗寂寞心，创作出纯粹之诗。因此，第三颗寂寞心，也就是千千万万颗寂寞心。每一颗寂寞心，每一次的审美，都是一次创造，一次诗意涅槃。

我说的第三颗寂寞心，既不是一颗具体心灵的寂寞心，也不是一颗抽象的寂寞心，而是具体心灵，比如李森的寂寞心。此时之心，与彼时之心，大不相同。李森的身上，可能呈现出千万颗寂寞心，犹如光阴寸断般裂变，琼华芬芳般消散。李森有一阕《天之南》：

日暮垂下，树影成尘
天之南，又有一块墓石
拒绝了一朵月季
天之南，又有千万筐桃子
在清澈的西天上堆积
天之南，天之南
又有一副星光的牙齿
在弟弟的坟头上吃草

光阴寸断的寂寞心，是具体而非抽象的，如歌如诉如悲，如波如莲如般若。没有抽象的寂寞心这种东西，正如没有抽象的莲花和美玉。如果坚持有一颗抽象的寂寞心，就陷入了美学家的本质主义牢笼而不能自拔。

在一颗澄澈心灵或千万颗活着的心灵之中，光阴寸断之声犹如无声的风暴。一生一世，生生世世，均被这风暴席卷，被这风暴刺痛。

在刘禹锡的《乌衣巷》中，乌衣巷、朱雀桥、堂前燕诸多名与物，每一瓣字词，每一朵节奏，每一声句读，均已化成了光阴寸断之缤纷叶落。

> 朱雀桥边野草花，乌衣巷口夕阳斜。旧时王谢堂前燕，飞入寻常百姓家。

朱雀桥，乃是秦淮河上的一座浮桥。秦淮河，是中国文化中最著名的胭脂河。乌衣巷，就在秦淮河南岸。乌衣巷是东晋名臣、书法家王导与宰相谢安两大家族的居住地。乌衣，是当时禁卫军着服之色。到唐代，那乌衣巷已是野草丛生，断墙残垣。那乌衣巷的光阴凋谢，也是千万颗心灵的凋谢。据说刘梦得在写《乌衣巷》时，尚未到过金陵。所以，梦得写《乌衣巷》即是对时光不永，生命无常，寂寥无助的一种感叹。

感叹既可以是隐喻的，也可以是纯粹的。隐喻如花，纷然凋谢。《乌衣巷》是一个后退着凋谢的隐喻。“有”在后退时，在具体的形式中奔向“无”。“有”从“空有”后退，是向“空”寂寞、向“空”寂灭的寂寞心。同时，也是“空”从“有”中退去，或“无”从“有”中退去。反之亦然也，争相后退，便是向前。空和无，在和有，同时退去，不可抗拒的光阴寸断，节节后退的寂寞心之苦。

《华严经》云：“犹如莲花不着水，亦如日月不住空。”莲花不执着于水，日月不执着于空，人不执着于善恶，花不执着于形色，诗不执着于美丑。日月升起、落下，它从来没有在空中停留。这个空，乃具体天空的空，喻为空灵或空相之空。此是无奈，也是境界。

莲花与水，日月与空，互不相识，亦互不相住。人与我，心与我，亦可如是观。

呜呼，心既不知所住，亦不知莲花是我，或我如莲花，正如诗非诗，光阴亦非光阴也。

我若不是莲花，那我心安在？我若不见莲花，我心安在？我若不见日月住空，我心安在哉？而莲花与日月若无我，莲花日月安在哉？我何以“住”？我的存在何以可靠？或许最终，只留下几个形相，光影婆娑然也。几个形与相，形即是相。佛经里的形也即是相。这个相，等同于大象无形之象。所谓大象无形，其实是因其形在，无端之形与相在，是故姑且言之。

姑且言之，无相死寂，有相新生。灵魂之生与死，只在寂寞心的瞬间开显，犹如昙花，是光阴寸断的音声节奏，犹如特朗斯特罗姆《管风琴音乐会上的短暂休息》中的一架管风琴和另一架管风琴：

> 管风琴停止演奏，教堂一片死寂，
> 但仅只是几秒钟。
> 一架更大的管风琴，低弱的嘟嘟声
> 从外面街头涌入。

论无知的审美

一、本真而纯粹之美

本真的美？如果有这种美的话，它反对审美理论彀中的审美。美是反对审美的。这个命题并非说有一个本质的美存在，而是说，本真的美是纯粹的、不加遮蔽的。当然，所谓纯粹美也是一个假设，它无法用语言命题表达其内涵。语言的局限无过于此。因为纯粹而本真的美在与具体作品相遇之前，没有内涵，没有诗意的居所。我可以说纯粹美是心灵形式的漂移，但在碰到具体作品之前，心灵形式也无从漂移——它暂且寄寓于深渊的出口之处，犹如猫头鹰寄寓于白昼，或日红寄寓于东方的群山背后。在伟大的作品言说之时，纯粹的心灵和纯粹的形式会通为一，是为纯粹之美。八大山人的山水画，李商隐的《无题》组诗，即是纯粹美的杰作。此引义山《无题》之一：

凤尾香罗薄几重，碧文圆顶夜深缝。
扇裁月魄羞难掩，车走雷声语未通。
曾是寂寥金烬暗，断无消息石榴红。

斑骓只系垂杨岸，何处西南任好风。

灵魂在漂移之时，即诗意之漂移；诗意在漂移之时，即灵魂之漂移。灵魂之自明与诗意之藻绘合二为一。明人陈继儒《小窗幽记》有句云：“帘卷八窗，面面云峰送碧；塘开半亩，潇潇烟水涵情。”又云：“邀游仙子，寒云几片束行妆；高卧幽人，明月半床供枕簟。”

创造纯粹本真之美者，必有纯粹本质之心境。心境即是心。

二、屎壳郎审美

荒唐的事情比比皆是，对于纯粹而本真的审美而言，审美理论即是一堆荒唐的逻辑表达。逻辑之不可靠无过于此。E. H. 贡布里希在《艺术的故事·导论》开篇说：“实际上没有艺术这种东西，只有艺术家而已。”这个刷新艺术史和艺术理论的重要命题告诫人们，独立于艺术家和艺术作品的所有审美理论都是无意义的。当然，我可以将贡布里希的命题易为：“实际上没有艺术这种东西，只有艺术作品而已。”我还可以将这个命题易为：“实际上没有美这种东西，只有艺术家和艺术作品而已。”贡布里希平静的言说，毁掉了许多艺术家或理论家尤其是那些所谓美学家的一生。因为他的卓越见识，使他们沾沾自喜的努力成了荒唐的笑话。他揭示了艺术家或理论家们成为屎壳郎的经过。屎壳郎迷恋牛粪，却宣称自己在制造蛋糕，且以一套优美的主要旋律伴奏着，欢欣鼓舞。荒唐的艺术家或理论家不知道自己无知，他们都以为他们拥有了艺术或美，甚至产生了一个幻觉：自己就是那个放之四海而皆准的艺术或美的代言人，是艺术或美的一个个乐不可支的化身。人生的荒唐、无聊而又自以为是无过于此。

卡夫卡有一则寓言，名为《驯人的动物》，我引于斯，姑且隐喻荒唐的学院派理论：

> 这就是那个拖着毛茸茸的尾巴的动物，一条长达好几米的尾巴，就像狐狸那样的。我很想把这尾巴抓到手里，可是办不到，这动物老是动个不停，尾巴老是甩来甩去。它像一只袋鼠，但它那几乎像人一样扁平的、椭圆形的小脸上无特点可言，只有它的牙齿颇有表达力，无论是遮掩着还是呲咧着。有时我有一种感觉：这个动物想要训练我，要不然它为什么总是在我下手去抓的时候把尾巴抽开，然后又静静地等着，直到我再度受到诱惑，它又一次逃走呢？[1]

三、有才即是有罪

无知的审美者反对天才，从来如此。尽管在伟大的艺术史

1 叶廷芳主编:《卡夫卡全集·第1卷》，第539页。《驯人的动物》一篇为叶廷芳、黎奇译。

书写中，无知者的反对几以失败告终，但是，反对从来就没有停止。有才即是有罪。天才是世俗社会的罪人，是庸人们的敌人，也是平庸时代的敌人。天才也置身于这样的时代，行走在魔鬼和智障者们中间。天才是原罪。他居住在魔鬼和智障者的隔壁。他把炉火烧得通红，让墙壁发热，但门窗都被封锁。不解此意者，可以去读《坛经》。五祖弘忍在九江码头送六祖慧能南去之时，争相摇橹的情景，至今风云在目，让那极少数人悲怆异常。慧能一路南去，被数百恶人抢夺衣钵，法身庶几不保。名与利之恶，总相似。所幸天不绝六祖，使慧能可在曹溪大倡顿悟禅法。慧能主张不立文字，教外别传，直指人心，见性成佛，成为倡导反学院派修持佛法义理的一代禅学宗师。中国文化中的诗性精神通过禅宗正脉的播扬，清润古今，泽被万古。可惜，不是所有天才都能遇见弘忍师父。书写至此，眼眶顿然湿润，还是录两段《坛经》语录，与可心者共吟咏。

弘忍大师刚发现慧能卓尔不群的天才慧根，即开始保护他。大师怕人害慧能，只能偷偷与之见面：

> 经八月余，祖一日忽见慧能，曰："吾思汝之见可用，恐有恶人害汝，遂不与汝言，汝知之否？"慧能曰："弟子亦知师意，不敢行至堂前，令人不觉。"

五祖将衣钵传给六祖，并送六祖逃走，也是偷偷进行的：

祖相送直至九江驿，祖令上船，五祖把橹自摇。慧能言："请和尚坐，弟子合摇橹。"祖云："合是吾渡汝。"慧能云："迷时师度，悟了自度，度名虽一，用处不同。慧能生在边方，语音不正，蒙师传法，今已得悟，只合自性自度。"祖云："如是如是，以后佛法，由汝大行，汝去三年，吾方逝世。汝今好去，努力向南，不宜速说，佛法难起。"

"佛法难起。"弘忍师父之叹，为古今锥心之叹。

四、天才自度其身心

正如慧能"悟了自度"，天才自度其身，亦自度其心。天才的身心空灵如雪，盘踞如石，合天地万物与心灵书写而为一。叙利亚当代伟大诗人阿多尼斯的《身体》一诗写道：

你的身体是你道路上的玫瑰
一朵同时在凋零和绽放的玫瑰。

浇灌着灵魂之源泉
最美而最纯净的雨，

降临自身体的乌云。[1]

身体、语言、心灵和诗同构为玫瑰，新了玫瑰之隐喻。因此，玫瑰是身体的一条道路。绽放或凋零，均在身体之中。万物从身体生发，身体即万物。或是乌云，或是青岚；或高蓝之于纯净，或深渊之于沉浮。人自身在语言虚构的梦境之中，有时也置身于梦境之外。将春秋看遍者，即是春秋的音声形色。语言的人，与语言同构，在走向新的无知之境时开显出有知。然而，人总是在语言中迷路，异化成文化的人、审美的人。同时，人也通过语言不断地自我拯救，无休无止地泅渡和沉沦。可是，唯有自度者可绽放为纯粹之美——纯粹之身心。尽管就生命之悲怆或欢欣而言，自度其身心亦是虚幻之境的自我拯救。天才之身心自度如花，譬如那莲花座上客。

阿多尼斯云：

每一个瞬间，

灰烬都在证明它是未来的宫殿。[2]

阿多尼斯又云：

1 ［叙利亚］阿多尼斯：《我的孤独是一座花园·阿多尼斯诗选》，薛庆国译，第103页。

2 同上书，第63页。

他说：月亮是湖，他的爱是舟。

但岸陆表示怀疑。[1]

五、有知塑造了无知

审美者的无知通常并非缺乏知识和教养。真正可怕的无知，是“有知”对人的塑造。

比如一个当代中国画家，他接受教育的背景，是俄罗斯19世纪巡回画派的绘画传统，那么他的审美可能就是巡回画派的审美。事实上，在当代中国特殊的审美文化背景中，被巡回画派审美吞噬、异化的审美心灵，并非少数。甚至巡回画派的审美，已经变成了主流意识形态的审美模式，成了几代人可以挂靠的一种封闭的文化权利认知系统。封闭性，自然是排他性的，是粗暴甚或是仇恨的。这个排他性的诗学系统，我称之为巡回画派的心灵病灶。该病灶通过一套所谓写实的、文学性的、人文关怀的表现语言，实施反映自然、现实、人生、社会、心灵的深度表达，把艺术创作变成审美意识形态的权利构造。

巡回画派心灵塑造“树”，“树”就是从“大地”这个“深度”长出生命的一个象征，或一种隐喻；巡回画派塑造“人”，

1 ［叙利亚］阿多尼斯:《我的孤独是一座花园·阿多尼斯诗选》，薛庆国译，第63页。

"人"就是"人文"这个"深度"里表现出来的心灵美；巡回画派的心灵塑造"路"，"路"就载着"苦难"伸向一个"深度"的"远方"。巡回画派的审美正是在这样的"塑造"中被引申出来的。从这个语言结构的模式可以看到，艺术作为精神的表现形式，承担了超乎寻常的价值观内涵之重。正是这些意识形态内容，驱使着创作主体，又为创作主体所利用，反复利用，反复驱使，循环往复。因之，诸如巡回画派审美病灶这样的审美模式，看似正统、崇高、可信，可以从那个放之四海而皆准的角度来诠释自然和生活，实则已经异化为一种自觉或非自觉的审美权谋。艺术伙食团通过这种审美权谋吃起伙食来，不但顺理成章，而且大摇大摆地以当代艺术的新语言创造为敌。

这种替换心灵的模式越重视深度挖掘，越发表现出一种民众群体性的低级狂欢，使审美权谋的控制得以实现，弄"美"成真。在审美权谋的群体狂欢成批地矮化个人天赋才能的时刻，审美的不可靠性智障，就把开放的个人心灵变成了携带审美心灵病灶的病人。审美疾病，通常是一种破坏心灵抗体的流行病。通常，被异化的病者亦不知自己有病。

审美的心灵病灶既可以源于巡回画派，也可能源于其他集体狂欢式的、个人智障性的审美模式。查诸审美经验病史，这是一个根本性的问题。在审美方面越是病入膏肓的人，越不知道自己有病，更不知道语言创造乃是艺术史书写的根本途径。审美心灵的堕落，以吞噬自己肉身的方式，僵化为死亡的概念。可是，尽管死亡的语言是个坟场，死亡的语词是个坟堆，死亡的语言，还是为灵魂僵尸提供了载歌载舞的舞台。多数时候，欢乐源于恶而非善。善则是苦，是纯粹的极少。

六、无效的审美

自然，多数人都认为自己的审美是可靠的——他们固执地谈论自己的见解，从来不加怀疑。有的人还团结起来，在彼此欣赏、抚摸过程中欢欣鼓舞。其实，那是一种审美幻觉，一种源于心灵病灶的发烧。发烧者，都会对每一件作品谈论自己的看法，甚至著书立说，编写教材，大谈美与生活与世界的所谓本质。但是，很少有人思考一个问题，即审美的可靠性或有效性。显然，我的命题是，多数人的审美是无效的。不过，很少有人能够承认这一点，能够从学理上看清自己的审美无效这一事实。因此，我将无效的审美视为无知的审美。无知的审美，有两个基本层面。第一个层面是指缺乏自觉意识的无知审美；第二个层面是有自觉意识的无知审美。通常，审美无效表现的无知，是双重无知。这种审美无知，构成个人或集体审美无意识认知的基本形态。

人的审美能力源于两个范畴：一是天赋才能；二是知识文化结构，包括审美经验。正是这两个范畴，构成了人的审美心灵结构。人的天赋才能是审美活动的基础。天赋才能既是生命感知万事万物的能力，也是一种不加遮蔽的直觉能力。至于人的审美心灵结构中的知识文化结构，那是后天的塑造。因此，人的审美心灵结构既有先验的来源，又有后天的积累或陶冶。可以说，审美无知既有先天性的无知，也有后天性的无知。如果先天的无知和后天的无知，同时表现在一个人的心灵结构中，那么这个人的审美，就是智障的或自我屏蔽性的。就审美的开放性和自由性创造而言，审美无知者的可怜之处，在于他几乎失去了基本的反省能力。反省即是觉悟。觉悟是智慧生发为美、为诗、为艺术的通道。美、诗、艺术是同构的直觉之真、觉悟之真，也是同构的智慧生发形式之真。作为自觉、觉悟的审美自在，是一种稀罕的才能。自觉的才能与反省的才能并肩而立，具有强烈的孤立性。

诚然，审美无知与无效既是集体性的，也是个人性的。集体性的审美无知通过个人表现为一种集体经验。这种经验通过某个作品的隐喻、某种表达的样式表现得冠冕堂皇，正如巡回画派的那种固化的审美心灵演化成的集体性审美病灶。再举例明之，比如牡丹。我们只要打开网络，点击“牡丹”，就可以看到各种各样的《花开富贵》。某些“文化馆画家”、“市民画家”、学院派画家们，是这种俗不可耐的审美经验的代言人，多数官员、市民、小商小贩人等，组成了庞大的消费群体，对这种集体审美经验进行消费，彼此欣赏并抚摸。先天无知和后天无知合谋，使个人和集体沉湎于俗气文化的牢笼。其实，多数的个人和无知的群体，就是某种文化的牢笼。柏拉图洞穴比喻中的那群人，就是由无知的个人组成的无知的群体。他们高谈阔论，欣喜若狂地服从锁链的捆绑。

无论从诗学还是文化的层面看，审美无知都是通过隐喻系统得以实现的。“花开富贵”既是“花开”的隐喻，也是“富贵”的隐喻。“花开富贵”同时还是心灵结构的内涵。审美的无知，说到底是心灵结构先天迟钝或后天被文化成规遮蔽的无知。

有关“牡丹”这个隐喻符号，我曾经于2009年8月3日写过一首名为《大牡丹》的诗作：

大牡丹呀，你有富，有贵，有色相，有风月
把你按倒在青松旁边，让你诗情画意，有美
把你按倒在梅花丛中，让你傲雪寒冬，有骨
把你按倒在竹叶下面，让你的花心收拢，有爱
把你按倒在笔会的大圆桌上，让你攀附大腕，有志
把你按倒在一首诗里，让你在北京尖叫，有名
把你按倒在诗江湖里，让你润红一页白纸，有功
把你按倒在国画里，让你肥硕如伟大的臀，有意
把你按倒在雪白的被褥上，让你鲜红欲滴，有肉
大牡丹呀，国心，国肝，国肺，国胸，国阴，国脸
大牡丹呀，你是国花，你有福，有禄，有禧啊

这首诗，当然是对“牡丹”隐喻的反讽和消解，同时，也是对群体或个人心灵中审美病灶的消毒。不过，审美文化结构，只

是心灵结构中的一部分内涵，人心还有各种欲望，各种看待世界的方式和途径。需要指出的是，尽管文化的成规或内涵寄生心灵而成了心灵，心灵和文化互为“病灶”，可是，对于生命之无辜、无知而言，或许一种文化病灶也是呵护心灵和生命的温床，具有令人难以想象的滋补、安抚作为。反过来看，或许一种纯朴的、不加遮蔽的、直观的心灵，却难以抓住拯救自身泅渡的那根救命稻草。如果心灵不存在纯粹真实，语言中也不存在，那么，善与恶、美与丑，就很难界定，或许这正是天才被先天预设的心灵苦难，也是被群体性的审美意志抛弃的必然。

七、神话驱策的马群在杀害它的骑士

审美心灵既是一个难以洞明的深渊，又是一块约翰·洛克说过的白板。它们像一个个垃圾桶，不停地吸收垃圾；它们也像一个个烛台，在扑朔迷离的暗中闪烁光辉；它们像我们所能想象的所有事物那样显露形色，绽放、枯萎、退隐、重生。一方面，深渊在吸吮，饥饿的旋涡在呻吟；另一方面，物事在疯长、漂移、静穆、轰鸣。

无知塑造无知。美反对美。艺术反对艺术。诗意反对诗意。人自作聪明，却在奔向无知的途中。人抱着石头奔跑，自我雕刻成像。

人抱着智障沉没，或飞翔，荒诞不经。情和爱不停地溢出，如堆积的泡沫比赋云彩，如寒冷的冰峰渴望变矮，如秋天的果实梦见逃遁。

叙利亚诗人阿多尼斯有一首诗《不容辩驳之理的境况》，只有两句：

> 我不怀疑：神话驱策的马群
> 在杀害它的骑士[1]

无知的审美制造美学神话。美学神话是审美智障者们的审美宣言。美学神话即逻辑神话。艺术天才就是骑士，他们被驱策者杀害，或许岁月会来呵护他们，但岁月是无言的。上帝将美好的事物送给天才，让他们证明，可惜这些事物都被无知者抢夺，恰如抢夺弘忍传给慧能的衣钵。

阿多尼斯有一首诗《Z城》，我选择其中的一些句子作为祭词，献给可爱的审美无知者：

> Z城教导其居民毕生致力于一项工作：污染太阳的光芒。

> 充溢在Z城里的，只有号角与喇叭。

1 ［叙利亚］阿多尼斯:《我的孤独是一座花园·阿多尼斯诗选》，薛庆国译，第213页。

在Z城，谁也不了解他自己。
鸵鸟披上了狮子的鬃毛，
豺狼迈开的是鸽子的脚步。
Z城的墙壁，互相投掷着奇怪的球体；
亲眼目睹的人都证实：那些球体就是头颅。

在Z城，脑袋就是监狱，
脊柱就是进出其中的门槛。

在Z城，生命只会为死亡鼓掌。[1]

1 ［叙利亚］阿多尼斯：《我的孤独是一座花园·阿多尼斯诗选》，薛庆国译，第95页。

论胡里奥·科塔萨尔的寓言

胡里奥·科塔萨尔（Julio Cortázar，1914—1984），阿根廷人，20世纪一位伟大的作家，以长篇小说《跳房子》和一系列短篇小说、寓言故事和诗歌享誉文坛。《跳房子》早有汉语译本。由范晔翻译、南京大学出版社2012年出版的《克罗诺皮奥与法玛的故事》，是一部奇妙的寓言作品。阅读这部作品，使我对科塔萨尔的写作十分震惊。因为，我看见了弗兰茨·卡夫卡在南美洲又一次诞生。另一位阿根廷的卡夫卡——路易斯·博尔赫斯说："没有人能够为科塔萨尔的作品做出内容简介，当我们试图概括的时候，那些精彩的要素就会悄悄溜走。"人们认为《克罗诺皮奥与法玛的故事》在文体上难以归类，正是赞扬一种横空出世的文体。当然，不可理喻的故事，突然绽放或崩溃的言词，肯定是天才的心灵寓言。伟大的作家事实上都是寓言作家。

一个好的作品，不是发现了世界的所谓本质，而是发现言说中世界的奇妙。作品即是世界，世界即是作品。

我们先来看看胡里奥·科塔萨尔的《掌纹》：

从丢在桌上的一封信里出来一条线，穿过松木桌面沿桌腿降下。仔细观察就可以发现线条在镶木地板上继续行进，爬上墙壁，进入一幅布歇（法国洛可可画家）画作的复制品，沿着倚在长沙发上的女人背部线条前行，最后从屋顶离开了房间，沿着避雷针的导线来到街上。在这里由于交通的缘故，追踪不大容易，但如果足够专注就能看见它顺着车轮登上一辆停在街角的公共汽车，来到港口。在那里沿着金发最醒目的女乘客的玻璃丝袜下了车，进入毫不友善的海关地带，匍匐前进，蜿蜒游走，直到主码头，从那里（但很难看到它，只有老鼠随着它爬上船）登上涡轮轰鸣的汽船，跑过头等舱甲板，艰难越过主舱口来到一间舱室，在那里一个悲伤的男人喝着白兰地，听着起航的汽笛声，它沿裤线而上，经过针织背心，滑向肘部，最后奋力一跃，躲进右手掌心，那只手在这一刻开始扣紧手枪扳机。

科塔萨尔的这条掌纹线，是心灵世界的一个起源。就这么一条线，来也无端，去也无端。可是，活着的心灵在言词中就这样得以确证。

用言词创造世界就是这样的。当稚拙之手涂鸦的时刻，涂鸦者天然地要选择一个点，在这个点上积蓄力量。点即是力量的初步证实。然后，力量开始沿着某个方向延展，由此产生了线，直线或曲线。没有线，就没有方向，也没有力量的持续生成，仿佛生命的呼吸，绵延不绝。为什么要生成线呢？因为这是生命形式突围的决定。生命要有力的萌发和绵延，心灵和世界，都要延展为形式，生命唯一可以抓住的，就是这种力的亢奋和音与形的昙花一现。对于卓越的艺术家而言，任何形与音都意趣盎然、栩栩如生。然而，世界空空如也，唯音与形无端开显，昙花一现。

康定斯基说："线条的各种变化取决于这些力的多少和它们的结合。"不同的力量，显现为不同的形式和意味。"形"的线与"音""意"的线总是同时生成。

《掌纹》中的线似乎是象征性的，可是，并没有具体语义的象征，这就是科塔萨尔的高明之处。大体上说，文学中，语言一旦被使用，就摆脱不了象征或隐喻的驱使，可是科塔萨尔摆脱了，多么高妙，犹如妙有。语言自己水落石出，之于人心，之于诗，如风过篝火，点燃夤夜。这是伟大作家最为纯粹的写作。

当然，科塔萨尔的掌纹线也是一个逻辑途径。一种单纯的逻辑途径，就是艺术的生成，这是一种春风造物的艺术。如果一个逻辑途径通向一个实证的目的，那么，它就只表达一个事实，尽管这个事实未必是一个真的事实。表达一个事实并不是艺术。一根线扣动了手枪的扳机，而不是一个指头的物理动作扣动了扳机，这是语言自身的选择，而非事实的选择。一根线扣动扳机，属于心灵中的诗性行为。这个行为本身的显现是荒诞的，可是，其运动却坚定地走向了诗的真实。

一条掌纹线是一个幻想，从他在力的作用下，不得不突破障碍的那一刻开始，它就是一个幻想。如果没有幻想，心灵和心智何以存在？难道心灵和心智中有存在的逻辑，有事物的延展吗？或者，存在的逻辑是一种先验的能力，它不得不抓住事物，接着将其呈现为人自认为事物的事物。可是，人自认为是事物的事物，其实并不存在，因为人无法证实他们心中的事物，就是二者对等的自然的事物。我们只能通过幻想的某些方式获得事物的诗性存在，或者说是理智的存在，但是无论诗性的存在还是理智的存在，都不是自然中的事物的存在。大卫·休谟认为，事物的可靠存在只是一种印象，只能是一种印象，这是诛心之论。

因此，一条线的幻想，能使事物之间建立观察的逻辑联系，这就是所谓印象与印象之间的联系。或许全部的文学艺术，就是幻想的逻辑联系，也是印象的逻辑联系。

卓越的文学，就是伟大的人物袒露其幻想的，甚至是荒诞不经的心扉。问题是，即便伟大的人物有种种幻化无际的心扉需要记录，需要抓住，需要反复地确证，但也无法阻挡物我印象无穷无尽的疯狂消遁。因之，越是伟大的艺术家，越惊慌失措得难以自拔。伟大艺术家的存在，是艺术的存在，一场暴雨浇注了他，可转瞬间，浇注他的雨水就消遁得无影无踪，只留下一些枯枝败叶和他的一个被浇注的形象，这些形象之间，唯有语言姑且可以识别。

一条线多么无辜，在胡里奥·科塔萨尔那儿，被当作一个游动的逻辑观察；在康定斯基那里，被当作形色造型的第二个源泉（点是第一源泉）。康定斯基的点、线、面，可按老子的说法置换：道生点，点生线，线生面。希腊圣哲云，道即是逻各斯。

一条线寂静的运动，唤醒了事物之间的联系，因为在这条线生成之前，事物之间没有联系。科塔萨尔心中寂静的、陌生的事物之所以暂时还没有崩溃，是因为这条线运动的拯救与力量的逍遥。

一条线在燃烧，同时也在毁灭。此时此刻，生命是一条线，它在对抗一个黑洞。一个点是一个黑洞，一条线是黑洞浮起的一个波纹，一个面是波纹扩展的一个深渊。

李森的《莲花夜》创造了一朵莲花，他借助诗的眼睛，迎来天光开显：

> 一朵莲花穿越了深夜的所有街道，直到天亮才回到池塘。事情就这么简单：昨晚黄昏的时候，那朵莲花还在城市中心的池塘里，吸吮第一盏橘黄骚动的灯光，可是，当我独自路过池塘，那朵莲花就开始上岸了，它带着骚动的漂浮一直跟着我，因为那朵莲花听到了我手表滴答的声音，那声音就是那个漂浮无际的节奏。开始时，我并没有察觉，一朵莲花怎么会跟着我呢，好像是天方夜谭，难道物事茫茫，终有灵犀？但当它从我的背后穿越了我的心间，漂浮到我的眼前，我才确认了它绽放的形色，的确是池塘里的莲花。我开始加快了脚步，想摆脱它。其实，我只想看看它是否能跟上我，以证实自己不是在梦中。起先，它只适应我手表的滴答

之声，一度落在我的身后。我暗自庆幸，摆脱了它似乎并不难办。不过，才过了一会儿，它就找到了脚步的节奏，跟了上来，又在我的眼前漂浮无疑。不仅如此，这朵莲花还在漂浮中渐次盛开，先前紧紧合着的几瓣，缓缓打开了芳姿，仿佛又放飞了几只萤火，一筐星宿。我有点恐惧地跑了起来，它又一度落后，而很快又找到了我脚板的节奏，又漂浮到了我的眼前。整个黑透的夜，我漫无目的地，在这座南方之城的街道穿越，它也跟着我穿越，好像无怨无悔地要与我在深夜结伴，直至永远。慢慢地，我不再恐惧了，反而越来越觉得离不开它，怎么能离开一朵莲花呢？在这南方清冷的夜，谁比它更能让我可以证实自己呢，它是来证实我的存在的吗，我想是的，因为已经反复地证实，反复地漂浮，反复地跟随。当我们把所有街道都走到了尽头，我无端地停下来了，它也停了下来。我想，是不是只有停下来，才是与这朵莲花告别的唯一方式？果然，这朵莲花的漂浮，几乎与我同时听到了这座城市所有钟表的滴答之声。我们都到了真正无所适从的时刻。我想，在天亮之前，我应该把它送回池塘，让它不再无端地漂浮，不然，这朵莲花真的与我一样，只有等待清晨的光芒吞噬了。

这朵莲花，是夜的一束纹理。《掌纹》那根线，与《莲花夜》里的一朵莲花，有什么意义？在这两篇短文中，“意义”成了阅读的障碍，因为没有“意义”生成，渴望“意义”的读者被否定了。抹平“意义”，是为了表达与自然建立一种平衡。句子、文本中物的生成，绝对不依赖于“意义”，这是理解当代纯文学或纯艺术的一个标志。

无意义的一朵莲花，在一个夜里遇到了无意义的我，这不是命运的决定，而是荒诞的证实。在艺术中，命运无关紧要。一棵被狂风吹倒的树与一棵直立的树之间，又有什么命运的联系呢？最残酷的不是命运，而是事实。艺术是事实如何被书写为事实。

幻想是抵达事物最直接的途径。

既然自然中没有“意义”，而只有印象的纹理，那么，风华蹉跎的世界也没有“意义”，只有形、音、色的纹理，同样，表达没有“意义”，只有言词的纹理。

一朵莲花，创造了一个夜。没有这朵莲花，我的这个夜就是空无的、混沌的。这个夜因为有一朵莲花，因此有了心灵。可是，这朵莲花是不存在的，因不存在而清晰地存在，这就是存在的荒诞，是存在的幻想。是的，所谓现实中，确实有一朵莲花，但现实中的那朵莲花恰恰是最模糊的。你无法征服现实中的那朵莲花，你表达不了现实中的那朵莲花。现实主义者、自然主义者以为他们的表达为真，其实，现实主义或自然主义者所表达的也只是幻想。语言艺术本身只有幻想，没有客观的真实。真实永远是沉默的，真实是一个深渊，一个接一个的深渊，无限蹉跎的、持续延展的深渊。

现实中没有莲花这种东西，只有一朵莲花，这一朵莲花，那一朵莲花，莲花夜中的莲花，莲花时空中的莲花。可是，这一朵莲花，那一朵莲花，莲花时空中的莲花又在哪里呢？我们难以找到她，即便时空中的一朵莲花就在我们的眼前，就在那个池塘里，在昆明市中心翠湖里，在我的眼前，我仍然“看”不见她。这一朵莲花在我的眼前，反而使她离我更加遥远。这是一朵花闪烁其词的历史吗？一朵花，即便她在你的眼前，她也没有真实的历史，就像一只没有视觉能力的草履虫，它没有历史。凡是没有描述的存在，都没有历史。

历史在哪里呢？它是言词的秘密。言词，一旦成为言词，就如此坚固地封闭在自身里。科塔萨尔有一则《历史》如此书写：

> 一个小克罗诺皮奥在床头桌上找出门的钥匙，在卧室找床头桌，在房子里找卧室，在街上找房子。克罗诺皮奥在这里停住了，因为要上街恰恰需要出门的钥匙。

历史正如科塔萨尔写的这则寓言（微小说）一样，它似乎有钥匙，却无法出门。所有事物都排列成行，渴望你通过，渴望你找到它们。这里的一个接一个的难题是，你根本找不到每一个事物。因为一个事物是另一个事物的障碍，而每一个事物作为表达的障碍，都无法突破。这是表达的宿命。不过，表达还要进行，表达的渴望已经使表达费尽心机。各种主义，各种时代的风格，各种壮心未已的表达理想，似乎已经使语言走上了穷途末路。

我想到了科塔萨尔心中的“美德”。在言词中，科塔萨尔如何到达美德？无论对于科塔萨尔，还是对于任何表达者来说，到达“美德”这样的范畴，都是一个困难。我们来看科塔萨尔那独具匠心的《一小勺》：

> 一位法玛发现美德是一种长满脚的圆形微生物。他立刻给他岳母喝下一大勺美德。结果很恐怖：这位女士彻底摒弃了往日的毒舌恶习，建立了一个保护迷路登山者的俱乐部，在不到两个月内她无可挑剔的举止使她女儿此前从未暴露的种种缺陷，在惊愕不已的法玛眼前呈现得淋漓尽致。他只得也给妻子喝下一勺美德，妻子当天晚上就离他而去，因为发现他如此粗鲁鄙俗，不堪一提，与眼前浮现的金光闪耀的道德模范们存在天壤之别。
>
> 法玛思考了很久，最终自己也喝了一小瓶美德。然而他依然孤独而悲伤地生活。每当他在街上遇见他的岳母或妻子，双方都满怀敬忧遥遥致意。他们甚至不敢开声说话，一来对方太过完美，二来害怕互相传染。

胡里奥·科塔萨尔心中的所谓美德，如果不是“一勺”或

"一瓶"，又会是什么呢？关于美德的幻想，最终只能落实在一个具体数字或具体物的量化之中，否则，科塔萨尔的美德就无从谈起。这是表达的决定。在诸如美德这样的价值系统中，越是外延庞大的概念，越琢磨不到其真实的意蕴。艺术的表达，总是遇到各种庞大概念的对抗。概念作为艺术表达的障碍，总是深情地，甚至罪恶地望着艺术，既像一位唠叨的父亲抱着一堆道德概念，又像一位总是玩弄道德概念的孝子，他的孝道是一堆概念而不是心灵与生活的行动。

一小勺美德，越是具体的，越是形上的。最形而上的概念，躲藏在具体之物中。因为具体之物相对于价值之物来说更难征服。无端的具体，不可颠覆的具体，不可解读、不可描述的具体，恐惧而缠绵的具体。

科塔萨尔塑造的法玛这个人物，是一个形上的点，一根形上的线条，一个色彩浸润的平面。康定斯基说过，一个点是一个深渊。而在我看来，一根线也是一个深渊，一个面当然也是一个深渊。深渊之象，生成深渊之象，寂静无语而又万劫不复。

在《一小勺》中，美德仿佛是一个点，这个点生成了表达的线和面。具体和抽象难舍难分。抽象是对具体的概括，不得不概括，而一旦概括，比如用点、线、面概括，抽象就义无反顾地离开了具体。天才的悲智莫过于此。

因之，所谓美德，在艺术表达中的美德，也不可能指向价值系统中的美德。在艺术表达中，美德是多么虚无，多么可怕的一个领域。艺术家寻找的是一个形式，而非美德。作为概念的美德，在艺术中是失效的，却因失效而美丽。

美德，事实上是“美——得”。“德”即是“得”。古之“德”通“得”。“善者吾善之，不善者吾亦善之，德善。信者吾信之，不信者吾亦信之，德信。”（《老子》第四十九章）“是故用财不费，民德不劳。”（《墨子·节用上》）而美何以得之？物语事象的显露或有德（得），可物语事象中本无德（得），这是所有艺术的难题，是天才的悲智之维。

我们不但在物语事象中对“德”一无所获，对“美”也一无所获。“一小勺美德”只是语言不得不在呼吸中的吟哦。

美德的呻吟语，甚至对抗现实中的行为。因为现实中的行为是另一种语言，这种行为语言何以被判断为美德，此问题异常复杂。真、善、美，是最难以捉摸的三个范畴。在现实的行为和语言表现中，假、恶、丑通常被阐释为真、善、美。这六个范畴，是六个随时变幻莫测的脸谱。艺术总是突如其来地显露它表达的奇迹。科塔萨尔有一则短文名之曰《信使》：

一位先生的眼镜掉在地上，与瓷砖相碰发出可怕的声响。这位先生痛苦地弯下腰去，因为眼镜的镜片很贵，但他惊奇地发现镜片奇迹般完好无损。

这位先生充满感恩之心，他将所发生的事视为一次善意的提醒，便走进一家眼镜店，当即买下一个衬皮垫的双重保护眼镜盒，以备万全。一小时后，眼镜盒掉在地上，他镇静自若地弯下腰去，却发现眼镜已摔得粉碎。这位先生很快明白，天意不可测，此时发生的才是真正的奇迹。

"信使"这个词，在此被赋予一种神秘的力量。这个神秘的力量控制着文字，当然也无端地控制着事物的命运，控制着眼镜的主人。这种力量只可以通过一事一物来表达，而不可以获得。我们的心灵什么也无法获得，艺术是毫无意义的疗救。无意义，无着落，无根无据，无始无终。

科塔萨尔有一则《疗法》写道：

一个克罗诺皮奥获得行医执照以后，在圣地亚哥-德尔埃斯特罗大街开了一家诊所。刚开业就来了个病人，说他身上疼，白天吃不下，夜里睡不着。

克罗诺皮奥对他说：去买一大束玫瑰花。

病人很惊奇地走了，但他还是买了玫瑰花，病立刻就好了。他满怀感激地回到医生那里，付诊费之外还送上一束美丽的玫瑰花作为见证。病人刚走，克罗诺皮奥就病了，他浑身疼，白天吃不下，夜里睡不着。

一束玫瑰花，也是一个疾病的信使，它像一个美丽的病毒，它在传染，随着语言张力的延展在传染。无须深究科塔萨尔为何给我们的阅读带来慌张，因为阅读本身就是开启一条扑朔迷离的道路。

悲智诗心

“飞鸟连天”的修辞

锦绣藻绘，丽物天光，皆在语言生成之时呈现，可谓“飞鸟连天”的修辞。

“飞鸟连天”的修辞，可用来论法国天才诗人阿尔图尔·兰波的《彩图集》[1]。

读法国天才兰波的《彩图集》，我看见了一个纵横古今的读者。那个人的身影漂浮不定，姑且就是我古往今来的身影。

那个人曾经接受兰波的邀约，在山谷中行走，一起亲近万物。他们一路为事物命名，为人生的欢欣与悲戚命名。他们一同登上了一座高原，竟不知自己置身在语言中还是在世俗生活中。兰波咏出了他的《出行》一诗：

> 看厌，幻觉逢生于每块云天。
>
> 受够，市嚣尘上，黄昏，阳光下，都依旧。
>
> 识透，人生的站口，呵，繁华与幻象！

---

1 本文所引兰波诗作见《兰波彩图集》，叶汝琏、何家炜译，吉林出版集团有限责任公司，2008年。

出行为了新的爱和新的声音！

每次咏叹或书写，都是一次出行。吟者一旦出行，就会与过去、现在和未来的人相遇，与所有遇见的、想象的事物相遇。人与物，同时开花结果，在绽放与泯灭之间。兰波写出了我的身影，一个古今游荡者的身影。因此，他的“看厌”“受够”与“识透”，即是我的“声音”。出行，是将自己抛掷出去，像飞鸟一样自我凌空抛掷，在那无限绵延的高蓝之下。

出行者出行，使语言破开沉寂。这是语言的自我超度。其实沉寂无法破开，即便折翅苍天，也无法破开，像光的沉寂与蓝的沉寂在空天相撞，彼此无法破开。

语言的飞翔在飞翔的时刻就失去意义，但出行在继续，抛掷的飞翔还在继续。

抛掷，人和事物的出行，只生成语言。诗文中的人和事物，被语言的天罗地网控制。但飞翔还在继续。

好的诗文，创造了无限多的出行者，创造了诗文中所有事物的飞翔。

创造事物，让自然中的事物放弃自身；创造人，让生活中的人放弃庸常的生活；人与物相互创造，彼此放弃，犹如声音，不得不放弃音符。音符在飞翔中纷纷坠落。正如刘勰创造了他的五十阕文心，五十种交错混响的声音，此起彼伏地放弃；司空图创造了他的二十四种花开，二十四种凋谢，二十四个瞬间的凌空抛掷。

飞翔永远在放弃的途中。瞬间不断地稀释为永恒，飞翔不断地停歇，然后又创造瞬间。出行，即放弃。放弃是生命的语言，这种语言与诗文的语言合二为一。

出行没有目的，没有归宿。正如好诗文反对牢笼，即便理论如锁，缀满了门框。

兰波是古今的兰波，我是古今的我。兰波和我的飞翔，如兰花锁的飞翔。

好文章在出行者的心中，犹如空谷幽兰在春天出行。

在兰波和我的心中，有一堆出行的辞藻，蹦跳不已，然后凌空抛掷。

色彩和音符在朝霞中抛掷。

兰波《彩图集》中的所有词一起飞翔时，是飞鸟连天，穿过春夏秋冬，穿过大漠孤烟。

“飞鸟连天”的出行、抛掷，是所有好诗文的文采和心灵之象。

好诗文，每一个词，每一个句子，都是一只或无数只孤单的飞鸟。一个词的飞翔，一个句子的飞翔，所有词和句子的飞翔，创造了“飞鸟连天”的形式，无穷无尽，飞过瞬间和永恒，创造瞬间和永恒。

词在繁衍，犹如飞鸟在放弃的途中。一只飞鸟，繁衍另一只飞鸟；飞鸟繁衍一群飞鸟。词和句子，作为刷新隐喻的单纯鸟儿横空飞翔，阔别古今。在词和句子之外，在无穷无尽的鸟儿飞翔之外，没有心灵，没有意义，更没有诗。因为在词和句子之外，没有时空，也没有心灵之鸟的抛掷，放弃。

词和句子在飞翔中开显，在放弃中被激活。

兰波的心灵就是被激活的形式。兰波在《童年》中咏叹：

树林里有一只鸟儿，它的歌声让你停下并把你染红。

此时此刻，树林里的那只鸟是一个辞藻，是兰波，也是春天的燕子之王。鸟儿的歌声，把兰波和燕王染红。“歌声”是旋律，“染红”形色，旋律和形色彼此相遇，彼此抓住不放，却彼此陌生如铁。“染红”，这个动作或形态，反对既定诗意。伟大的诗，是反诗。伟大的诗，将既定的诗意抹平，呈现出“染”和“红”涂鸦的真拙素朴。“染，红”，是自然神性的自觉显现，在它显现之时，诗之“本质”逃之夭夭。“染，红”，是“现象”的一对引擎。

彼此抓住不放，然后飞翔。飞翔者谁？心灵，语言，兰波，燕王，旋律，形色，都在飞翔。飞翔者作为“现象”相互裹挟，作为“光”彼此照见。兰波照见燕王，燕王也照见兰波。照见是对抗陌生，是无奈的抓住。当然，麻雀不会抓住鸿雁，玻璃不会抓住钻石，牛粪不会抓住玄铁。

被抛掷者、飞翔者兰波，在抓住燕王时，还在吟唱《童年》组诗的第三阕：

有一口没有鸣响的钟。

有一片沼泽地里一个白色野兽做的窝。

有一座下沉的教堂和一面上升的湖。

有一辆弃置在矮树林里的小车，或身披缎带正沿着小径飞奔而下。

只因被“无”的无奈抓住，所以，才无辜地说出“有”。用“有”激活“无”，兰波多么坚定地振翮而飞。当无限多的“有”纷至沓来，兰波的面容逐渐清晰，犹如翅膀和眼睛的穿透力量那样清晰。无限多的兰波，即是无限多的“有”的新生。

兰波和燕王，既不是形而上学，也非形而下，他们是啪嗒学[1]的两个引擎，两只翅膀，两朵飞翔着的“现象”之花。

兰波继续吟唱《童年》第三阕，踩着“啪，嗒”两个节奏。“啪，嗒”，即“兰波，燕王”。

第一个被辞藻抛掷的兰波，是一口钟。沉寂的钟，是心灵中飞翔的沉寂。这个沉寂多么可怕，它有语言，但失去了语言。天才如一口钟一样，使语言失落。鸣响即是失落的鸣响，鸣响是短暂的，沉寂才是永恒。但最可怕的是，永恒并不存在，它是一堵

1 啪嗒学（Pataphysique）是一种看似荒诞的玄学。它是反对形而上学和学院派技术逻辑的一种主观现象学。它意在通过想象力的创造，解决文学艺术和哲学问题，是一种综合了包括达达主义在内的后现代主义解构精神的学派。

虚无的高墙，既不能破壁而飞，又不能翻越。兰波作为一口钟，它兼有永恒和瞬间两只翅膀，像燕王的困境一样，处于振翮飞翔的自明和荒芜之境。

第二个被辞藻抛掷的兰波，是一个被光芒塑造的小小的水塘。这个水塘，看似一个野兽的窝。如此精确的比喻，使一种清晰的事物化为另一种明亮的事物。光芒是明亮的水，是白色的野兽，窝是水、光芒和野兽同构的“现象”，是兰波在沼泽地里停留和新生的样子，是天才的自我生成。白色的野兽是现象，窝是现象，“做”这个动作，却是一个恍若隔世的光影肉身。

第三个被辞藻抛掷的兰波，是“一座下沉的教堂”和“一面上升的湖”。教堂下沉，湖上升。两个视觉的“现象”，犹如两个诗意的板块，被现象开显的力量移动，处于永远的下沉和上升之中，像两块神话传说中的飞毯。教堂的下沉，是“教堂”这个词的能指和所指一起下沉，而一面湖的上升，只是能指的上升。这是童话中迷离心灵的视觉，这个视觉甚至将“教堂”的所指消解殆尽。儿童的视觉中没有沉重的所指，没有人为的价值观。人与自然在这个如鸟儿直观飞翔的视觉中，彼此无挂无碍，正等正觉。

第四个被辞藻抛掷的兰波，是一辆童话中的小车。

从“一辆弃置在矮树林里的小车”，突然转换到“或身披缎带正沿着小径飞奔而下”，小车如一只神话之鸟，一会儿停下，一会儿飞起，一静一动，变幻形色，推出“现象”之直观。一个句子中，词语的飞翔竟然如此复杂，静如铎，动如兔，只有天才兰波等能让一个句子如此转化，而不受意识形态“深度”的干扰。我感到，兰波的单纯，就像我妈妈的儿女，与我天生就是兄弟。

第五个被辞藻抛掷的兰波：

> 有一队穿着戏服的矮小的喜剧演员，在穿过树林边界的路上被瞥见。

这队喜剧演员，是“飞鸟连天”的一队言词。他们只是被瞥见，在那树林的边界。他们像一堆蘑菇，穿着彩色的戏服，他们并不表演，他们的美在于没有内涵，没有所指目标。森林、空地，是舞台但不表演，因为辞藻的出现就是欢欣本身，无须舞台表演，更用不着舞台语言。瞥见者是谁？是一双没有被形而上学和形而下之物污染的眼睛，是摇曳在天空和大地之间的灵性之光华。光华即光华被瞥见本身。

第六个被辞藻抛掷的兰波：

> 最后，当你又饥又渴，有一个人在身后驱赶。

童年的飞翔是那么孤立，那么陌生，那么忧伤。忧伤之间相互咏叹。陌生和忧伤作为纯粹的生命现象，带有莫名的恐惧，因为“有一个人在身后驱赶”。这个驱赶的人，并非一个具体的人，或许是无数个人，而其中一个追赶者，是“成长”的黑洞，一个深渊的拟人，一种不可抗拒的、生命时空转换的惯性力量。这种可怕的力量，不停地将稚拙神性的光华抹黑。光阴之刀在修剪幻想的翅膀，最后将翅膀彻底剪除。每一次出行，每一种飞翔，每一点纯真光影，都被驱赶。

天才，是这个世界上第一个被驱赶的人。所有的天才，都被驱赶。

心灵至真至纯的天才，是圣徒。兰波在《童年》组诗第四首中咏叹：

> 我是圣徒，跪在露台上祈祷，——就像那些太平洋野兽吃着草直到巴勒斯坦海。

从矮小的喜剧演员，到“吃着草”的“太平洋野兽”，兰波和他的辞藻，犹如万卷春光中的阴影，摇曳、动荡、疯狂不已，但又寂静无声地被放牧于苍天之下。兰波和他的辞藻义无反顾地生成，而到生成之时，即戛然而止，让被意识形态控制着的那些心灵措手不及。

兰波的想象力，是拨弄苍茫的现象直观之运动，要么你被屏蔽，要么你无法回避地被他创作，当然你也创造了他。兰波的诗篇，是啪嗒学的狂欢。正如吉尔·德勒兹在《海德格尔鲜为人知的前驱者：阿尔弗雷德·雅里》一文中说的：“现象不指向一种意识，而是指向一种存在，即现象的存在，它恰恰存在于现象的自行出现（semontrer）中……无一用处，无一意识，它是啪嗒学研究的对象。”[1]

啪嗒学之“啪嗒”，即是“飞鸟连天”的振翮之声。

好诗文的修辞，到现象为止。而劣等的诗文，则意在制造深度隐喻的诸多是非。“飞鸟连天”的隐喻，是现象自身“自行出现”的隐喻，它在拒绝深度隐喻时，使现象的飞翔熠熠生辉。“飞鸟连天”，在天为云，在地为物，在春为花，在秋为果。万千辞章，风标天下。

1 ［法］吉尔·德勒兹：《批评与临床》，刘云虹、曹丹红译，第194页。

悲智之心的纹理

读大晏（晏殊）词《少年游》：

重阳过后，西风渐紧，庭树叶纷纷。朱阑向晓，芙蓉妖艳，特地斗芳新。霜前月下，斜红淡蕊，明媚欲回春。莫将琼萼等闲分，留赠意中人。

又读稼轩词《阮郎归·耒阳道中为张处父推官赋》：

山前灯火欲黄昏，山头来去云。鹧鸪声里数家村，潇湘逢故人。　　挥羽扇，整纶巾，少年鞍马尘。如今憔悴赋招魂，儒冠多误身。

“莫将琼萼等闲分，留赠意中人。”“如今憔悴赋招魂，儒冠多误身。”面对大晏和稼轩，就像面对挂在树枝上的两个桃，我陷入了“悲智”这颗心，不能自度。但当我要看这颗“悲智”之心的模样，它倏然烟灰散尽。甚至不如一堆灰烬直观，不如一树桃红明亮。

悲智之心是什么？似乎无法言说，因为言说终究是无聊的，言说是心之劫——如开放和凋谢，是花之劫。

悲智之心自身无法言说自身，如一个桃的无语，靠着另外一个桃。两个色红的桃靠在一起，彼此并不认识。

悲智之心本是无法言说之苦。但悲智之心是存在的，犹如明亮之为深渊。最明亮的深渊，犹如天地间的一壶光芒。

我有一壶光芒，在天地之间，在一株桃的树梢。

若悲智之心是诗，此时此刻，它在书写我：

黄昏时分，一壶巨大的光芒在天边溢出
将田野上弯腰割草的我浇灌

悲智之心是哀歌，雪莱有一首《哀歌》（此选查良铮译作），也在书写我：

哦，世界！哦，时间！哦，生命！
我登上你们的最后一层，
不禁为我曾立足的地方颤抖；
你们几时能再光华鼎盛？
噢，永不再有，——永不再有！
从白天和黑夜的胸怀
一种喜悦已飞往天外；

初春、盛夏和严冬给我的心头
堆满了悲哀，但是那欢快，
噢，永不再有，——永不再有！

悲智之心是个假设。它需要说出、书写和咏叹，才能呈现。因为它只有在语言的运动中，才能显明。语言的运动既是对心的猜测，也是心的幻想。因此，悲智之心就是人们看见的形与型、色与色、气息与气息、声音与声音、欢乐与愁绪的绵延，如春华秋实，萍踪云影。恰如大晏《浣溪沙》中的“满目”“伤春”与“怜取”诸般直觉景象：

一向年光有限身，等闲离别易销魂。酒筵歌席莫辞频。　　满目山河空念远，落花风雨更伤春。不如怜取眼前人。

悲智之心是一种情愫。

不停地说出悲智之心的各种面貌，正如不停地呼吸，不停地绽放生命的节奏。

悲智之心如果有真相，即是反复咏叹，反复涂鸦，反复呼吸，反复抓住万物声、形、色绽放的一根根救命稻草。诗之飞翔，到此为止。

老子的悲智之心，是说出“道”的困难；柏拉图的悲智之心，是个“理念”的猜想；休谟的悲智之心，可靠者只能是个“印象”的生发；维特根斯坦的悲智之心，是个“图式”或“语言游戏”。李森的悲智之心，是一柄穿越隐喻的利剑。哲学之路，到此为止。

悲智之心是语言的纹理。或说，语言的纹理是可知可感的悲智之心。悲智之心到此为止，其余的不得而知。

鲁迅先生在二十二岁时，就写了一首七绝《自题小像》（1903），此诗可视为先生一生悲智之心的写照。一个伟大人物的悲智之心，最后可知的，也就是一小堆辞藻：

灵台无计逃神矢，风雨如磐暗故园。
寄意寒星荃不察，我以我血荐轩辕。

“灵台”，即是悲智之心。“风雨如磐”“寄意寒星”，即是悲智之心的开显。

悲智之心是自觉或觉他的生命醒悟。佛性精神的核心是慈悲心。悲，是灵魂的慈念，是爱意的流连；智，是自我的确证与怜取，是生命意识的“有”与“无”、“实”与“虚”的自性妙有。

之于文艺，悲智之心是文与艺寂静的轰鸣或喧嚣的悲戚。语言里风华万千的声音，沉静而又缠绵，不是任何人都能听到，也不是任何人都能发出这种声音。我有《明光河》（长诗）中的一阕：

目送夕阳，羊从琴弦上回到音箱
目送大雁，羊从箫声回到暗处
目送桃花，羊转身到达一片粉红的背后
目送哶哶的言辞，羊进入天书舔着籀文
目送一只永远消失的羊，羊疯狂地叫着摆脱自身

悲智之心是浩渺之水，波光万顷，飞雪连天；悲智之心是离愁别恨，风吹黄沙，雷过海平。具体物象与思念的情愫纷至沓来。感觉、幻想的时空随时错位、碎裂、不可捉摸，难以抗拒。《诗经·采薇》："昔我往矣，杨柳依依。今我来思，雨雪霏霏。行道迟迟，载渴载饥。我心伤悲，莫知我哀。"

悲智之心是空和明。空和明，自有空明之象。空和明裹挟着人，无处躲藏。悲智之心的醒悟与自性的难堪，表现为语言的难堪之时，物象裹挟着人。裹挟，时而在自然的空和明中行止，时而在幻想的空和明中鹰扬。T. S. 艾略特《荒原》（此选查良铮译作）句云：

那高空中响着什么声音
好似慈母悲伤的低诉
那一群蒙面人是谁
涌过莽莽的平原，跌进干裂的土地

艾略特悲戚的吟咏，是生命被裹挟之苦。当我听到“荒原”的沉静开始骚动，听到“荒原”之春的轰鸣，我的悲智之心，与艾略特的悲智之心相遇了。

“荒原”，这个辞藻，是一个绵延的悲智之心，一个广延而深邃的时空；“广袤”，也是一个悲智之心的时空。还有“辽阔”“苍茫”“蹉跎”诸般无限扩展的隐喻链环。无穷无尽撕开的境域，不顾一切凝聚的死寂，都是悲智之心的时空。

时空是翻滚的形色。

对于泰勒斯而言，诗即是水，它生成万物。

一滴水在虚构与真实之间浸润。

一滴水，生出另一滴水。犹如一个词生成一个大海。

水是万物之源，这个说法，即是悲智之心的一个纹理。

一滴水，润湿了泰勒斯与耶稣之间的空白。泰勒斯与耶稣之间相互吸引，犹如两个桃在无限的空白之间相互吸引。

当悲智之心的纹理游动之时，泰勒斯和耶稣，各自从遥远的一端开始靠近，犹如一滴水向着一滴血靠近。

在我与稼轩之间，有一片迷离的空白，我向着他靠近。

稼轩的《江城子》：

宝钗飞凤鬓惊鸾。望重欢。水云宽。肠断新来，翠被粉香残。待得来时春尽也，梅著子，笋成竿。　　湘筠帘卷泪痕斑。珮声闲。玉垂环。个里柔温，容我老其间。却笑将军三羽箭，何日去，定天山。

好一个“个里柔温，容我老其间”。

万物之象，万象之象，皆为悲智之心的纹理。

有时，我的悲智之心，驱使花鸟鱼虫蜂拥而至，为了那一片空与白。（在造型艺术家那里，空白，其实是白空。白是一个色，白与空互为隐喻，亲切对话。）花鸟鱼虫，作为悲智之心的纹理飞向空白，它们的影子与空白僵持不下。与此同时，万壑春烟在空白中隆起。

艺术之难，不在物象，而在悲智之心的纹理生发的形式。

比如康定斯基，他看见了一个“黑圆圈”，又看见一个“红圆圈”，他看到的恰恰不是一个个具体的物象。

康定斯基如是说：

黑圆圈——遥远的雷声，自成一个世界，仿佛无所顾虑，埋在自己里头，成为终点。像一个慢而酷的声音说：**“我在这里。”**

红圆圈——稳稳坐着，强调它的位置，专注于自己。却同时向外漫游，想占有所有的位置——它因此热力四散，穿过一切障碍，直达边远角落、雷电交加，激情地说：**“我在这里。”**

圆很奇妙。

更奇妙的是：所有这些，和其他许多声音（事实有很多形和色）的聚合——整个图画变成一声“**我在这里**”。[1]

在沉静、虚无与义无反顾的语言轰鸣之间，有一种听觉，如果没有这种听觉，悲智之心就不存在。此种心灵听觉即悲智之心。我们必须假设有一颗悲智之心，尽管它的存在难以确证，无法整体性地描述。理解和描绘悲智之心，对自己或他人，都是一个难度。

我姑且相信了听觉即悲智之心。由是，生命的倾听便不能放弃。放弃了倾听，就等于放弃了生命的觉与悟。不能放弃觉与悟，这就是生命的悲智妙有。

不能放弃言词的描述，也是生命的悲智妙有。

妙有，是悲智之心的纹理之花。在艺术的创作发生之时，悲智之心需要造型，艺术觉为造型；悲智之心需要声音，艺术觉为声音；悲智之心需要物与事的摩擦，艺术觉为世界。

在诗性的世界里，没有物的本质。在诗性的世界里，唯有物的性质可观、可感，风标成诗。

没有物。只有物象。物象，是对物性质的直观描绘。

描绘，是自然神性与人性合谋的决定。

1 ［俄］瓦西里·康定斯基:《艺术与艺术家论》，吴玛悧译，重庆大学出版社，2011年，第137页。

精神活着，不能停止描绘。

精神活着，悲智之心是疼痛，也是疗救。悲智之心没有表达的纹理，即死亡。

悲智之心有时是一座石壁；有时拔起苍茫，独赋垂天之象。

人若无悲智之心，情何以堪，言何以堪，才何以堪。

悲智之心，是苍天的仁。我是这仁的信使。

精神活着，悲智之心在描绘的时刻，物象与隐喻纠缠不休，滚滚而来，造就古今。

描绘是语言的描绘。语言在描绘世界时，误以为是两情相悦。

描绘是困难的。维特根斯坦说：

> “我移动了象。”——“你移动了多久？”

又说：

> 人们看着一张脸，并说：“在这张脸的后面发生了什么？”——但是，人们一定不会这么说。人们一定不会把外貌看作一种在其后有一种精神力量在起作用的正面。[1]

1 维特根斯坦的两段话，分别引自《关于心理学哲学最后著作》的开篇第3.和终篇第978.，见涂纪亮主编：《维特根斯坦全集·第10卷》，涂纪亮、张金言译，河北教育出版社，2003年。

罗伯特·弗罗斯特有一首名诗《望不远，也看不深》：

沿着沙滩的行人，
都转身向一边眺望。
他们把背朝着陆地，
整天眺望着海洋。
……
他们往外望不到多远，
他们往里看不到多深，
但是有什么可以阻拦
他们那凝望的眼神？[1]

描绘一直在进行。时而和风桃花，时而飓风过冈。
雪芹的空谷幽兰林黛玉葬花诗吟：

花谢花飞花满天，红消香断有谁怜？
游丝软系飘春榭，落絮轻沾扑绣帘。

林黛玉葬花。我葬橘。
我以一阕《橘在野》证之：

1 ［美］罗伯特·弗罗斯特：《一条未走的路》，方平译，第58页。

日出东南
橘在野
黄在橘
阳在橘
阴在橘
橘在橘旁
橘在屋宇

日落西方
橘在野
日落橘
苍茫在橘
月在屋檐
夜无橘

诗歌的价值观写作与纯粹写作

俄罗斯伟大诗人奥斯普·曼德尔施塔姆在他的锦绣之文《词与文化》中，吟唱了彼得堡街道的杂草。他说："现代化的进程不是由地铁或摩天大楼来衡量，而是由城市中窜出石头缝的生机勃勃的绿草的生长速度来测定。"他吟唱了时间："诗是掀翻时间的犁，时间的深层，黑色的土壤都被翻在表层之上。"接着，曼德尔施塔姆吟唱了古罗马诗人奥维德的《哀歌》：

我喝干这昏暗的空气像喝尽昏暗的水，
时间被犁翻起；那枝玫瑰曾是这片土地。

夜深人静时枕着古老的月轮，与曼德尔施塔姆窃窃私语，让我想起了不久前自己对两种诗歌写作方式的划分：一种是价值观的写作；另一种是纯粹写作。我以为，二流以下的诗人，其写作一般是价值观的写作，因为将个人化的言语打扮成公共语言去喂养价值观虎狼，最容易博取被价值观塑造的种种心灵的欢心。这类诗人怀揣着真、善、美、假、丑、恶等价值观范畴的内涵，像一池死水喂养着一群蟾蜍的眼睛，它们无时无刻不在处心积虑地观察苍天、大地和人世间的逻辑深度，对抗最素朴而原初的风花雪月。

挖掘文化伦理的深度言说系统，是价值观写作的目的，也是劣等诗歌史写作的出发点和归宿。劣等的诗歌史写作来自劣等的意识形态心智。劣等的诗歌史写作者只与书本、教材、知识、逻辑、成规、帮派、诗歌黑社会勾兑，而不与温润、自在、直观的心灵、风物和生活对话。

在我们这个时代，价值观的诗歌写作，以及与之对应的诗歌史写作，已经控制了所谓的诗坛，豢养了成批的批评家、学者、教书匠、诗歌混混、江湖油子。写作者们互相抚摸，彼此武装，像腐水中的一群群蛆虫一样，个个晶莹剔透，模仿着一组组肥胖的弹簧。

纯粹的写作是对抗价值观的。在纯粹的写作者看来，价值观写作属于社会学的写作、伦理道德的写作，总而言之属于意识形态的写作。对于沉默的、无穷无尽的、无限蹉跎的天地万物和没有被玷污的个人心灵和心智而言，任何意识形态的价值观逻辑书写，都是语言暴力不得不制作的“谎言”系统——表达本身就是对本真存在的背叛。“谎言”以看似真诚的模样假设了一切，又以看似科学的逻辑铺陈、演绎了一切——这是一条人类作茧自缚的不归之路。价值观系统的培育，本质上是素朴心灵和心智生成的文化原罪。《道德经》第五章云：“天地不仁，以万物为刍狗；圣人不仁，以百姓为刍狗。天地之间，其犹橐籥乎？虚而不屈，动而愈出。多言数穷，不如守中。”诗歌背对价值观的深度而飞翔，是人类心灵的赎罪形式，是一种自我矫正的无意义之美。诗歌应该守住虚静空明的心海与物华，与万物一起在春情与秋露中蹉跎。我的《春荒》组诗里有一首诗《归去来》：

一千匹马中听不见知音
一山，一水。一山，一水
一千只鸟中看不见知音
一天，一地。一天，一地
一千年的日子里没有知音
一黑，一白。一黑，一白
一千里的坟堆没有知音
一高，一矮。一高，一矮
缪斯妹妹呀，莫辜负
古往今来，两个人影
一前，一后。一前，一后

路德维希·维特根斯坦却是一个知音，他说："智慧是冷静的，在此范围内也是愚蠢的。（与此相反，信仰是一种激情。）人们也可能说，智慧只不过对你隐瞒了生活。（智慧好像是一些冷却了的、灰色的炭灰，它们把炭火遮掩起来。）天啊！不要害怕谈论荒谬的事情。但你必须倾听你自己的荒谬。"几乎每个现代人，都成了意识形态价值观的奴仆，成了被智慧武装或绑架的怪物。因之，纯粹的诗歌写作，就是为了对抗这种存在的荒谬。

纯粹之诗，即是超越了价值观深度之激情的信仰。自觉而纯粹的信仰是单纯且无功利的，像面对枝头的一个苹果，一个花红，征服不了它，靠近不了它，但充满激情地确信它的存在，就是对它的信仰。面向事物的激情信仰，控制在与万物和生活对话的直观范围之内，像曼德尔施塔姆的那枝玫瑰突如其来的开放，它的全部之美正在于唯一一次的生发，它确证并改变了土地和时间，使土地和时间在瞬间新生并成为无意义之美的自身。还有李商隐的那枚石榴：

> 曾是寂寥金烬暗，
> 断无消息石榴红。

那种最单纯的、没有来源与归宿的形状和红润，也是灵魂自足开显的空明信仰。卓越之诗中的语词存在，犹如一个个无限单纯的事物存在着，它不可动摇地属于自身的自由与敞亮，一次次洗尽风尘，来到人前。与人世间的其他学问相比而言，诗无须承担意识形态的重荷，它是星宿、钻石、春雨的闪耀和倾诉。这就是说，在杰出的诗歌中，每一个语词都是反价值观语义的，那些发霉的语词和句子，被纯粹的诗歌光芒激活之后，仿佛从地窖、酱缸、废井、箩筐、碗碟里纷纷蹦跳而出，迎向朝阳而去，创造了古往今来的俞伯牙和钟子期。

卓越诗人的心灵结构仿佛是一棵枝蔓于天的大树，诗是春天的银芽和花朵。诗在形与色中生成生命的音律，在音律中生成时间的形与色。好诗乃是歌谣，是心灵之眼的看听识字。屈原的《九歌》即是这样的诗歌，他反复地吟咏自己看见的、渴望看见的和对人间情愫的信仰。

《湘夫人》吟：

帝子降兮北渚，目眇眇兮愁予。
袅袅兮秋风，洞庭波兮木叶下。

《少司命》吟：

入不言兮出不辞，乘回风兮载云旗。
悲莫悲兮生别离，乐莫乐兮新相知。

写作乃祈祷的形式

——与卡夫卡对话

卡夫卡说：“写作乃祈祷的形式。”有人在祈祷爱，犹如在隧道中穿行。那个隧道没有尽头，但隧道的穹顶上都镶嵌着犁铧飞翔的星宿。祈祷失去了语言，因为言词纷纷缀满星辉远去；祈祷没有对象，因为对象还种在泥土中没有醒来，曾经醒来的已经死亡。祈祷什么也没有，它是一个巨大的石头立在天地之间，从寂灭的中心到外表，石头渐渐悬空。祈祷，轰鸣之声在寻找耳朵。祈祷以失败告终。卡夫卡的兄弟说：“祈祷是月牙的渴望，用漶漫而洁白的潮湿，向着月轮涂鸦。”

一位英雄站在高处念一首诗：“东临碣石，以观沧海。水何澹澹，山岛竦峙。”千军万马在低处的荒野上等着他念完。然后，他走下来，与军队一起服从苍茫之色的席卷。卡夫卡在遥远的另一个高处，看见了这一幕哑剧，他说：“什么都没有，只有图像，仅此而已，彻底的忘怀。”

曹操与另一位诗人在当代相遇，一个的脸是红的，一个的脸是白的。他们的文学理论，也泛着红与白两种色彩，像两把刀，一把为了甜蜜而嗜血，一把的刀口梦见冰冷的钝而向着刀背卷曲。两把刀上都沾满了疯狂而来的辞藻。辞藻像苍蝇，在巨大的红脸与白脸上繁殖。卡夫卡把他的阳台伸向阳光之中，他坐在阳台上说：“身在魔鬼之中仍然尊重魔鬼。”

有一位当代诗人在祈祷春风，因为他的全身上下，都被教材中飞来的大词蜇得通红。的确有一阵春风，像描绘一棵树的枝叶那样，帮助他修复稚嫩的皮肤。尽管大词还在不停地飞来。可是，他的心中，还有一阵春风在一眼枯井里旋转，无法吹出井口。自从有了那一阵无辜的春风，那眼井就慢慢地自我向着深处开掘。井越来越深，不停地证明，它越来越饥渴。卡夫卡的东方兄弟感叹道：“那眼枯井想使自己的深度达到极致，其实，那个极致并不存在。”

有一个人曾经模仿梁任公用“直笔”（相反的是曲笔）书写，字如弹丸，句如长枪，枪枪中弹，刀刀见血，锋利无比。从此，笔第一次变成了投枪和长刀。一夜之间，投枪和长刀在纸张上复制投枪和长刀，刀枪如林。如椽巨笔，在与枪争夺射手、与刀争夺死士的过程中，打了个平手。那个人死后，大笔又找到了新的枪手和死士。这种大笔的书写，代代相传，养活了无数人。卡夫卡的兄弟模仿他的口吻评价说：“牲口夺过主人的鞭子，想要成为主人。牲口不知道，这只是一种幻想，除非鞭子变成了语言的鞭子。”

李煜在吟唱：“春花秋月何时了，往事知多少。小楼昨夜又东风，故国不堪回首月明中。”这也是直笔。直笔就是直白，不加遮蔽。他随时回到“零”咏叹，回到空和明，回到柔肠寸断的一花一草一木。回归即是祈祷。面向物的祈祷，妄想打开最后一扇门。可是，在最后那个地方，根本就没有门。李煜，燕子围着他飞舞，春花为了在他身上开放，要突破藤条的牢笼；李煜，他有一轮月系于苍天，他要把圆月赎回；李煜，祈祷东风，移动小楼，呼唤绝望。卡夫卡回应说：“没有拥有，只有存在，只有一种追求最后的呼吸，追求窒息的存在。”

东方有一个隐喻：“鲜花插在牛粪上。”卡夫卡的东方兄弟解释说：“为什么鲜花要插在牛粪上呢？很简单，因为牛粪不停地证明它是蛋糕，久而久之，鲜花就以为牛粪是真的蛋糕了。这是语言的祈祷，也是暴力。”卡夫卡接着解释道：“只要有一个人有能力到达距离真实只有一句话的地方，那么每个人（我也处于这个咒语之中），都能超越真实一百句话之遥。”

一位东方诗人对卡夫卡说：“如果一句话能使一段爱情解体，那么话语就能使所有的爱情解体，恰如暗能使光解体；如果榫卯能使建筑解体，那么语言也能使世界解体。倒过来说，也是可以的。如果语言解体，人也解体。人在解体中重组，又解体，这是生命的复调。”卡夫卡回答：“用最强的光能使世界解体。在弱的目光前它会变得牢固，在更弱的目光前它会获得拳头，在再弱的目光前它会害羞，因而把敢于注视它的人打得粉碎。”为了人的解体而祈祷，这是写作最隐秘、最深层的恐慌。

寂寞的树上，结满了石头的灰。寂寞的池塘里，开满了莲花的锁。寂寞的天空中，移动着一扇窗。寂寞的坟头，刻着的一个名字在呼吸。寂寞的鞭子，疼得在地上蹦跳。寂寞的眼睛，蓝得像灯盏的火焰。寂寞的歌声，像锤在敲门。寂寞的祈祷，只要一个回音，哪怕是伤口的呼喊。卡夫卡说："只要一句话。只要一个请求。只要空气的一个运动。只要你还活着并在等待的证明。不，没有请求，只有一个呼吸，没有呼吸，只有一个准备，没有准备，只有一个思想，没有思想，只有平静的睡眠。"卡夫卡的兄弟应答："不，没有善，但还要一个善的证明。没有纯洁，但也要一个纯洁的证明，一个虚妄的安好。"

有一位诗人猜想，在某一个低级的寂寞心里，有一个红色的窟窿；在某一个高级的寂寞心里，有一道蔚蓝的划痕；但在某个中等的寂寞心里，天堂里所有的东西都可以砸碎。那个高级的寂寞心，在修复天堂里被砸碎的东西；那个低级的寂寞心，在祈祷窟窿愈合；那个中等的寂寞心，把这一切变成了文艺评论。卡夫卡在问他的另一个我："你在建筑什么?"那个我回答："我想挖一条通道。"卡夫卡对他的那另一个我说："必须有所进展，我在的位置太高了。"

他认为自己有一颗善良的心，可这颗善良的心不知如何自处。这是因为，他的心既没有到达善，也没有到达恶。卡夫卡说："善在某种意义上是绝望的表现。"这说明他还没有绝望。卡夫卡的兄弟说："恶在某种意义上也是恐惧的表现。"这说明他还不够恐惧。为了恐惧而祈祷，善是一根救命稻草，恶也是一根救命稻草，可是，无论善或恶，都不能使人泅渡。一群鱼反复泅渡，但从来不上岸。

春天的一棵树，要从一个峡谷出来，峡谷的空明阻止了它。空明还想阻止它的粗壮和蓬松，空明失败了。当语言到达这棵树时，已经晚了，一树红花已经从喧闹回归静默。语言从树根爬到树梢，企图唤醒每一朵花红，每一片叶绿。花红以凋谢来回应语言，叶绿自我呵护着，向着秋天扑腾。卡夫卡的兄弟说："树不停地生长，为了吸吮世界的语言，为了使整个山谷动荡不已。"

此时此刻，浸润古今的情愫，载满了一叶扁舟，扁舟恰如一个水上的木铎，晨光的金线在它的身上反复穿引。此时此刻，扁舟在缝补一条古老的河，木铎的咏叹之声，在安慰远处的一座峰峦。扁舟载着木铎，为山峦祈祷，从不停歇。河，是一条没有尽头的河，不会干涸；山峦，是一座恒久的山峦，不能崩塌。卡夫卡的兄弟说："祈祷，是为了让澄澈的流水浮起一叶扁舟；为了让一座山峦，永远在同一个距离，接受祈祷。"

一个人的心里装满了语词，语词丢三落四，一会儿丢了草木花朵，一会儿丢了村镇城池，一会儿丢了所有的人，直到这个人全身解体，化为乌有。那个人之后，又来了一个人，来了所有的人，每个人的心里都装满了语词，每个人都丢三落四，接着开始解体，化为乌有。卡夫卡的兄弟说："书写，是语词丢三落四的形式，犹如鱼，垂钓，或放生。"

一群文明人，在走向文明的途中，知识武装了他们，就像在黑夜来临时，鸡笼对于鸡来说可能是安全和温暖的。为了接受知识的武装，他们先抛弃了最难的真，接着又抛弃了困难的善，再抛弃了漂移的美。为了被栩栩如生的世界抛弃，他们欢欣鼓舞地成为非人。卡夫卡说：“我们之所以有罪，不仅是由于我们吃了智慧之树的果子，而且也由于我们还没有吃生命之树的果子，有罪的是我们所处的境况，与罪恶无关。”

有一句话，是卡夫卡在东方的那个兄弟的自我写照：一个诗人在写作，所有的事物纷纷回避他，为了成就一片荒漠；一个诗人在写作，所有的事物纷纷靠近他，为了成就一片更大的荒漠。除非荒漠并不存在，只可惜，对于他来说，荒漠的存在是必然的。

卡夫卡的兄弟说：“靠价值观写作的人是可怜的，他们在一个个笼子里穿梭，希望笼子关上门。笼子关上了门，为了不再饥饿，笼子欢欣鼓舞，嗜血如命。”卡夫卡说：“一个笼子在寻找一只鸟。”

一位作家在鞭笞丑恶，丑恶非常愉快，因为丑恶喜欢鞭子的抽打。不断地鞭笞，使丑恶繁殖速度加快了。卡夫卡在祈祷。卡夫卡的东方兄弟也在祈祷。两人的目光突然在天堂崩溃之前相遇。

在巴金小说、曹禺戏剧的每一场雷雨中，都藏着无数价值观的眼睛，它们闪烁其词地审视人和世界。每一双眼睛，对应着两个汉字：革命——仇恨——摧毁——颠覆——善恶——美丑——真伪……这些汉字有的像烙铁，有的像冰刀，有的像子弹，有的像炮筒乌黑的圆圈，有的像鲜血淋漓的窟窿。巴金和曹禺作品里的词汇相互蹂躏，彼此缺乏信任，使当代汉语一开始就失去了童真。当代汉语从起源始，即沾上了意识形态的晦气。

文学作品里的一阵意识形态狂风，使灵魂颠簸不已。每一阵狂风都有两个主人，一个是恶，一个是善。卡夫卡说："'恶'最有效的诱惑手段之一是挑战。"卡夫卡的兄弟说："'善'最有效的手段之一是诱惑。"卡夫卡接着说："正确的解释则是，一个魔鬼附上了他的身，无数小魔鬼就纷纷而来为大魔鬼效劳。"魔鬼站在狂风的船头，骄傲无比。

一盏灯橘黄的光从窗户出来，它要把自己放进黑夜，以便行走。为了达成这一愿望，它要先与夜色摩擦，摩擦使它晃动的光斑渐渐变圆，变得神秘莫测，最终成为灵魂无声呐喊的一个样式。卡夫卡的兄弟说："一盏灯的橘黄在夜里藏身，它的空间就是它自身。"卡夫卡说："藏身处难以计数，而能使你获救的只有一处，但获救的可能性又像藏身处一样多。"不知橘黄何以获救？但有一点是肯定的，最终使它消失的，不是灯光，是橘黄。

真正伟大的天才永远只有少数人知道，因为只有少数人才能破壁而飞，其实也不是破壁而飞，而是在移动天空中的窗户。伟大人物，是那种被牢笼抛弃的人。此时此刻，他在铁栅之外徘徊，听见铁栅里的人在讨论思想，包括在讨论一个叫文论的怪物。他是被讨论的对象，但是，人们为他量身定做的尺寸，装不下他自己。他像一个不断上升的蓝色湖泊，从四面八方溢出泉水和火焰。卡夫卡感叹道："我永远得不到足够的热量，所以我燃烧——因为冷而烧成灰烬。"

论原初写作

一

诗歌的原初写作，是无任何遮蔽的一种纯粹的、直观的写作。但说出这句话来，是危险的。因为没有大写的、超越作品之上的“诗”那种东西，所以，必须宣布，自古以来关于“什么是诗”的命题答案统统无效。同时取消的还有“文学是什么”“艺术是什么”“哲学是什么”等命题游戏。

不过，我们还是可以说话的，逻各斯最早的含义就是说话或言词。只是我们不要轻易将命题游戏导向真知，在命题游戏中套出个什么形而上学的“本质”来。

二

既然没有大写的、超越具体诗歌的诗——没有理念的诗，那么，我们可以说，诗是语言漂移中生成的有生命气蕴的诗意。维特根斯坦说：“哲学不是一种理论，而是一种行动。”我说，诗也不是一种理论，而是语言的一种漂移迁流。米利都学派的阿那克西曼德说：“万物的本原是无限者。”无限者音译“阿派朗”，是没有限界、没有限制、没有规定和性质的东西。诗也是“阿派朗”，是一种在语言漂移行动中生发的诗意生命，一种气韵生动、纯自由开显的形象或形式。

三

所谓原初写作，只能是一个假设。“原初写作”这个假设是必要的。因为我们一旦言说，就被投掷到语言之中，成为语言漂移迁流的生命符码。是故，我们有必要从理论方面，即从一个概念来谈论诗歌写作——可我们必须清楚，就艺术而言，凡是用理论去谈论的东西，都是可疑的；但是，我们的确需要提出一个概念，即建构一个理论的出发点去谈论诗歌写作，以使我有话可说——沉默会使语言的漂移处于凝固或停滞状态；只要还没有被理论伤害到病入膏肓的人士都将明白，我们言说的目的，是在说的过场中，将包括出发点的概念在内的所有封闭性的、狂妄自大的概念系统清洗干净。包括文学史书写中那些爱—恨—情—仇式，传统—现代式……的江湖术数，包括庙堂的岳不群团队，江湖的余沧海帮会，等等。

四

诗歌写作活动已经被知识、文化、审美、诗歌运动、文学史书写、集体或个人的写作狂想症、各种写作技术等范畴挤压得面目全非。这些范畴要么“参与”写作，要么“渗透”写作，要么“互文”写作，要么对写作实施“影响的焦虑”，等等，各种写作知识、理论、审美模式，总是以反客为主的强大魔力，将纯粹诗意创造涂抹、扭曲甚至摧毁。

原初写作是一种写作行动，不是一种花样翻新的写作理论。原初写作的行动一旦开始，所有凝固不变的写作理论、复制诗意的写作生产线即刻土崩瓦解。

诗歌的原初写作作为行动，不仅需要去概念化，而且要去巫术化。

五

原初的诗歌写作源于生命自由自在的体验；源于语言自身对世界纯洁无瑕的初次虚构与创造。原初写作真的是这种说法的写作吗？对于玩理论的人，或者执迷于某种写作成规的人来说，这句话可以是对的，也可以是错的。因为这句话离纯粹而可信的诗歌行动仍然很遥远。

原初写作所创作的纯粹艺术作品，是让所有理论失语的作品；相反，那些三流以下的作品，都是为理论阐释而创作的。越糟糕的作品，越有被阐释的可能性。因此，在原初写作的语言漂移行动面前，阐释者陷入了阐释无效的困境。除非，阐释变成创作行动，与原初写作的诗意创造同时处于语言漂移滚荡的时刻。

六

理论的归纳或演绎，与艺术创作无关。如果某种诗歌写作事先设定了诗歌的观念或范式，那么，原初写作的行动是一种“非诗”的语言漂移行动；同样，如果诗歌理论是事先设定的，那么，原初写作的说法也是“非理论”的。当然，应该指出，作为语言漂移行动的原初写作，没有辩证法意义上的逻辑对立面。“诗”与“非诗”不是它讨论的范畴或追求的写作目标。

一个好作品完成的同时，“诗—非诗”“理论—非理论”都已经退场。

诗到达，诗学退场。原初之诗开显，知识之诗退场。

七

诗歌理论的制造，是魔鬼对人的惩罚方式之一。

心灵结构的牢笼，以及语言自身之被利用，使原初诗歌的写作行动变得举步维艰。

柏拉图洞穴中的那群被缚的人，都跑出来经营诗歌，或搞起理论来了。

八

原初写作的言词、诗意是“无端”生发的，正如李义山《锦瑟》诗云：“锦瑟无端五十弦，一弦一柱思华年。”无端的“风雅颂”，无端的“赋比兴”。“曾省惊眠闻雨过，不知迷路为花开。”（《中元作》）“曾是寂寥金烬暗，断无消息石榴红。”（《无题·凤尾香罗薄几重》）

原初写作不分庙堂民间，唯纯粹直观的好诗是举。张打油的《咏雪》，即是原初之诗：

江上一笼统，井上黑窟窿。
黄狗身上白，白狗身上肿。

《诗经·小雅·采薇》中最后一阕，是原初写作之典范：

昔我往矣，杨柳依依。
今我来思，雨雪霏霏。
行道迟迟，载渴载饥。
我心伤悲，莫知我哀。

九

对原初诗歌写作的出发点而言，无论心灵结构纯粹的语言发现，还是语言描绘的心灵结构图画，除了语言漂移的迷离风咏，里面空无一物。当然，我们也可以说，心灵结构即是语言结构，或者反过来说，语言结构即是心灵结构。心灵结构与语言结构，两个“深渊”相互吸引、漂移而重合为一。犹如雁南雁北，翅膀即阴影，阴影即翅膀，两个漂移的形象同时滑翔而为一。

的确，我们可以用“深渊”做个比喻，心灵结构或语言结构的比喻。就诗歌写作而言，其实只有一个深渊：语言的深渊。因为可知的心灵结构，即语言；而可知的语言，也就是可以洞明的心灵结构图景。除此之外，我们一无所知。诗既非先知，亦非后知。因此，原初写作的可能性与否，只能在语言中来讨论，在语言被激活的时刻才能洞见。

语言和人相互呼唤。当他们在诗中相遇，崭新的世界或被创造出来。

十

既然有原初写作的观察点，就有非原初写作的观察点。我们姑且将原初写作称为纯粹写作或直观写作，而将非原初写作称为知障写作或者谋划写作。原初写作既可以发生在写作观念、审美观念生成之前，也可以发生在破除了任何观念控制的写作形式之后。

原初写作的语言横空出世。鹰隼出尘，混沌自开；天光乍现，清霜满地。

相对于原初写作而言，价值观写作、审美模式写作、奖状写作、学院派写作、流派写作、利益集团写作、代际写作（比如“70后”）、某个阶层的写作（比如“打工诗”）、某个行业的写作、乡村写作、城市写作等等，统统都可以划入非原初写作的范畴。

有关写作谎言的制造，遮蔽了可信的写作行动。我们只看见写作利益链的打造和经营，只看见谋划或策略、算计或利用，而看不见对写作活动的敬畏和尊重。

很多诗人都在处心积虑地为“文学史书写”而写作。具体表现在：为无知的文学史家们准备好文学运动材料，编造好说法，制造好概念，准备好奖状，编辑好大型出版物等。

所有营销式写作都与原初写作无关。

三流的文学史家是不读作品的，他们无须训练对卓越作品的判断力，因为他们认为的文学研究，即是文学社会学、文学辩证法、文学概念系统的研究。

十一

如果将原初写作作为考察作品的理论视点，那么，它只面向每一个具体的作品；一个具体的作品，既是考察的出发点，也是考察的落脚点。

具体作品是理论视点考察的尺度和界限。就诗歌或一切艺术而言，只有具体的作品，而没有普遍的、整体的、类型的作品。

人们一旦将一种写作引申为“普遍的”写作，艺术就随之消失，或瞬间退化为理论。以普遍的理论来谈论具体作品的行为，是形而上学家们虚构世界的一种方式，而非诗或艺术之想象力自由自在地生成心灵图景的方式。

十二

韩东说：“诗到语言为止。”我说：“诗到语言漂移为止。”或者进一步说：“诗到语言漂移着的音声形色为止。”诸如此类的命题，多说几个无妨。所有理论性质的命题判断，都是无话找话说。命题供养着理论家。通常，理论家视命题为真。假命题和真命题相互绑架，合谋编织语言的牢笼。

说到底，鲜活的诗、动词的诗与各种命题都无关。制造命题是无聊的。比如哲学，就是命题的扯淡。但言说还是必要的。所谓漂移着的音声形色，或为自由的、正在开显着的形象，或为一种纯净无蔽的开显形式；诗意的音声形色，是漂移迁流、敞亮的语言符码、生命符咒。诗意的音声形色，或开显于在任何语义生成之前，或寂灭于语义灰烬熄灭吹散之后。

臧棣说：“诗的形式，说到底，是人们愿意采用什么样的方式看待感觉的对象：它可能是自然事物，也可能是人世纷争；所以，在本质上，诗的形式是基于生命感觉的一种给予能力。它是活的，它不是套路，尤其不可简单地归结为语言是否需要押韵。诗的形式，考验的是我们能否奇妙地理解事物的那种能力。所以，对诗而言，追求形式即自觉于我们有责任精湛地表达我们的生命感受。换句话说，对诗而言，形式的本质就是表达是否精湛。”

我说：“诗歌的形式，即诗歌语言漂移迁流的形式本身。”每一首好诗，不但其诗意充盈，且形式自足、完美。形式和诗意融为一体。不可将形式与内容等二元对立面分开来讨论，否则将陷入理论圈套。

十三

语言精湛地表达生命感受，是原初诗歌写作可能生成的路径之一。但也必须指出，理论的观察无非是在事物或诗歌旁边滑翔的一种逻辑游戏。它永远不可抵达诗歌（艺术）。所有理论的经营，都会将诗歌弄脏；一种既定的诗歌形象或形式，也会将原初的诗歌写作行动弄脏。这句话反过来说也是成立的，即被诗化了的诗歌（艺术），也会将纯粹的形象、原创的理论弄脏。

在纯粹、直观的诗歌作品中，理论与创作是一回事。理论即创作，创作即理论。好诗如一株空谷幽兰，它完美、自足、直观地开显在眼前。美或不美，高贵或卑贱，都与它无关。

一种大众式的、集体式的审美，通常都会被弄脏了的理论或形象推演着、繁衍着，也在编织着心灵结构的牢笼。当然，你也可以说，就诗歌创作行动而言，空洞的诗歌理论和空洞的诗美形象，本来就是牢笼。

十四

形象是语言的形象，而非事物的形象。任何形象在被激活之前，都是非诗的。太白《菩萨蛮》词云："平林漠漠烟如织，寒山一带伤心碧。""平林""寒山""伤心碧"等就是被激活的形象。辛稼轩《贺新郎》词云："我见青山多妩媚，料青山、见我应如是。情与貌，略相似。"词人的"情"与青山的"貌"在对观的时刻被激活成诗，妙不可言者，到此为止。

任何被激活的形象，若能漂移进入无污无蔽的纯粹敞亮之境，即可能生发出原初写作的精妙诗意。兰波著名的《童年》组诗中有一个句子："我是圣徒，跪在露台上祈祷，——就像那些太平洋野兽吃着草直到巴勒斯坦海。""圣徒"与"野兽"，两种绝然不同的生命形象，通过比喻的漂移碰触，生成了全新的诗意，刷新了诗意的形象。这就是天才之诗，一种原初写作的诗歌。

华莱士·史蒂文斯《玻璃水杯》中有一个句子：

> 玻璃杯立在中心。光
> 是下山喝水的狮子。[1]

1 ［美］华莱士·史蒂文斯：《史蒂文斯诗集》，西蒙、水琴译，第102页。

十五

"诗—非诗"是一个对立的辩证关系。"诗"既不是恒定不变的"诗道"，肯定也不是"非诗"。这里可以有一种新说法出现：如果诗歌的原初写作有赖于纯净无蔽的精妙诗意生成，那么这种可信的诗意必然生成于"非诗意"的推动力。以既定的诗意为诗，是原初写作的大忌；以既定的诗意为诗，是诗意的复制、诗的生产。绝大多数诗歌的写作，是诗歌生产。

的确，"诗—非诗"这对辩证关系里有个缝隙可钻——崭新的诗意在"诗—非诗"的张力磨砺时刻生成。但这只是一种辩证法的游戏。这个缝隙里是否能生成原初的诗意，则不得而知。

我们可以引经据典地论证辩证法管用，以表明诗歌的理论真实可靠。比如，我们可以列举老子《道德经》为例，《道德经》第二章云："天下皆知美之为美，斯恶已；皆知善之为善，斯不善矣。有无相生，难易相成，长短相形，高下相盈，音声相和，前后相随，恒也。"老子的辩证法二元结构，讲的是"道"的存在。可是，原初诗意的生成并非"道"的生成。因为，诗既不是哲学，也不是辩证法的方法。如果我们能讲清楚诗意是什么，那就能讲清楚通往诗意生成之路在哪里。可事实上，这种理论或方法的妄想从未实现过。

靠辩证法逻辑写作，不可能生成原初的诗意。

十六

原初诗意的表达与命题式的表达南辕北辙。命题表达建构语义或消解语义，而原初诗意的表达与任何命题表达式无关。将语义（意义与非意义）系统视为诗的内涵，那就将诗降低到了逻辑层面，导向知识或观念。逻辑系统冠冕堂皇地虚构世界，在这一点上，它似乎与诗的创造异曲同工，但事实上，逻辑系统要获取的是知识而不是诗。有时候，严密的逻辑系统构建，恰恰制造的是假知识。逻辑是一种工具，但常常反客为主。因此，就原初写作而言，诗歌理论总是欺世盗名。

十七

原初诗意作为一种音声形色的无蔽开显，它既不在世界之外，也不在世界之内，它也不会一成不变地存在于语言之中。它在语言漂移迁流的时刻生成，它的生成是“一元”的。只有“一元”的开显、呈现，才能做到“纯粹直观”的开显、呈现。

“一元”浑然天成，自足、自在、自为。诗是一。诗是圆的。诗就是诗的不二法门。

当这个“一元”的诗歌生成的时刻，附着在“主—客”“词—物”“形而上—形而下”“形式—内容”“真—假”“美—丑”“善—恶”中的语义、观念系统都要退避三舍。

原初诗意在创作与阅读时刻的来临，来无所来，去无所去，如来如去，如去如来。《金刚经》偈语云："一切有为法，如梦幻泡影，如露亦如电，应作如是观。"

十八

托马斯·特朗斯特罗姆《解散的集会》第三阕：

> 教堂里，乞讨的碗
> 从地上将自己托起，
> 沿着一排排椅子走动。[1]

第五阕：

> 梦游者尼古德摩走在通往
> 地址的路上。谁有地址？
> 不知道。但我们朝那里走着。[2]

这类诗符合"原初写作"的真意。没有叙述目标，不利用语

1 ［瑞典］托马斯·特朗斯特罗姆:《特朗斯特罗姆诗歌全集》，李笠译，四川文艺出版社，2012年，第168页。

2 同上书，第169页。

言，不按诗意生成的套路抒情达意。自然（物）、现实（世界）、人（诗人、读者）、语言（书写者自身），都在无诗、无为的原初“位点”上自在漂移着，不轻浮，也不下坠。也就是说，原初写作不媚诗、不卖弄诗、不利用诗，并与伪诗、伪理论划清界限。

访谈对话

诺贝尔文学奖评审委员会主席
埃斯普马克先生访谈

李森：谢尔·埃斯普马克先生，非常高兴今天能有这样的机会和您对话！现在，一个中国的诗歌心灵和一个瑞典的诗歌心灵要通过一张讲英语的嘴巴进行交流。作为瑞典学院的院士，诺贝尔文学奖评审委员会的主席、评委，您现在还在大学教书吗？

埃斯普马克：我曾经在大学里教学，但我现在已经退休了。现在我把所有的时间精力都交给了诗歌。

李森：您用英语写作吗？

埃斯普马克：我只用自己的母语写作。因为只有在母语中，诗人才能够大胆地进行语言文字的实验。如果用非母语写作的话，自认为的创造性语言在说母语的人看来也许是荒谬可笑的胡说八道。

李森：诺贝尔文学奖评审委员会委员会从瑞典学院退休吗？还是这一席位是终身的？

埃斯普马克：终身的，一直到这位委员去世为止。

李森：这样的席位是一种尊贵的荣誉，应该持续终身。

埃斯普马克：可是，瑞典学院院士的工作量很大，委员们得阅读大量的不同语言、不同种族，甚至不同翻译版本的文学作品。很多时候，工作量大得让人想要一天有48个小时。此外，担任委员并从事这样的工作没有任何报酬。

李森：这很值得尊敬！埃斯普马克先生呀，前几年，中国民间文学人士有个说法，中国旅外诗人北岛差点儿就获得了诺贝尔文学奖，街谈巷议很多，不知这件事是否是真的？有人认为，北岛之所以会被诺贝尔文学奖提名，是因为他写的是一种可译的“世界诗歌”——他的诗歌里有很多意象、句型都可以直接在英文当中找到对应的翻译。您对此有什么看法？

埃斯普马克：首先，我们并没有把谁提名为诺贝尔文学奖获得者这种说法。因为我们认为，任何人都有可能获得诺贝尔文学奖。世界上任何一位文学教授、语言学教授都可以给瑞典学院提交诺贝尔文学奖的推荐书。其次，需要补充的是，瑞典学院接受诺贝尔文学奖推荐书的截止日期是每年的2月1日。因此，如果谁想要推荐某年的诺贝尔文学奖候选人，他就得在当年的2月1日以前把推荐书寄给瑞典学院。但这样的推荐书不是寄给某个人，而是直接寄给瑞典学院。

李森：诺贝尔文学奖评审委员会对某位文学家的评审，是否考虑评审对象的政治背景？这也是关心诺奖者议论很多的一个问题。

埃斯普马克：需要说明的是，瑞典学院并不受制于政府。甚至，当我们的人民不满意现在的政府时，选举的时候我们就另选一个政府。瑞典学院的意见从来不受政府干预。不论从政治上还是从经济上来看，瑞典学院都是一个独立的组织。因而，诺贝尔文学奖的评选与颁发从来不受政府意见的影响。例如，1970年，瑞典学院要把诺贝尔文学奖颁发给苏联作家索尔仁尼琴，但当时的瑞典政府认为，如果诺贝尔文学奖颁发给索尔仁尼琴，将会影响瑞典和苏联两国之间的关系。瑞典政府由此建议瑞典学院重新选定获奖人。但是，瑞典学院的委员们一致认为，索尔仁尼琴是当时最优秀的作家，他们决意要把当年的诺贝尔文学奖授予索尔仁尼琴！

李森：据说，中国现代作家鲁迅先生曾有机会获得诺贝尔文学奖，但他拒绝了，有这么回事吗？还有沈从文等中国作家呢？诺贝尔文学奖似乎已经成为个别中国作家的一块心病。

埃斯普马克：1936年，瑞典学院曾考虑将鲁迅作为当年的诺贝尔文学奖的候选人，但结果是，鲁迅不仅拒绝参与诺贝尔文学奖的评选，而且还认为，当时的整个中国都没有可以获得诺贝尔文学奖的作家。不久之后，鲁迅去世。[1] 在鲁迅之后，另一位中国作家沈从文被提议授予1989年的诺贝尔文学奖，可他于1988年去世了。

李森：在20世纪世界各国作家中，诺贝尔文学奖评审委员

1 Sture Allen, Kjell Espmark, *The Nobel Prize in Literature: An Introduction*, Norstedts Akademiska Förlag, 2002, p. 39.

会是否曾经因为没有颁奖给其中的某些作家而感到遗憾？比如阿根廷作家、诗人豪尔赫·路易斯·博尔赫斯，爱尔兰作家詹姆斯·乔伊斯，美国诗人埃兹拉·庞德、罗伯特·弗罗斯特、华莱士·史蒂文斯等伟大的诗人和作家。由于许多20世纪的伟大诗人和作家没有获奖，诺奖常常被人诟病。

埃斯普马克：是的，有很多遗憾。20世纪30年代，瑞典学院颁发了很多不好的奖项。当时我们持有大众化的标准——这源于我们对诺贝尔本人遗嘱的理解。诺贝尔希望把诺贝尔文学奖颁发给能够为全人类带来益处的作品，而我们对此遗嘱的理解是——这样的作品应该是所有人都能够读懂的作品。那是一个很大众化的十年——奖项颁给了约翰·高尔斯华绥、赛珍珠等作家，而没有颁给弗吉尼亚·伍尔夫、詹姆斯·乔伊斯等很好的作家，西格蒙特·弗洛伊德也被我们否定了。那段时期很不好。但是，二战以后，好的阶段紧接着就来了。那时，新的一代，也就是被30年代的文学实践激怒的一代，他们想让文学先锋和文学革新者获奖。他们想从保尔·瓦莱里开始，但瓦莱里最终还是被否决了——因为他的作品太难懂。1946年，瑞典学院开始采用新的评审制度，那年，诺贝尔文学奖颁给了赫尔曼·黑塞。20世纪30年代，黑塞曾经因为他的文学现代性被评审委员会否决。他把人类视为碎片化的存在，以及他虚幻的风格，都太“现代主义”了。但他现在已经被视为伟大的革新者，同时也是诺贝尔文学奖的获得者。此外，安德烈·纪德也曾经因为他的性向问题被否决。安德烈·纪德确实是位文学革新者，他的《伪币制造者》是一部伟大的小说。在这之后，诺贝尔文学奖颁给了T. S. 艾略特和威廉·福克纳——20世纪最伟大的两位创作者。尤其是威廉·福克纳，他是一个很好的选择。那时候，福克纳根本不出名，但对于后来所有的文学而言，福克纳确实是一个强有力的影响。首先，他对于法国新小说有很大影响，后来，他又引发了拉丁美洲的文学繁荣，包括加西亚·马尔克斯等在内的所有这些作家都受到他很大的影响，后来的另一些作家，比如托尼·莫里森等，也受到了福克纳很大的影响。

李森：20世纪以来的拉丁美洲文学确实很繁荣，获得过诺奖的有智利诗人加夫列拉·米斯特拉尔、巴勃罗·聂鲁达、加西亚·马尔克斯。今年的诺贝尔文学奖获得者是一位秘鲁作家。当年阿根廷作家、诗人博尔赫斯本来应当获诺贝尔文学奖，但他为什么最终没有获得这一奖项？

埃斯普马克：1967年，拉丁美洲的阿斯图里亚斯（M. A. Asturias）获奖了。他是拉美魔幻现实主义的先驱。当瑞典学院讨论阿斯图里亚斯的时候，我以前的导师也是诺奖评委会委员之一，他提议当年的诺贝尔文学奖由阿斯图里亚斯和博尔赫斯共同分享。但是很遗憾，他们没有分享这一奖项。我们接着说博尔赫斯——虽然这个问题有点复杂，因为博尔赫斯被视为候选人的时候，正是阿根廷法西斯独裁者统治期间。于是，瑞典学院等待了一段时间。当学院再次将博尔赫斯列为实力强劲的候选人时，他却去世了。

李森：俄罗斯作家列夫·托尔斯泰和法国诗人苏利·普利多姆本来都有可能获得第一届诺贝尔文学奖，但是该奖项最终颁给了苏利·普利多姆。那么，诺贝尔文学奖评审委员会是以什么样的标准最终决定把奖项颁给苏利·普利多姆的？

埃斯普马克：你注意到我那本小书《诺贝尔文学奖：引介》（*The Nobel Prize in Literature: An Introduction*）吗？它是一本很薄的书，我认为它是介绍诺贝尔文学奖的浓缩品。在那本很薄的书里，你能找到你所有问题的答案。并且，它也解答了为什么托尔斯泰没有得到诺贝尔文学奖这一问题。在开始颁发诺贝尔文学奖的头十年，学院非常保守。他们首先维护的是上帝、王位、国王、家庭。当然，他们认为《战争与和平》和《安娜·卡列尼娜》都是伟大的小说。然而，托尔斯泰批判圣经、批判国家、批判和谐，这些都违反了诺贝尔文学奖的理念，也违背了诺贝尔本人的观点。所以，事实上，刚开始的那个时期很糟糕。

李森：在美国诗人当中，罗伯特·弗罗斯特和埃兹拉·庞德是不是也有可能获奖，他们是不是也是诺贝尔评审委员会的遗憾呢？

埃斯普马克：对于埃兹拉·庞德来说，事实上不是的。诺贝尔的遗嘱中写道："理想地、完美地写作"——这与理想主义写作不同。这讲的是人性。如果你走得离人性太远——比如说庞德，他赞美德国人对犹太人的处决，还赞美希特勒和墨索里尼，他还警告美国的犹太人也会遭到灭绝——这都是人性所不能容忍的。通常，我们认为政治与奖项的授予无关，但如果他离人性太远，以至于想要从人类当中消除人性的话，那就太过了。然而，他是个伟大的诗人，但他很疯狂。他曾在意大利的广播电台，发表反对西方国家和苏联的言论，为希特勒和墨索里尼辩护，那令人反感。

李森：那么被称为美国民族诗人的罗伯特·弗罗斯特呢？他的诗别具一格，充盈着伟大人性的光辉和淳朴善良的人间情怀，在美国家喻户晓，对于瑞典学院而言，他是一个遗憾吗？

埃斯普马克：你可以说这是一个遗憾。但诺贝尔文学奖的独特之处在于——它是一个独一无二的奖项。每年的奖项有三位候选人，比方说1969年，有很多候选人，比如格雷厄姆·格林、W. H.奥登等作家，但最终奖项颁给了塞缪尔·贝克特，这就意味着其他候选人不能获奖。贝克特也是很好的作家。我们把奖项颁给这个人，也就意味着此人以外的其他人在当年无法获得这一奖项。我因为很多作家不能获得诺贝尔文学奖而遗憾。每年的三四位候选人中，只有一位能获奖。

李森：诺贝尔文学奖评审委员会的18位委员中，只有一位评委马悦然（Goran Malmqvist）先生懂得汉语。这会不会影响汉语作品的获奖概率？这是第一个问题。第二个问题是：如果汉语作品获奖，那这是不是意味着马悦然评委的意见最为重要？

埃斯普马克：事实上，这与只有一人会讲汉语没有任何关系，每位委员都理应熟悉中国文学。并且，我们有自己特别的统计系统，我们并不局限于来自外部的提议，我们也有来自全世界的报告。诚然，学院内部有懂得各种语言的评委，委员们讲英语、法语、德语、西班牙语、意大利语、俄语，但如果某部文学作品没有通用语译本的话，我们会组织我们自己的翻译，并且，每种译本会备有18册。如果作品看起来有趣的话，作家就有可能获得诺贝尔文学奖。如果某位作家不为委员们所知的话，我们不仅会听取来自作家本人的报告，而且，也会听取来自作家本地区的其他作家的报告——因为作家本土的学院或大学可以（向瑞典学院）提交由20位教授集体签名的报告，作家的朋友们也可以提交这样的报告。我对第二个问题的回答是：不，一定不是！他可以有自己的想法，但最终结果要由18位评委共同决定。最重要的是，诺贝尔文学奖授予谁不可能由某个人单独决定！

李森：诺贝尔评审委员会的委员是否会接受某国政府的邀请访问某个国家？

埃斯普马克：不会，也从来没有过！我们从不接受政府、评论家、编辑的邀请。

李森：瑞典著名诗人托马斯·特朗斯特罗姆有可能获诺贝尔文学奖吗？

埃斯普马克：如果这在我的书里没有提到的话，那么我也就不能多说什么了。不过，每一位优秀的作者都有获得诺贝尔文学奖的可能。

李森：瑞典学院应该毫不犹疑地将诺贝尔文学奖授予托马斯·特朗斯特罗姆，不应因为他是瑞典人，评审委员会就有所顾忌，怕引来非议。特朗斯特罗姆获诺贝尔文学奖当之无愧，在我的阅读视野中，他是欧洲当今还健在的最伟大的诗人。他的玄学诗有滚动物象、震醒审美的力量，突然爆发的、横空而来的比喻让你猝不及防，非常高级，哪怕是一些具有叙事特征的诗，也非常迷人。尽管他的诗歌作品不算多，只有不到200首，不过这已经足够。

埃斯普马克：特朗斯特罗姆在中国很有名吗？

李森：是的，特朗斯特罗姆在中国是位非常有名的诗人，许多诗人都在谈论他的诗，喜欢他的诗歌的人很多。当然，很多读者都是通过李笠先生的翻译认识他的。李笠的翻译非常棒，对我有很深的影响，是一位诗人对另一位诗人的翻译。

埃斯普马克：他的作品已经被译为50多种语言。我曾写过的一本关于特朗斯特罗姆的书，是本新书，其中的一章是对特朗斯特罗姆诗歌的赏析，而文章里讨论的那些诗歌，在我这本书出版一周之后才发表。那时候，特朗斯特罗姆的作品被译为38种语言，但现在更多了。

李森：特朗斯特罗姆的诗歌还有另外一个选译本，是中国诗歌翻译家董继平从英文翻译为中文的。

埃斯普马克：我认为直接从原文翻译的译本更佳。因为从瑞典文到英文的翻译可能失去一些东西，从英文又翻译为中文会失去更多的东西。不过很多时候，事情就是这样发生的。比如说，在中国颇受欢迎的瑞典女作家塞尔玛·拉格洛芙，她的作品就是先从瑞典语翻译为德语，又从德语翻译为中文的。1909年，她获得了诺贝尔文学奖。从20世纪80年代起，瑞典文学作品就开始被直接翻译为中文。刚开始的两位译者是朋友，一位姓李（李之仪），另一位姓高（高子英）。我记不清他们的名字了。起初，他们一起翻译作品，后来李一人独自坚持下去。1986年，我第一本关于诺贝尔文学奖的书籍被译为中文，这本书在桂林出版。我的诗集——从瑞典语直接翻译的诗集，最近几年也在桂林出版了。

李森：诺贝尔文学奖评委在评审的时候，会不会考虑地区的分布，比如欧洲、北美洲、南美洲、亚洲？

埃斯普马克：你带了我送你的书吗？让我在书上指给你看。你瞧，在书后的附录里，有诺贝尔文学奖的获奖者名单，这个名单并没有提及国家和地区。

李森：在我的印象里，似乎澳大利亚这样的地区没有人获得过诺贝尔文学奖，这是不是说那个地方的文学水平还有待提高呢？

埃斯普马克：有一个。1973年，澳大利亚作家帕特里克·怀特获得诺贝尔文学奖。但是，有些国家从来没有人获得过诺贝尔文学奖，比如说比利时、荷兰等国。他们对此很愤怒。有些作家已经离诺贝尔奖很近了，可是他们并没有得到大多数评委的认可。

李森：那就先给他们发一个“诺贝尔文学预备奖”。

埃斯普马克：事实上，像我一样的个别评委有时候会强烈希望某位作者获奖，但如果他不能说服其他评委的话，那么他就得承认自己是少数。因为这个奖项的评定得依据大多数评委的意见。人们常常问我：难道你从来没有考虑过这位或者那位作家吗？与纽约、伦敦，或者巴黎相比，很多关于世界文学的信息是在斯德哥尔摩搜集的，那是因为很多国家的文学视野比较狭窄，尤其是美国，翻译文本的数量大约只占图书产量的2.7%或2.8%，而在瑞典等欧洲国家，图书产量的50%都是翻译文本。在美国，翻译的比例只有2.8%左右，他们只有很少的译本，所以翻译在美国事实上是边缘化的。他们与在欧洲、中国发生的事没有太多交流。对于作者而言，确实如此，美国的作家常常和法国有联系，但美国的读者却不知道外面正在发生什么。我们瑞典学院的前任秘书曾经在一次采访中向记者提及这一观点，随后，这在美国引起了极大的喧嚣。他的观点之后被阐释为——很多美国作家之所以没有获得诺贝尔文学奖，是因为他们不具有“欧洲化思维”。事实上，这与作者没有任何关系，他强调的是，其他国家的文学作品应该在美国具有影响力，这并不是指美国作家的作品品质不高，因为任何作家都会从其他不同的作家那儿获取有用的信息——不论这些作家来自哪里。例如，华莱士·史蒂文斯是诺贝尔文学奖很好的候选人，他的作品和法国文学有诸多联系。我甚至曾写过一篇文章，关于史蒂文斯和斯特芳·马拉美的“对话”。史蒂文斯借用了马拉美诗歌的一些措辞，而他也为这些词语找到了自己的答案。我认为这是很有用的模式，我更愿意谈论作者之间的“对话”，而非“影响”。作者与作者之间进行“对话”并不仅仅是巧合，作者根据自己的性格选择另一位作者，他并不随意选择任何人，而是挑选自己的朋友，进而与他对话，或者反叛他。从某种程度而言，这更像是一种交流。我认为这比仅仅谈论影响要有用得多。如果只谈论影响，那么你并没有真正认识他，你只是接受了他。但事实上，作者对文本做了很多，他们革新了它，并且重新创造它。之后，作者与作者之间仍然是好朋友。很多人满足于看到作家在这里或者那里借用了前人的创作。那么此后又怎样呢？要看到那不仅仅在于作家听到了什么，更为重要的是，选择之后，他回应了。这是吸收与回应的结合体。与之前的机械影响理论相比，我认为这是现代比较文学中更为有效的一个途径。

李森：您关于作家与作家之间“对话”的理解和阐释非常重要，这种思想是您创作经验和“对话”的总结，只有具有创作经验的人，才有这种深切的体悟。谢谢您！希望今后我们还有机会讨论更多有意义的问题，进行诗人与诗人之间的“对话”。我期望您在适当的时候访问云南大学，访问昆明，特朗斯特罗姆曾于2001年3月到过昆明，昆明有一个著名画廊酒吧就是以特朗斯特罗姆的名字命名的。

埃斯普马克：期待那一天的到来！

（翻译、整理：龙晓滢）

诗歌、诗学与写作[1]

——谢尔·埃斯普马克、李森谈话录

埃斯普马克：首先让我向你介绍一本我最近出版的书，名叫《翻译灵魂》。T. S. 艾略特曾经说过，玄学派诗人对思想的感觉，就像我们能闻到一朵玫瑰的花香。在玄学派诗人看来，思想和情感是可以被看到和感受到的。

"翻译灵魂"是波德莱尔的艺术。中国唐代诗人懂得这种艺术，但丁、莎士比亚也都懂得这种艺术，但他们只是偶尔采用这种方式，而波德莱尔将其发展为一种方法，贯穿于他的诗歌写作。T. S. 艾略特在《J. 阿尔弗瑞德·普鲁弗洛克的情歌》中写到"我用咖啡勺丈量我的人生"，这种具体性来自拉弗格[2]。从波德莱尔到拉弗格、马拉美、兰波，再到艾略特，从兰波到超现实主义，

---

1 2016年4月4日至9日，瑞典学院院士、诺贝尔文学奖评审委员会委员、前主席，诗人，作家，文学理论家谢尔·埃斯普马克教授受云南大学文学院院长、诗人、文学理论家李森教授之邀莅临云南大学，与云南大学文学院师生畅谈诗歌创作与当今世界文学的状况。其间，埃斯普马克教授与李森教授于4月6日促膝长谈一个上午，双方就诗学、诗歌创作进行了深度交流。现将两位诗人的谈话翻译、整理如下，以飨读者。

2 即法国象征主义诗人朱尔·拉弗格（Jules Laforgue）。

形成了一个完整的链条。我尝试着在这本书中重新界定现代主义视野中的诗歌，以表明其发展的脉络就是“翻译灵魂”的过程。

我最早于1970年意识到这一点，当时我发现兰波等伟大诗人都是越过彼此的肩膀向前看。我花了几个月时间来研究这一想法，最后证明了我的观点。然后用八年时间写了两本书，其中一本谈的是“翻译灵魂”的国际传统，另一本谈的是“翻译灵魂”的瑞典传统。目前这两本书已经成为大学教材。

专注于特朗斯特罗姆诗歌的著作，最初只是第二部书中的一个重要章节，后来我把这一章独立出来，形成了研究特朗斯特罗姆诗学的一本专著。

我还有一篇文章[1]要给你。四年前，我应一本中国杂志的邀请写了这篇文章。编辑要我将其写成一篇自传性的文章，即关于我作为一名作家的个人传记。文章虽然是四年前写的，但你可能会对其中的一些内容有兴趣。

我在这篇文章中提出的观点之一，是把诗歌、小说、文学评论视为一个有机的整体，因为作为一名小说家，我的创作是从写诗开始的。我的小说起初都是诗歌，后来拓展成了小说。也就是说，我在诗歌中尝试艺术分类和方法，然后进行扩展。举例来

1 《国际现代主义和本土传统的会面》(“Domestic Tradition Meeting International Modernism”)。2015年5月，埃斯普马克分别在中国人民大学和常熟理工学院做同题演讲。

说，《仇恨》这部小说最初是一首诗，里面谈到一位被谋杀的首相，但实际上也可以说他没有被谋杀，因为十五年后，他成为我一部小说的主人公。

就我的小说而言，其中的虚构人物来自诗歌中的虚构人物。我的小说很短，我小说写作的精炼性来自诗歌。就我的文学批评与文学史研究来说，我喜欢研究文学大家，并向他们学习如何从事文学研究，所以我的文学研究与文学写作是一体的。这样的话，我的诗歌、小说创作与文学研究就形成了一个整体。这就是我这篇文章的主旨。

李森：刚才您在谈话中提出了一个非常重要的问题，我想对这个问题做一个回应。学术研究、文学理论以及小说、诗歌等文体的创作在语言上有一种同构关系。

埃斯普马克：实际上我并非从一开始就做这样的设计，而是在回望过去的时候，发现这三者其实是一个整体。

李森：伟大作家的写作，事实上都是把韵文与叙事文合为一体，把创作与理论合为一体。举例来说，昨天我与您谈到阿根廷诗人博尔赫斯，他没有获得诺贝尔文学奖，这是一个巨大的遗憾。他的写作创造了当代诗人所能达到的一个最大的高度，正是因为他的诗歌、小说和理论的创作是融为一体的。

埃斯普马克：我得补充一点。我的恩师托尔谢[1]教授也是瑞

1　即瑞典诗人拉格纳·托尔谢（Ragnar Thoursie）。

典学院一名院士，他曾经建议让阿斯图里亚斯[1]与博尔赫斯共享诺贝尔文学奖，因为他们二人是拉丁美洲的两位文学巨匠。这个建议本身非常好，但是其他人没有意识到这一点，因此只将诺贝尔文学奖授予阿斯图里亚斯，博尔赫斯则只能等待。后来他公开支持魏地拉[2]将军的法西斯政变，并因此改变了自己的立场。由于他信奉法西斯主义，所以他的名字只能列在诺贝尔文学奖的候选名单上。我进入瑞典学院之后，很希望把诺贝尔文学奖颁发给他，但遗憾的是他已经谢世。

李森：博尔赫斯同时从事诗歌、小说和理论写作，将各种文体融会贯通，形成一个有机的整体。此外还有一个重要例子，那就是弗兰茨·卡夫卡。

埃斯普马克：在讲卡夫卡之前，还可以再说说T. S.艾略特，他也是诗歌创作与理论创作相结合的典范。

李森：那么艾略特是第三个例子。卡夫卡虽然没有留下理论著作，但是他的小说、箴言和寓言本身，就是诗歌与最高超的文学理论的诗意结合。在他的寓言与箴言中，人类的诗意创造，人类存在的困境，文学艺术创作所面临的理论创造问题，都得到淋漓尽致的展现。

1　即危地马拉小说家、诗人米格尔·安赫尔·阿斯图里亚斯。

2　即阿根廷军事独裁者豪尔赫·拉斐尔·魏地拉（Jorge Rafaél Videla）。魏地拉1976年发动军事政变，同年任阿根廷总统，开始了长达五年的独裁统治。1985年，魏地拉因反人类罪被判处终身监禁。

埃斯普马克：我认为，还有重要的一点，那就是人们认为诗人对诗人产生影响，小说家对小说家产生影响，却没有意识到诗人与小说家也是相互影响的。就我个人来说，作为一名诗人，我在很大程度上受到小说家卡夫卡的影响。

李森：这样说来，卡夫卡是我们共同的老师。说到T. S. 艾略特，他是理论创造与诗意创造同构的一位伟大诗人。

埃斯普马克：是的，他谈起玄学诗人的诗学时说到，对思想的触碰就像对一朵玫瑰的触碰那样直截了当，我认为那就是一种理论。他在《J. 阿尔弗瑞德·普鲁弗洛克的情歌》中说“我用咖啡勺丈量我的人生”，这是他讲同一种理论付诸实践的范例。他还说，《荒原》讲的是当代人类的困境，让人类内心里的荒原由此得到表现。这也是把思想和情感翻译成现实的一个例子。荒原实际上存在于内心。就卡夫卡来说，最重要的一点在于他把现实的意义表现出来，或者说把他对现实的理解表现出来，例如《城堡》。住在“城堡”里面的是谁？是上帝？是政府？还是自己心中的超我？他没有说，而是让它对读者保持开放。我认为这是非常、非常重要的。他甚至也没有说城堡在哪里。在捷克的布拉格？还是德国的某个城市？我们不知道。问题的答案对我们的阐释同样保持开放，因为其内在的含义已经被外化。

李森：艾略特审视了一种理论创作、诗歌创造，以及人和文化、传统之间的一个巨大的障碍。艾略特终其一生的努力，就想通过诗歌的创作来建立关于人与自然、人与文化传统、人与人创造的理论之间的联系，构建人和人所创造的诗意之间的一种途径。他想突破这一巨大的障碍。他是一个突破者，一个对抗者。而在我看来，卡夫卡比艾略特伟大得多。因为卡夫卡文本的自我呈现就已经展现出这条道路。在艾略特的文本中，我们还看到文化本身的一种沉重——文化本身作为心灵结构的障碍和沉重。而在卡夫卡的作品中，我们看见的是最直观的诗意绽放——犹如一朵具体的玫瑰的芬芳那样的绽放。

埃斯普马克：艾略特本人终究对这些重要问题给出了自己的答案。他在《荒原》中说到水与春天的回归，他认为这种回归是可能的，这表明他提出了一种解决方案。但是卡夫卡没有给出解决方案。所以我认为，虽然艾略特这首诗充满了悲观主义的思想，但他还是给予我们慰藉，告诉我们春天是会回归的，水可以再次滋润干涸的大地。但卡夫卡没有这样做，他也没有从相反的方向做出尝试，而是让答案保持开放。而我恰恰很喜欢不开药方的医生，他只是让你自己保重身体，并告诉你这就是他所能给出的最佳建议。

关于《审判》，他没有说这是什么样的审判，是上帝的审判，政治的审判，还是自我的拷问？他没有说。而这种开放性正是我所喜欢的。艾略特还说到“母亲”，他指的是英国教会，即宗教。卡夫卡虽然没有直说，但他的话语中暗含的意思则是：宗教是一种虚幻的东西。因此可以说，卡夫卡是一位比艾略特更为杰出的大师。艾略特告诉我们如何写作，如何翻译灵魂，而卡夫卡告诉我们生命真正的含义是什么。

李森： 在我看来，理论就是创作。

埃斯普马克： 优秀的理论的确是这样，只是蹩脚的理论太多。

李森： 那是当然！现在我们谈到一个非常重要的问题。以卡夫卡和艾略特为例来讨论这个问题非常重要。同时我也可以通过卡夫卡和艾略特的比较来讨论一下特朗斯特罗姆和您的作品，还有我的一些看法。为什么说卡夫卡比艾略特更伟大？因为卡夫卡的作品是一个人类心灵结构中的无意义的诗意层面上的东西，而这个层面本身是非价值观的理论层面。

埃斯普马克： 不过，卡夫卡是一个优秀的评论家。他在诗中写到主人公与一个女子做爱的场景，两人在酒吧中做爱，在锯末中做爱，这看似是一种自然主义，但实际上是一种超自然主义（paranaturalism）。这与左拉不同，左拉会写到具体的时间和地点，例如19世纪70年代，这是一种自然主义的写作。而在卡夫卡的写作中，时间和地点都不明确，我们不知道故事发生在什么国家，主人公是哪国人，也不知道故事发生在什么时间。这一切都是开放的，完全由读者自己来理解和阐释。但是反过来看，他的写作又是自然主义的。这是一个悖论，是超自然主义与彻底的开放。

关于开放式写作，还有一个例子。我的小说中有一个令人迷惑的问题，那就是现实的断裂：人被表现为残缺不全的肢体。读者不禁会问，你这样写作的目的是什么？为什么现实是断裂的？我的答案是，可以从三个方面来看。第一，这可以是对存在与非存在（nonexistence）的“双重曝光”（double exposure），因此这可以看作是生命与死亡在同一张照片上的呈现，说明现实的呈现是断裂的。第二，可以说，现代生活本身就是断裂的，断裂是现代生活的特征和属性，我们就生活在碎片之中。第三，也可以从马克思主义的角度来看待这个问题，可以说是资本主义使人碎片化，这种解释也是成立的，但是我把阐释的权利留给读者。这表明我在学习卡夫卡的写作，让小说保持开放。在刚才提到的这篇文章[1]中，我只给出了第一种阐释，并把其他的阐释留给读者。

但是要把特朗斯特罗姆和我加以比较的话，不应该从卡夫卡入手，而是从另外一位诗人谈起。我和托马斯[2]是同班同学，拉格纳·托尔谢是我们共同的老师。我们在20世纪40年代年师从于他，他是一个“驯服”[3]了超现实主义的人。他起初和布勒东[4]、阿波利奈尔[5]等诗人一样，认为意识、思想、联想可以自由流动，但是后来他“驯服”了超现实主义。西班牙诗人洛尔迦[6]，瑞典诗

1　即对话开始的时候，埃斯普马克交予李森参考的论文《国际现代主义和本土传统的会面》。

2　即托马斯·特朗斯特罗姆。

3　原文为Tame，此译为“驯服”。

4　即法国超现实主义诗人安德烈·布勒东（André Breton）。

5　即法国诗人纪尧姆·阿波利奈尔（Guillaume Apollinaire）。

6　即费德里科·加西亚·洛尔迦（Federico Garcia Lorca）。

人拉格纳·托尔谢，此外还有很多其他国家的诗人和作家参与了这一“驯服”过程。托尔谢说，诗歌应当是形象的，像电影画面那样清晰。他对电影和格式塔心理学很感兴趣。格式塔心理学要求把各个部分还原为一个整体，因此他希望建构一个巨大的、完整的形象，而不是超现实主义的图像或隐喻，因为那样的隐喻相互杀戮、抵消。所以他说，要坚持一个隐喻，一以贯之，保持到底。其结果就是产生“双重曝光”。举例来说，托马斯在某年的12月开始写一首诗，题目叫《尾声》(“Epilogue”)。整首诗就是对帆船和风景的“双重曝光”。风景中有树，帆船有桅杆，帆船穿越时间航行，这个隐喻贯穿整首诗。这幅图景保持始终，最后又返回到读者面前。这就是他的写作方式。这种写作方式运用了超现实主义的自然想象，但诗歌的意象是完整统一的。托尔谢是这样写诗的，托马斯也是这样写诗的。这就是他们的诗学理论，也是我的诗学理论。

李森：刚才您谈到的这个问题很有意思。事实上，这里面涉及传统文学和现代文学中的创作和理论方面的很多问题。站在西方的立场上，我们姑且说有三种写作方式。一种是德国式的写作，即德国理性主义诗歌的写作，也可以说是黑格尔式的写作。这种写作方式完全建立在一种逻辑框架之上，相信语言能够达到一个世界，相信语言能够获得一个整体。第二种就是英国式的写作，这是英国经验主义加怀疑主义的写作，姑且称为英国式的写作，也可以说是类似约翰·洛克和大卫·休谟式的写作。第三种是法国式的写作，那是一种诗意碎片的写作。

埃斯普马克：我们暂且回到刚才所讲的问题。特朗斯特罗姆和我都持同样的观点，都倾向于“有限制的”超现实主义，即让想象自由驰骋，但是又要对其予以很好的驾驭和把握。那么托马斯和我之间有什么区别呢？应当说，托马斯继承了我们老师托尔谢的一个方面，即自然，或者说是“自然神秘主义”（natural mysticism）；我继承的是另一个方面，那就是托尔谢对人的描写。因此托马斯对自然更感兴趣，我对人更感兴趣。这是我俩的一个重要区别。

另外还有一个区别，那就是对怀疑主义的看法。托马斯相信“黑暗中的扶手”，他谈到巨大的“谜团”（enigma），他认为我们可以接近这种神秘事物，但我并不这样看。我与卡夫卡的看法一样，我认为没有一个确切的答案。“黑暗中的扶手”是一个幻象。他是一个有宗教信仰的人，他不认为自己是一个神秘主义者，因为他认为这样做是虚幻的。他反对神秘主义，认为神秘主义是没有意义的，宗教则是一个幻象。可以说这是一种“自然神秘主义”。他倾向于神秘主义，而我倾向于理性。不过严格地说，我也不是理性主义者，因为生活中有很多违反理性的事情，所以应该说我是一个不可知论者，一个怀疑主义者。

李森：看了瑞典当代诗歌，对您刚才所说的内容已经有所了解。我刚才谈到三种写作方式。总的来看，这三种写作在所有国家的具体的文学写作当中都可以分为两种写作方式，一种是价值观的写作，一种是非价值观的写作。换言之，一种是意义系统的写作，一种是无意义系统的写作。价值观的写作是意义系统的写作，非价值观的写作是无意义系统的写作。我觉得诗的最高的层次，或者说诗意的最高表达方式——按照东方的佛学、哲学思想来说——是无意义的表达，而不是意义的表达。

当然，诗的写作与意义肯定是有关系的，比如与价值观肯定是有关系的。我们所说的诗是广义的诗，也就是文学创作。这样的创作如果只是表现一个价值观的体系或系统，那么它并不是最高的文学。最高的文学、艺术恰恰是非价值观系统的写作。这种写作方式符合东方的传统思想。借用《心经》的说法，就是“诸法空相”，即诸法皆空。但这个“空”不是什么都没有，而是无意义的自在呈现。特朗斯特罗姆的诗是一种“意象神秘主义”的诗。他的诗歌最吸引我的地方在于无意义层面上的写作。也就是说，他诗中的隐喻和具体的事物，以及事物之间的运动具有一种同构的关系。换言之，意象本身的运动或者“漂移”，并不是以意义的表达为目标。意象的漂移本身就已经生成了诗意的创造，而不是为了表达一个目标而进行的写作。

我们已经翻译了您的一些诗歌，我也读了迈平先生翻译的您的一些诗歌，因此我们很想知道，您的写作与特朗斯特罗姆的写作在这一点上到底有多大的差别？

埃斯普马克：我并不谈“空”，我也不说自己是一个无神论者，我不会说“诸法皆空”，因为这是“认识”，并且我假设自己认识了它。实际上，我并不知道，因此我更愿意说自己是一个不可知论者，正如卡夫卡是一位不可知论者。卡夫卡并不知道上帝是否存在，他让问题的答案保持开放。

谈到特朗斯特罗姆和我之间的最大差别，特朗斯特罗姆可能会说：我不是一个神秘论者，我所寻求的是深刻的体验，最大限度的体验。这也可以说是一种“启示”（epiphany）。我也追求启示，但我所追求的启示，是一种世俗的启示，其中没有上帝的存在。特朗斯特罗姆认为有一种东西的存在，他向这个东西——这个巨大的“谜团”——伸出双手。他认为黑暗中有一个事物。而在我看来，我并不知道。人类的困境在于“不知道”。

也可以从托马斯和我的诗歌中来看我们之间的不同。托马斯写了几首与教堂相关的诗，其中一首提到他坐在教堂里，听管风琴演奏。在教堂中，他感到十分安全。他是一个真正的基督徒，但是他想要去接近神秘的事物。当我谈到在教堂里的体验时——我写过一首关于沙特尔大教堂[1]的诗——我持一种怀疑态度，因为教堂把人带进去，让人把自己的心贴在石头地板上，把肋骨与穹顶合为一体。教堂把你吸纳进去，并给予你一种安全感。在教堂以外，是一片混沌；在教堂内部，你感到自己与某种安全的东西融为一体。对我而言，这是一种天主教信仰的画面，但是

1　又称夏特尔大教堂（Cathedral de Chartres），是法国著名的天主教教堂，位于法国厄尔－卢瓦尔省（Eure-et-Loir）省会沙特尔市（Chartres）。

我拒绝这种方式。这首诗就是以这种方式来表达一种抗拒。塞戈维亚[1]坐在沙特尔大教堂门外演奏吉他曲《玫瑰花园》(*Rose Garden*)，他说："我有一种不同的感受。"对我而言，这种教堂的隐喻展示了托马斯和我的巨大差异。他在教堂中感到安全，我拒绝这种安全。我拒绝一切体制。

谈到黑格尔的哲学和英国哲学的同时，不能忽略另外一位哲学家，那就是雅克·德里达。有人认为他破坏了一切，其实这是个误解。德里达想要说的是，各种庞大的体制在自我毁灭。例如他在康德的著作中发现了一个瓦解整座大厦的脚注，他指出了其内在的矛盾，这个矛盾瓦解了整个体制。因此他对任何庞大的体制都持怀疑态度，认为这些体制都只是走向自我解构的幻象。我也持同样的看法，我对一切体制都持怀疑态度。我们应当满足于近似性(approximations)，就像培根所说的那样，我们应该继续努力，下一次失败得更彻底一些。我个人就满足于近似性。在我看来，体制就像纸牌屋一样，表面看是一个精巧的结构，但只要抽出其中的一张牌，整座屋子就崩塌了。

李森：尼采有一句箴言：集体的幸福高于个人的幸福这种理念，会将人带到动物的世界去。我认为，在自然和上帝那里有没有一个整体，我们并不知道，但是人类的语言是不能把握这个整体的。当然，我们在面对自然和上帝的时候，面对自然中的每一

1 即西班牙古典吉他大师安德列斯·塞戈维亚(Andres Segovia)。

个事物以及上帝这个人格化的神的时候，我们还是可以假设一个整体。也就是说，我们可以假设我们理解上帝，当然我们也可以假设我们能够获得事物的真相。但是，这一切都不可能。因为，语言和个人的心灵结构无法达到这一点，无法达到一个整体。语言无法达到整体，语言也无法达到事物，但是我们可以创造事物，我们可以假设一个整体，我们可以在语言中创造一个整体。这种创造事实上就是诗的创造。

然后，用当代法国哲学家吉尔·德勒兹的话来说，当年他在研究美国诗人沃尔特·惠特曼的时候，用到“碎片写作”的概念。当然，在我看来，惠特曼的写作并不是一种碎片式的写作，它还是一种宏大的价值体系的写作。但是德勒兹用“碎片写作”的概念来阐释诗歌的问题，我觉得这种方式很重要。至于说这种碎片是一个系列的、一个系统的碎片，就像不断演绎的蒙太奇那样的碎片，还是单个的碎片，这要看单独的诗歌的写作中诗意表达的可能性。不是说连续性的碎片或意象就不能创造很好的诗，这要视诗意表达的形式和情况而定。所以，超现实主义也好，单个意象也好，我觉得都并不重要，重要的是在一首具体的诗当中，它是否达到了一个很好的高度。马丁松[1]就是一个例子，他在《在海上》这首诗中写道：“在海上我们感到春天或者夏天只是一阵风。/ 漂流的佛罗里达水草有时在夏天开花，/而某个春夜

1 即瑞典诗人哈瑞·马丁松（Harry Martinson）。

里一只琵鹭朝着荷兰飞去。”可以说这首诗当中有一个单独的意象，也可以说是几个意象连接在一起，关键是几个意象的连接过程当中，其节奏、诗意表达，以及诗意表达中显现出来的力量、旋律是否达到了很高的诗意高度。

埃斯普马克：也可以先从尼采和“个人主义”说起。我读过尼采的著作，发现有不同的尼采——作为“超人”的尼采，作为“查拉图斯特拉”的尼采，追求极乐的尼采，谈论“活力论”的尼采，充满反讽的尼采。在托马斯·曼看来，尼采还是一位语言哲学家，颇受现代法国哲学家青睐。但就个人而言，我并不喜欢尼采，因为我并不把自己视为个人主义者，但是在强大的体制面前，我要捍卫个体，而不论摆在我们面前的是宗教体制，还是政治体制。但另一方面，我并不是尼采所说的那类个人主义者，因为我也维护社会。我对历史的看法是，不同的时代存在于彼此之中。就像艾略特在《四个四重奏》中写道：“现在的时间和过去的时间/也许都存在于未来的时间，/而未来的时间又包容于过去的时间。”并且，个体也存在于彼此之中。你的思想在我的脑海中，反过来也是这样。我在一首诗中写道：“我感觉到你如何在我体内思考。”[1]这就是个人主义，个人是相互缠结在一起的。人类以不同方式，或多或少地连接在一起。

李森：您谈到的这一点很重要，不仅是有很多个尼采，每

1 诗句来自埃斯普马克《内在空间》第九十二首。

个人也有很多个“自己”。刚才讲到诗歌的“碎片式”写作，价值观的写作，还有整体主义的写作，或者历史主义的写作，文化写作，意义写作和非意义写作，等等，事实上这一切可能都会在同一个人的不同时期、不同心灵结构中存在，也会在一个人不同时期的同一个心灵结构中存在。所以，我个人认为所有诗意的法则，都处于一种漂移状态。这就是我的“语言漂移说”中的一个重要方面。个人心灵结构处于一种“漂移状态”。心灵结构和语言的关系有时候是同构的，有时候是分裂的；有时候是意义层面上的，有时候是诗意层面上的。但是，毕竟文学、诗与其他学科是不一样的，诗最高的价值就是无意义的、直观的创造，成就人对美的精神诉求的创造。

埃斯普马克：这样看来，你似乎认为诗歌是个人的一面镜子，认为诗歌与人的个性之间有直接的联系。但事情有复杂的一面，有些瑞典诗人的诗歌与他们的性格并不相符，而是一种与个性相反的写法，例如海顿斯塔姆[1]和埃德费尔特[2]。海顿斯塔姆于1916年获得诺贝尔文学奖，他一度被流言蜚语所困扰，也被自己未来的角色所困扰。他写了一首诗《未知与被遗忘》(“Unknown and Forgotten”)，实际上那就是他想要扮演的角色，这是他反对自我的一种策略。另外，还有现代作家、瑞典学院常务秘书于

1 即瑞典诗人、小说家魏尔纳·海顿斯塔姆（Carl Gustaf Vernervon Heidenstam，又译卡尔·古斯塔夫·维尔纳·冯·海登斯坦）。

2 即瑞典诗人约翰内斯·埃德费尔特（Johannes Edfelt）。

伦斯滕[1]。他面临的问题是，他恪守一种立场，但是无法改变自己的立场，他就像一个士兵困在战壕里无法脱身。他在写作中体现出来的思想是：每天都要改变，改变自己的看法；放弃自己的看法，追求更好的自我。他以这种手法来抗拒自己的性格。因此他的诗学观当中存在很复杂的因素，表明一个作家能够以反对自己的方式来写作。不过这不是我的风格，我的诗歌反映的是我本人。

作品与作者之间并没有一种直接的对应关系，有时候作品所反映出来的作者形象是虚假的。此外还有另一种解释，他们可能是在与自己搏斗，但我并不是这种类型的作家。

李森：其实在我看来这是语言漂移，而不是人的“漂移”。这种“漂移”不是简单的个人的“漂移”或者主体的“漂移”，而是语言的“漂移”。语言很多时候会脱离个人而飞翔。而且从个人来说，也是一个非常复杂的关系，个人的存在也是非常复杂的，因为我们有时候连自己都不知道自己这个“个人”是什么。个人处于语言漂移的途中，有时候会自我丢失。

埃斯普马克：那么如果有人问我：你的诗歌是否反映你内在的性格？我的回答是：我不知道。

李森：反映论是马克思主义的文论。要说语言可以直接把一个客体或一个主体反映出来，事情绝对没有这么简单。

埃斯普马克：的确是这样。我的想法和构思来源于自我内

1 即瑞典作家拉尔斯·约翰·维克托·于伦斯滕（Lars Johan Wictor Gyllensten），1977至1986年任瑞典学院常务秘书。

部的未知的地方，而这是我所不能把握的。我不可能把它逼出来，因为它并不服从我的支配。但另一方面，我有自己的理智，于是我的理智与来自未知领域的冲动相遇，就形成诗。我的理智或是接受或是拒绝这些冲动。总而言之，我的诗是这二者合作的结果。曾经有一位年轻的德国作家陷于写作的困境，再也无法写作，席勒[1]在给他的信中说：在你提出批评之前，你必须让你的冲动和想法跨过那道门槛，否则你无法写作。就我自己而言，我写得最好的那些诗句，往往连我自己都无法完全理解。

李森：最后还有两个问题。您在文章中提到，您和特朗斯特罗姆师从同一位导师，后来走上了不同的道路。您把对人的深刻描写作为起点，那么在您自己看来，您对人物的描写具有哪些重要特点？此外，您更喜欢自己《内在空间》中的短诗呢，还是《创造》当中的那些诗歌？

埃斯普马克：可以从两个方面来回答，因为我对人物的描写有两种类型。应当说，我在描写人的时候，实际上是一种相遇，是我和他人的相遇。我的出发点是“请把你的声音借给我”。这些人没有自己的声音，我让他们借用我的声音。这样做的结果是，我的声音与他们的结合，产生了我们的共同的在场。我的历史题材的诗歌也是这样，当我写到李贽和其他诗人的时候，我们相遇了。这也是“双重曝光”。我的《西安的帝国军队》（“The

1　即德国著名诗人、哲学家约翰·克里斯托弗·弗里德里希·冯·席勒（Johann Christoph Friedrich von Schiller）。

Imperial Army in Xi'an"）这首诗写的既是兵马俑，也是现代社会中的我。这就是兵马俑和我的"双重曝光"。因此谈不上我更喜欢哪些诗，因为我和我写的人物同时在场。

李贽再次出现在我最近即将出版的一本书当中，他责备我说：我曾经教你如何写作，落笔时应当"轻跃如野兔，出击如猎鹰"。他还说，我请你在发梢上为自己建一座简朴的小屋，但是你在发梢上建立了那个学院（即瑞典学院）。这就形成了谦卑与狂妄之间的对比。他还说，你担心人类的命运，你说你看到他们被烧成灰烬，那么我要告诉你，真正的人是不会被烧毁的。

表面上看，是李贽在责备我，但实际上这是我在责备自己。这里的李贽和我是同一个人。

李森：李贽曾经在云南当过姚安知府。

埃斯普马克：哦，我还不知道这件事呢！我曾经写过一首关于李贽的诗，叫作《焚书》。在这首诗中，李贽说他曾经有机会成为中国历史上一位改革者，但是他肩上的担子很重，有30多口人要养活，因此没有去接受历史的挑战。最后他总结说，当历史的机遇放在面前，一定不要错过，否则"我会将它抛掷过你逃逸的背/像一具狗尸"。

李森：感谢您与我分享您的诗学理论！

埃斯普马克：也要感谢你！我们谈得非常深入。

（翻译、整理：王浩）